名师名校名校长

凝聚名师共识
回应名师关怀
打造名师品牌
培育名师群体

破茧成蝶

基于深度学习的教学风格解读

POJIANCHENGDIE
JIYU SHENDU XUEXI DE JIAOXUE FENGGE JIEDU

王建新 陈月强 主编

东北师范大学出版社
长春

图书在版编目（CIP）数据

破茧成蝶：基于深度学习的教学风格解读/王建新，陈月强主编.—长春：东北师范大学出版社，2023.3
ISBN 978-7-5771-0152-1

Ⅰ.①破… Ⅱ.①王…②陈… Ⅲ.①政治课—教学研究—高中 Ⅳ.①G633.202

中国国家版本馆CIP数据核字（2023）第053132号

□责任编辑：石　斌　　　　□封面设计：言之凿
□责任校对：刘彦妮　张小娅　□责任印制：许　冰

东北师范大学出版社出版发行
长春净月经济开发区金宝街118号（邮政编码：130117）
电话：0431-84568023
网址：http：//www.nenup.com
北京言之凿文化发展有限公司设计部制版
北京政采印刷服务有限公司印装
北京市中关村科技园区通州园金桥科技产业基地环科中路17号（邮编：101102）
2023年3月第1版　2023年5月第1次印刷
幅面尺寸：170mm×240mm　印张：16　字数：262千

定价：58.00元

前 言
FOREWORD

  青少年阶段是人生的"拔节孕穗期"，最需要精心引导和栽培。2019年3月18日，习近平总书记在学校思想政治理论课教师座谈会上指出，我们办中国特色社会主义教育，就是要理直气壮开好思政课，用新时代中国特色社会主义思想铸魂育人。2022年4月25日，习近平总书记在中国人民大学考察调研时强调，思政课的本质是讲道理，要注重方式方法，把道理讲深、讲透、讲活，老师要用心教，学生要用心悟，达到沟通心灵、启智润心、激扬斗志。习近平总书记的重要讲话，为我们牢记为党育人、为国育才使命，落实立德树人根本任务，培养听党话、跟党走的新时代青年，指明了方向，提供了根本遵循。

  2021年5月，广东省王建新名教师工作室挂牌成立。工作室的全体成员在线上、线下研修过程中，不忘思政教师的初心，积极贯彻落实习近平总书记关于思政课教学的系列讲话精神，发挥集体智慧，集思广益，寻找高中政治教学的新方法、新技能，寻求高中政治教学的新突破、新发展，不断探索，坚持在培育时代新人过程中将思政小课堂与社会大课堂紧密结合。把大国战疫、脱贫攻坚、全面小康、建党百年、乡村振兴等这些亿万中国人已经书写和正在书写的时代篇章作为"大思政课"的鲜活素材，将思政教育"溶解"到学生喜爱的内容、形式、人物等各方面，让思政课上出惊涛拍岸的声势，取得润物无声的效果，着力提升吸引力和有效性，形成了课堂育人新模式，有效提升了思政教学的主动性、针对性和实效性，这就是立德树人、思政教育之道。

  广东省王建新名教师工作室携一众志同道合的高中思想政治教师，在教学、科研道路上不断实践、探索、发现、思考，也许我们会走弯路，会碰得头破血流，但是这不会让我们停止执着思考、执着前行、执着探究的脚步。

只有这样我们才会在教学与科研过程中逐渐形成自己具有独特性和鲜活性的教学风格，这独有的教学风格才是教师最具魅力之所在。

教师在教学实践过程中，立足于学生的深度学习，不断认识风格、领略风格、凝练风格、沉淀风格、展现风格、反思风格和升华风格。在这一教学风格凝练、升华的过程中，教师在学习、交流和反思中聚焦课堂教学关键问题，教学能力和教学素养也不断提升。

为了让思政教师对自己的教学风格进行充分审视和挖掘，帮助这些教师尝试提炼、凝结自己的教学风格，广东省王建新名教师工作室开展了"基于深度学习的教学风格"案例征集和交流活动。征集对象为广东省王建新名教师工作室成员及部分省内骨干教师，每人需提交1篇"基于深度学习的教学风格"案例。案例内容包括：我的教学风格（表明并简要诠释自己基于深度学习的教学风格）；我的成长历程（讲述自己个人成长和教学改革的真实故事）；我的教学实录（提供能够匹配自己教学风格的课堂实例，可以是三五个教学片段或者一堂完整的课）或教学设计；我的教学追求（结合自己的课堂教学实例，表达自己对教育教学的看法）；他人眼中的我（学生、同事、专家等人对自己教学的评价）。

截至2022年5月，广东省王建新名教师工作室共收到"基于深度学习的教学风格"案例132篇，第一轮专家评审通过54篇，第二轮评审通过30篇，第三轮评审最终入选23篇。

限于水平，本书难免存在不完善之处，敬请各位同行批评指正。

编 者

2022年6月10日

目录
CONTENTS

融合时政、幽默诙谐、平等开放、严谨务实 / 王建新

  我的教学风格 ······················· 1

  我的成长历程：踔厉奋发　育人不辍 ······················· 2

  我的教学实录：探寻东莞"蝶变"源代码——伟大的改革开放 ······· 5

  我的教学追求：激励　唤醒　鼓舞 ······················· 7

  他人眼中的我 ······················· 8

求真、臻善、至美 / 莫春梅

  我的教学风格 ······················· 12

  我的成长历程：临渊羡鱼，退而结网，授人以渔，如鱼得水 ······· 14

  我的教学实录：牢固树立法治思维，全面推进法治政府建设 ······· 16

  我的教学追求：师生共鸣　本真教学 ······················· 19

  他人眼中的我 ······················· 21

以情动人、诗意灵动、绕远而行 / 谷保庆

  我的教学风格 ······················· 23

  我的成长历程：教育是一场自我修行 ······················· 25

  我的教学实录：弘扬中华民族精神 ······················· 27

  我的教学追求：打造诗意栖息的思政课堂 ······················· 29

  他人眼中的我 ······················· 30

贴近生活、鼓励唤醒、温和亲切 / 王见英

  我的教学风格 ······················· 33

我的成长历程：追风赶月莫停留　平芜尽处是春山 …………… 35
我的教学实录：始终坚持以人民为中心 …………………………… 37
我的教学追求：打造"有趣味、有深度、有情怀"的思政课堂 …… 40
他人眼中的我 …………………………………………………………… 41

问题导向、情意交融、开放多元 / 汤逸山

我的教学风格 …………………………………………………………… 44
我的成长历程：用一辈子备一节课 …………………………………… 45
我的教学实录：方向决定道路　道路决定命运 …………………… 49
我的教学追求：促进学生的全面成长 ………………………………… 52
他人眼中的我 …………………………………………………………… 52

善于启迪、幽默风趣、严谨务实、兼容并包 / 林　钿

我的教学风格 …………………………………………………………… 55
我的成长历程：苔花如米小，也学牡丹开 …………………………… 56
我的教学实录：始终坚持以人民为中心 …………………………… 58
我的教学追求：让课堂真实发生　让素养真实落地 ……………… 62
他人眼中的我 …………………………………………………………… 63

关注学生、紧跟时代、重视启发、立足能力 / 卢燕玲

我的教学风格 …………………………………………………………… 66
我的成长历程：我的教育理想 ………………………………………… 68
我的教学实录：基层群众自治制度 …………………………………… 69
我的教学追求：以德育为领航　以智育为主体　以美育为落脚 …… 73
他人眼中的我 …………………………………………………………… 74

教学严谨、认真负责、风趣幽默、与时俱进 / 赖肖芬

我的教学风格 …………………………………………………………… 77
我的成长历程：且行且思　亦教亦学 ………………………………… 78
我的教学实录：使市场在资源配置中起决定性作用 ……………… 80

我的教学追求：追求兴趣、方法、能力统一 …………………… 83
　　他人眼中的我 ……………………………………………………… 85

民主平等、协作开放、思想启发、简约幽默／周明城

　　我的教学风格 ……………………………………………………… 88
　　我的成长历程：路漫漫其修远兮　吾将上下而求索 …………… 90
　　我的教学实录：东莞松山湖的前世今生——"更好地发挥政府作用" … 92
　　我的教学追求：生本课堂　教学相长　终身学习 ……………… 95
　　他人眼中的我 ……………………………………………………… 97

正确导向、民主平等、思维清晰、情绪饱满／罗　娟

　　我的教学风格 ……………………………………………………… 100
　　我的成长历程：笃行致远　逐梦前行 …………………………… 101
　　我的教学实录：公平竞争　诚信经营 …………………………… 104
　　我的教学追求：知行合一　大气简约 …………………………… 107
　　他人眼中的我 ……………………………………………………… 108

趣、活、亲／叶旺生

　　我的教学风格 ……………………………………………………… 111
　　我的成长历程：虚心学习　勤教力学 …………………………… 112
　　我的教学实录：文化的内涵与功能 ……………………………… 113
　　我的教学追求：为党育人、为国育才，有教无类、因材施教 … 118
　　他人眼中的我 ……………………………………………………… 119

信任、艺术、求是、启发／周　王

　　我的教学风格 ……………………………………………………… 122
　　我的成长历程：意外；培训；学生；反思 ……………………… 123
　　我的教学实录：促进人与自然和谐共生 ………………………… 125
　　我的教学追求：教育在于激励、唤醒和鼓舞 …………………… 129
　　他人眼中的我 ……………………………………………………… 130

贴近学生、慧教乐学 / 丁建丽

  我的教学风格 …………………………………………………… 133
  我的成长历程：践行初心，铸魂育人 …………………………… 134
  我的教学实录：始终坚持以人民为中心 ………………………… 135
  我的教学追求：运用项目教学法助力活动课常态化 …………… 139
  他人眼中的我 …………………………………………………… 140

以心贯之——关注生活、关怀学生、关切效果 / 黄 敏

  我的教学风格 …………………………………………………… 143
  我的成长历程：道阻且长　行则将至 …………………………… 145
  我的教学实录：人的认识从何而来 ……………………………… 148
  我的教学追求：启发思维　享受成长 …………………………… 150
  他人眼中的我 …………………………………………………… 152

激情感染、激活触动、激励调动 / 李雪芬

  我的教学风格 …………………………………………………… 155
  我的成长历程：扎根讲台，播种希望 …………………………… 157
  我的教学实录：中华人民共和国成立前各种政治力量 ………… 159
  我的教学追求：生动灵动　自在自然　育分育人 ……………… 161
  他人眼中的我 …………………………………………………… 162

朴实平和、关注生活、交流互动、启智导行 / 何还雨

  我的教学风格 …………………………………………………… 164
  我的成长历程：春风化雨，润物无声 …………………………… 165
  我的教学实录：中国共产党领导人民站起来、富起来、强起来 … 166
  我的教学追求：精心精细，精准精彩 …………………………… 168
  他人眼中的我 …………………………………………………… 170

乐学求实、注重情趣、简约高效、耐心责任 / 王丽丽

  我的教学风格 …………………………………………………… 172

  我的成长历程：行则将至　做则必成 ················· 173
  我的教学实录：坚持新发展理念 ····················· 175
  我的教学追求：心善行美以爱树人，陪伴启智促进成长 ········· 179
  他人眼中的我 ································· 180

亲和力强、紧跟时政、笃行反思 / 任少丽

  我的教学风格 ································· 183
  我的成长历程：在刺激中成长 ······················· 184
  我的教学实录：科学立法 ·························· 186
  我的教学追求：成为一个研究型、创新型的专业教师 ········· 191
  他人眼中的我 ································· 192

贴近生活、民主平等、紧跟时政、开拓创新 / 钟丽颖

  我的教学风格 ································· 194
  我的成长历程：模仿探索、创新课堂、紧跟热点、专业深造 ······ 196
  我的教学实录：权利行使　注意界限 ··················· 198
  我的教学追求：先生之大在于信仰之"坚"、专业之"实"、生命之"唤" ··· 200
  他人眼中的我 ································· 202

自主化、互动化、生活化 / 肖元英

  我的教学风格 ································· 204
  我的成长历程：踏实走好每一步 ····················· 205
  我的教学实录：人民代表大会制度——我国的根本政治制度 ······ 208
  我的教学追求：快乐　自信　进步 ···················· 210
  他人眼中的我 ································· 212

幽默风趣、条理清晰、活跃开放 / 王青莲

  我的教学风格 ································· 215
  我的成长历程：自信满满、迎难而上 ··················· 217
  我的教学实录：全面依法治国的总目标和原则 ············· 219

我的教学追求：教育在于立人立志立行 …………………… 221
　　他人眼中的我 …………………………………………………… 222

教育的温度让种子生根发芽——我的五度教学理念 / 杜 蕊

　　我的教学风格 ………………………………………………… 226
　　我的成长历程：我的追寻之路 ………………………………… 228
　　我的教学实录：借助思维导图，促进有效复习——必修2第一单元
　　　　复习课 ……………………………………………………… 230
　　我的教学追求：功底深厚　语言幽默 ………………………… 232
　　他人眼中的我 …………………………………………………… 234

平等民主、幽默风趣、兼容并包、客观严谨 / 林海兰

　　我的教学风格 ………………………………………………… 236
　　我的成长历程：感恩遇见，梦想成真，踔厉奋进，桃李满园 …… 237
　　我的教学实录：人民代表大会——我国的国家权力机关 …… 239
　　我的教学追求：努力成为一名"研究型"教师 ………………… 244
　　他人眼中的我 …………………………………………………… 245

融合时政、幽默诙谐、平等开放、严谨务实

东莞市东莞实验中学　王建新

我的教学风格

一、个人简介

王建新，正高级教师，广东省特级教师，全国优秀思想政治教师，南粤优秀教师，东莞市教书育人优秀教师，东莞市直属机关党委党员服务之星；华南师范大学哲学与社会发展学院教育硕士兼职导师，广东省名师工作室主持人，东莞市教育家型教师培养对象，东莞市教育学会第八届理事会理事，东莞市名师工作室主持人，东莞市第二批学科带头人。现主持一项省级课题，曾主持两项市级课题，参与多项省、市级课题的研究；曾获广东省教育教学成果二等奖，东莞市教育教学成果一、二等奖；参与编写省市级教材7册；近年来在《中学政治教学参考》《思想政治课教学》等期刊发表论文十多篇。

二、我的教学风格解读

1. 融合时政

思想政治课教学的现实意义就在于与时政相结合。融合时政既能够把思想政治教学与当前的国内外政治、经济形势有效结合起来，又能够弥补教材案例老套过时的不足。对于时政的分析点评，有利于调动学生对于政治学习的积极性，激发学生的兴趣，提高学生灵活运用政治理论知识分析时政的能力。因此，每节课开始我都会利用5分钟左右时间给学生播放时政热点新闻视频，然后由我本人或学生就新闻内容进行点评，这种形式非常受学生欢迎。

2. 幽默诙谐

幽默教学是教师个性智慧的闪烁，是教师应变能力的生动体现。因此无论是讲授看似平淡枯燥的教学内容，还是开展生动有趣的活动，我都会时不时夹杂一些幽默的语句，使学生在笑过之后得到启示、受到教益，激发起学习的强烈兴趣。从一定意义上来说，它比我的教学能力更重要。

3. 平等开放

我在教学过程中尊重学生的人格，关注个体差异，满足学生的不同需要，创设能引导学生主动参与的教育环境。我喜欢和学生一起讨论，不怕被学生反驳，因为我觉得学生有自己的思考和见解不仅有利于培养学生独立的思想和人格，而且能极大调动学生的学习兴趣和学习积极性。

4. 严谨务实

我对待课文讲授内容从不含糊，备课充分，课件制作严谨简洁，讲解、分析、论证知识点时，思路清晰务实，注重基础知识的把握与梳理，注重构建知识结构，最大限度地发挥一堂课的教学价值，不搞花架子。每一课结束后都要求学生梳理知识体系。

我的成长历程

踔厉奋发　育人不辍

蓦然回首，不经意间我已在教育行业耕耘了 26 个年头。我在学校的三尺讲台上洒下了辛勤的汗水，严冬酷暑，留下我执着的身影。我把自己宝贵的青春奉献给了东莞的教育事业。虽然岁月在变，但是我对教育事业的热爱与执着一直没有改变。

一、师德——让我在人生路口明确方向

在读高三以前，我对自己将来从事什么职业是没有任何概念的。在读高三的那一年，我的班主任老师是一名退休返聘的地理老师，是个每天都乐呵呵、"聪明绝顶"的小老头儿。他非常敬业，一天到晚泡在教室。他经常下晚自习后到我们宿舍和我们拉家常，和我们打成一片。他知识渊博，上课风趣，讲授方式独树一帜，在给我们解答疑难问题时他脸上总是洋溢着轻松欢快的

表情，我们大家都很喜欢他；他在监考时经常戴一副墨镜，搬一把高高的椅子坐在讲台上，每个人都能感受到他的威严。我们大家对他又爱又怕，但更多的是崇拜和尊敬。我觉得这样做老师很有意思，于是暗下决心要成为他那样的老师。带着对教师职业的渴望，填报高考志愿的时候，所有批次第一志愿我填的都是师范专业。后来我如愿被华中师范大学政治教育系录取，毕业后毅然跨入教师的行列，实现了我的教师梦。现在回想起来，教师的高尚师德和人格魅力可以感染很多人，我也是其中的受益者，我也由此明确了人生的前进方向。

二、激情——让我在执教路上笃行不怠

来到东莞实验中学后，为了上好政治课，我做了充分的准备，认真查资料，教案更是不断修正。这一切，只是为了让学生喜欢我这个新老师。因为既没有丰富的教学经验，又没有任何教学技巧，所以当我第一次站在讲台上的时候，我的脸上透露出了无法掩饰的紧张。但是，望着讲台下那些青春稚嫩的脸庞，看着学生投来的信任的眼光，一个坚定的信念浮现在我脑海里：我能行！逐渐地，我和学生打成一片，在不断了解学生所思所想的基础上，我尝试不断冲破传统观念的束缚，解放思想，树立新的教学观；我善于发现学生的闪光点并及时给予鼓励和引导，也就是教会学生怎样学习。工作的激情很快让我在教学工作上做到了得心应手，班主任工作水平也在慢慢提升。

当热情随着时间的推移慢慢消退下去，我进入了工作的倦怠迷茫期，一时间找不到自己前进的方向，渐渐地，教学激情也开始慢慢消退。这期间我找了好多书籍来阅读，"登山则情满于山，观海则意溢于海"。我通过大量阅读，逐渐领悟教学之奥妙，通过对照教学案例发现自己的教学优势。大量阅读让我重新燃起了对政治课教学的激情，再次进入了政治课教学的激情燃烧的岁月。

三、目标——让我在知识领域拓宽视野

在教学过程中，我不断学习教学专业知识，其中美国亚利桑那州立大学的伯林纳教授提出的"教师教学专长发展的五阶段理论"让我深有感触。我认为自己应该正处于熟练新手教师和胜任型教师中间的阶段，距离业务精干型教师和专家型教师还有相当大的距离。

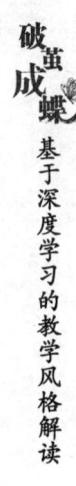

我自觉知识和阅历比较浅，需要在持续学习和实践中不断积累。在平常的教学中，我经常会感到自己知识单薄贫乏。一个知识面不广的政治教师，很难真正给学生以人格上的感召力，因为他们更加欢迎百科全书式的教师。如果政治教师一问三不知，学生就会非常失望。因此，我尽可能多看主流报纸杂志，熟悉最新的时代热词，尽可能在课堂上对于学生突然的提问胸有成竹、信手拈来，处理得得心应手。

四、楷模——让我自成风格踔厉奋发

在努力让自己变成一位百科全书式的教师的同时，我还在不断地反思自己的教学，思考如何才能让自己的课堂更贴近学生、更受学生的欢迎。为此，我听了很多老师的课，如华南师大刘石成教授的展示课、著名教师梁侠老师的课等。在听课过程中，我仔细揣摩他们的先进教学理念，学习他们驾驭课堂的技巧。另外我也积极观摩了一些学校的公开课、展示课。在看完这些老师的课之后，我不断地反思，为什么这些老师的课这么受人欢迎，最终我得出一个结论——幽默。这些成功的课堂都有一个共同的特点，就是或多或少地运用幽默手段把道理讲出来。于是，我尝试着把幽默手段运用到了自己的课堂。无论是讲解时政还是讲解知识点、习题，我都试着用一些诙谐的语言来表达，包括一些具有幽默色彩的肢体语言和语气。这风格成功地吸引了学生的注意力，提高了学生对政治课堂的兴趣，也使学生慢慢地开始喜欢上我，喜欢上政治课。

近年来，我一直努力研究现代教育理论，主动参与教育教学改革，以课堂教学为阵地，逐渐向业务精干型教师和专家型教师的目标奋力迈进，我先后获评南粤优秀教师、广东省名师工作室主持人、广东省特级教师、东莞市教育家型教师培养对象等。

过往皆序章，未来皆向往。我将继续坚守在三尺讲台上践行教育初心，踔厉奋发，育人不辍，书写属于自己的思政精彩新华章。

我的教学实录

探寻东莞"蝶变"源代码——伟大的改革开放

环节一：导入新课，陈述议题

[**教师活动**]播放微视频《传奇东莞　勇立潮头》。

[**学生活动**]认真观看视频，并快速浏览课文，进入课堂学习状态。

[**课堂导入**]今年（2022年）是改革开放44周年，作为改革开放先行地之一，经过40余年的跨越式发展，东莞"蝶变"跃升，发生了翻天覆地的变化，被誉为"改革开放精彩而生动的缩影"，堪称改革开放大潮中的"弄潮儿"。刚才的短视频给我们呈现了东莞改革开放前后的变化，今天让我们一起追根溯源，寻找东莞为什么要进行改革开放，一起探寻东莞"蝶变"的源代码。

环节二：议题论证，学习新课

议题1：为什么说改革开放让东莞实现了华丽蜕变？

[**问题情境**]回顾十一届三中全会史实。

[**学生活动**]学生观看历史影像资料，阅读教材并结合史料，讨论概括十一届三中全会的重要内容。

[**教师小结**]十一届三中全会的意义、影响：党的十一届三中全会是中华人民共和国成立以来党的历史上具有深远意义的伟大转折，开启了改革开放和社会主义现代化建设新时期。

子议题1：改革开放让东莞实现了怎样的华丽转身？

活动一：我看东莞改革开放44年

[**议题情境**]东莞展览馆云上VR展馆中的F1-11至F1-18的"改革开放先行地"主题展馆。

[**议学任务**]分小组，选取东莞展览馆云上VR展馆"改革开放先行地"主题展馆的任一展馆进行参观，共同商议解说词。假如让你做这一展馆的解说员，你将如何向大家介绍东莞改革开放的相关伟大成就？

每个小组派两位同学做讲解员，通过PPT展示本展馆经典图片并进行讲解。

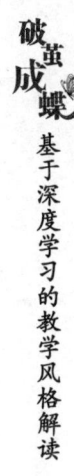

[**教师小结**]大家都对东莞改革开放的成就进行了精彩展示和介绍。回溯44年前，改革如风，开放似浪。44年风起云涌，浪奔浪流，改革开放大潮洗礼下的东莞，成为城市发展的重要标本乃至一个时代的传奇。东莞坚持市场化取向的改革，在体制、机制上勇于创新，创造了全国第一家"三来一补"企业、全国第一个"一条龙""一站式"企业服务办公室、全国第一座集资修建的大桥、全国第一条地级市投资兴建的高速公路等，这些都是在全国没有先例的情况下创造出来的。

子议题2：改革开放给东莞唱响了哪些春天的故事？

活动二：唱响东莞"春天的故事"

回溯44年前，改革如风，开放似浪。44年风起云涌，浪奔浪流，改革开放大潮洗礼下的东莞，成为城市发展的重要标本乃至一个时代的传奇，唱响一个个春天的故事。让我们重温一下东莞改革开放的经典故事。

[**议题情境**]再现东莞的改革开放经典。

[**议学活动**]讲述家乡的改革开放故事。（略）

[**教师小结**]从大家说的这些实例中可以看出，我们家庭和家乡的变化既细致入微又翻天覆地，"家庭小变化，国家大发展"，家庭的小变化折射出了国家的大发展。

子议题3：为什么东莞要把改革开放进行到底？

活动三：我的使命担当

[**议题情境**]东莞奇迹般崛起于中国南方，成为中国改革开放以来实现巨变的生动缩影，东莞改革开放的发展历程，实质上也是不断把握机遇、实现发展突破的过程。改革开放40余年的发展给东莞打下了雄厚基础，当前又迎来粤港澳大湾区建设、深圳建设中国特色社会主义先行示范区、深圳市建设省制造业供给侧结构性改革创新实验区"三区"叠加的重大历史机遇，这些机遇是实实在在的、前所未有的。

[**议学活动**]小组合作撰写东莞新发展、新突破的宣传口号，派代表展示口号并进行解读。

[**议学任务**]迁移所学知识，积极参与地方改革开放的伟大实践，推广展示家乡改革开放新风貌。

环节三：教师寄语

[**结束语**]亲爱的同学们，通过这节课的学习，我们探寻了东莞"蝶变"

源代码。实践充分证明，改革开放是东莞人民大踏步赶上时代的重要法宝。实践发展永无止境，解放思想永无止境，改革开放也永无止境。一代人有一代人的使命，一代人有一代人的担当。我们广大青年生逢其时，也重任在肩，理应勇做担当民族复兴大任的时代新人。同学们，加油！

环节四：知行合一，研培素养

〔实践作业〕以小组为单位，以展示、讴歌东莞改革开放新发现、新成就为主题，进行短视频创作、摄影作品创作、人物访谈、绘画创作、PPT演示、场馆参观等。

我的教学追求

激励　唤醒　鼓舞

德国民主教育家第斯多惠说："教育的艺术不在于传授本领，而在于激励、唤醒和鼓舞。"我的教学追求正如第斯多惠所说，自从教以来就一直对这一境界孜孜以求。

一、接地气　激兴趣

兴趣是最好的老师，要想使学生学好政治，首先就是要激发学生对政治的浓厚兴趣。爱因斯坦说："兴趣和爱好是最大的动力。"从教育心理学的角度来说，学习兴趣是一个人倾向于认识、研究并获得某种知识的心理特征，是推动人们求知的一种内在力量。如果学生对政治学科有兴趣，就会持续地、专心致志地钻研政治知识和时事，从而提高学习的效果。因此，兴趣是求知的前提，是学习的原动力。激发并培养学生学习兴趣，能够有效地提高教学效率，是全面提高教学质量的有效途径之一。

我要做的就是通过自己的努力，及时创新教学模式及教学内容，在教学中娴熟地运用启发、情境、案例、引探、参与、合作、体验等方法，了解学生的思维发展需求和特点，了解高中学生真正关注的点，在课堂教学中针对学情展现为学生所喜欢的自己的鲜明特色，真正做到"旧知新讲"，我想，这样一来，政治课也可以做到让更多学生喜欢。具体做法在我的论文《思想政治课常态化激趣对策》中有详细阐述，在此就不一一列举了。只要教师多下

融合时政、幽默诙谐、平等开放、严谨务实

功夫，教学上"接地气"，就能让学生喜欢上政治课。

二、合学情　引指向

在这个到处充斥着泛滥信息的网络时代，多元信息环境正消解着高中学生对于政治教师、教材和课堂的信任。的确，课堂上学生总是安安静静的，但他们在互联网上、在微信朋友圈中、在闲谈聊天时所听到的"惊天秘密""翻案""解密""起底"等，其实良莠混杂、泛滥成灾。对于有些政治教师感到幼稚到不值一驳的和课本相违背的谣言，一些学生却因辨不清真伪，本能地排斥、抵触教师的观点。如果等闲视之，放纵负能量泛滥，就有纵蝇为害的危险。这也是网络高度发达，信息迅速传播下的一种新时代的学情。面对这种情况，我的看法是"开门上课，迎接八面来风"。要驱散迷雾、拨云见日，政治教师除了需要有一定的敏感性之外，还需要有出色的学习力、人格魅力和语言说服力，教师一方面不能以其昏昏使人昭昭，另一方面也不能靠一般的批评教育来要求学生不信网络信教材。要想让学生信服，还得靠精深的研究，过硬的专业。其实，一个政治教师要把事实搞清楚、把道理说明白并不难，当前需要强化的是正视学生的思想与现实问题的态度。

我认为，课堂讲授课本知识并不是要求教学方式有多新颖，而是应脚踏实地地从学生实际认知的学情出发，选择他们喜欢的或者最为困惑的，以蕴含着发展意义的方式去设计讲授方式和内容。这样，既可以激发学生上政治课的浓厚兴趣，又可以突破教学难点，提高课堂教学效率。

他人眼中的我

一、学生眼中的我

我心中的你——我亲爱的政治老师

一副银色无边框眼镜架在你的鼻梁上，镜片后的眼睛闪着睿智的光芒。你拿着一本教科书，踏上讲台，从自我介绍开始，你对我们的政治教学就此启程。

你的课堂给我的感觉就是"痛并快乐着"。

"快乐"是因为每节课的前几分钟你总是会给我们看新闻。对于"课前看新闻"的这一做法，我是遇上了你才知道的。在初中，政治课的代名词就是"催眠课"。"老师好！""同学们好！"之后，就是一番长篇大论夹杂着唾沫四溅。所以一直以来我对政治都提不起什么兴趣，为了成绩，应付考试，一直都是硬着头皮死记硬背。而在你第一次上课之后，知道每节课都会有各种各样的新闻看，我总是期盼着上政治课。每当此时，我们总是把眼睛睁得大大的，认真地看。或是国际、国内的时事，或是一些生活中应该注意的小事，若是在上午或下午的第一节课、我们很困的时候上课，你会贴心地放一些搞怪的视频让我们捧腹大笑，别的老师就不会那么花心思在这方面。你似乎很了解我们，选择的新闻都是我们最感兴趣的。播放新闻后你都会进行简短而精彩的点评，有时是给我们拓展社会热点知识，有时是联系我们所学课本知识，有时是对我们进行生活常识普及，有时是引导我们懂得做人的道理……总之，你知道如何引导我们进入真正的政治天地，你用自己的行动告诉我们："政治不是枯燥无味的，它是一种能够让我们的生活变得更加丰富多彩的知识！"所以每次你出差，让别的老师来代课，我们班的同学总是"唉"声一片。

"痛"对于我们来说就是每节课的知识巩固环节。知识巩固主要通过默写实现，默写的内容就是上一节课所学的知识。在考前尤其加大了力度，有些时候你还会专门留时间给我们背诵。一时间班上马上就沸腾起来——大家都在卖力地背。背也不是机械地背，你教会我们梳理，然后形成一定的知识体系，再提取关键词。我相信这样的方法使我们班的同学都受益匪浅。其实每个老师都会叫我们这样去做，教我们学习的方法。可是，我觉得你又将此做法染上了你独一无二的人格魅力。你是真正感染到我们的，你让我们每一位同学都心甘情愿地去做、去背，因为我们知道默写之后才能清楚自己哪些地方没记熟。每次考试的效果当然是非常好的啦，考试前夕所有的知识都已经来回滚动了多次，知识点都已经滚瓜烂熟，已经达到"手中有粮，心中不慌"的状态了。

讲台上你是激情洋溢的。讲到重点的时候你的声调会提高，一遍遍强调内容，暗示我们应该记牢。讲错题的时候，若是哪一位同学的题目错得太不应该，又或是错的刚好是你之前讲过的题目，你会佯装生气，摇摇头打趣那

融合时政、幽默诙谐、平等开放、严谨务实

位同学两句，引得全班同学哈哈大笑。

讲台下的你又是耐心的。下课了总是会有同学追着你问问题，你都一遍遍不厌其烦地讲解。有一次临考前，周六上午放假，我和一些同学都留在了课室，刚好你路过。有眼尖的同学看到你马上捧着试卷跑上前去问问题，你停下脚步，一道题一道题地讲解。同学们越聚越多，问题好似问不完了。我觉得那是占用了你的休息时间，但你并不着急，语句一如平时那样幽默。我远远地看着你，只见你在团团围着你的白色云朵中央，就如那炽热的太阳，照耀着所有人。

你不放弃任何一个学生，无论是优秀还是一般，每一个同学都能感觉到你的关注。所以我们班的每一位同学都被你的这一种热情感染，连平时上课极不认真的同学说起政治来都是侃侃而谈。

这次期末政治我没考好，心里面真是内疚又难受。新年的时候，我怀着忐忑不安的心情给你发去了祝福，还在后面立誓一般地说了"我一定会考好的"之类的语句。很快，你回复我了："我相信你的，你一定可以做到！"

在我重整旗鼓，准备再度扬帆时，你的身影又浮现在我的眼前：那个眼神总是温和的你，耐心地看着我们的你，总是充满热情令人昂扬的你，细心引导着我们的你……桃李不言，下自成蹊。亲爱的老师，感谢你给了我们生动的政治课堂，更感谢你影响了我们做人的眼光。他日，我若能搏击蓝天，那腾飞的翅膀，定是你的给予；我若做击浪的勇士，那弄潮的力量，定是你的馈赠……

[东莞市东莞实验中学高二（2）班　熊海月]

二、同事眼中的我

不一样的新哥

第一次认识新哥，是在入职的培训会上。8月底的东莞还是很热的，新哥整齐的短发，一件立领的短袖，牛仔裤外加运动鞋，鼻梁上还架着一副金属边框的眼镜，给人感觉精神、充满活力，又不失严谨。培训的内容很多都忘记了，但我记得一句，新哥说："有困难尽管来找我。"于是乎，在以后的工作中遇到问题时，我都会找新哥——王建新老师。

工作中的新哥是严谨的。无论是政治组的工作，还是课前的备课、课后的总结和作业批改，新哥都是一丝不苟地完成任务。比如说备课，很多老教师都觉得自己已经把知识点讲过很多遍了，不需要再去备课了，但新哥不一样。每次课前，他都会认真地写好教案，精心地去设计每一个教学环节，浏览大量的案例只是为了找到一个合适的、学生比较感兴趣的。同时新哥还是热心的，每一次在教学中有问题时找到新哥，他都会认真地解答，并毫无保留地分享自己的教学经验和自己的思想。在新哥身上，我学到了很多的东西。

课堂上的新哥是幽默的。每次想去听新哥的课，新哥都会一口答应，于是乎，我有幸听了很多次新哥的课。新哥的课堂一个最大的特点就是笑声不断。课堂上的他与他严谨的风格截然不同，他幽默、诙谐，能够用很轻快的语气、很简单的语言讲解每一个知识点。他经常给学生分析一些时政，犀利风趣的语言常常引得学生哄堂大笑，同时启发了学生的思考。能看得出他的学生是真的很喜欢他，很喜欢听他讲课。

在不同的地方，新哥是不一样的。但无论在哪儿，新哥都是一个指路明灯，不断指引着后辈前进。

（东莞市东方明珠学校　王休休）

三、专家眼中的我

王建新老师是一位工作能力极强的老师。在二十多年的教学生涯中，他一直虚心学习，积极参加各项专业培训，不断提升自身的能力和专业素养；他在不断地学习和探索中，在高中思想政治教学上形成了自己独树一帜的风格，深受广大师生好评，教学成绩显著；他还积极帮助年轻教师成长，参加各项教育教学研究，并取得了较好的成绩和一些成果。

（东莞市第七高级中学副校长、正高级教师　王定国）

求真、臻善、至美

东莞市第一中学　莫春梅

我的教学风格

一、个人简介

莫春梅，毕业于华南师范大学思想政治教育专业，任职于东莞市第一中学。担任政治科组长12年，先后被评为东莞市"教学能手"和"学科带头人"。担任科组长期间，带领科组走上专业发展之路，先后承办和组织了多个大型省级、市级教研活动。多次作为市高考备考中心组成员，在高考备考中发挥了积极作用。多次担任市优质课评比的评委，指导市优秀青年教师参加省、市级教学大赛，并获得优异成绩。2021年开始，加入广东省王建新名师工作室，成为省级学员，并担任工作室助手。主持和参与市级课题2项，参与省级课题1项。1篇教学论文发表于期于《思想政治课教学》，1篇教学论文发表于期刊《试题与研究》，教学论文、教学设计在省、市级评比中获得一、二等奖。

二、我的教学风格解读

1. 求真：大道至简　本真可贵

教育教学的参与者真实地融入课堂。教师和学生的真情实感与真实经验，都是教学的重要资源之一。学生普遍都喜欢教师在课堂上"现身说法"，聊自己的事情。我经常把自己的生活感悟搬到课堂，上课时也喜欢在学生中间走来走去，有意识地邀请学生分享自己的生活经验。

教育教学的资源与手段真实可靠。思政课离不开真实生活情境的创设。例如讲到"基层群众自治制度"这一课题时，我亲自采访了某社区居委会主任，征得对方同意后，拍下了视频，并用于课堂教学的导入环节。学生看到真实的居委会主任在视频中隔空与他们对话，立刻产生了亲近感，对居委会这个组织的功能也就有了进一步探索的兴趣。

教育教学的效果真实可见。只有在课堂教学中创设条件让学生真参与、真表达、真感悟后，学生才能有真收获，其核心素养才能有真提升。除了教学成绩反馈结果良好，学生还在给我写的反思中分析他自己在学习习惯养成、时间管理等方面做出的努力，反思了自己的理想、人生观等，这是真实发生的成长过程。

2. 臻善：道阻且长　唯善致远

思政课的根本任务是"立德树人"，思政课对学生价值观的引导至关重要。网络世界的发达让各种各样的思想和价值观念相互激荡，学生难免会产生思想上的困惑。我的课堂，始终坚持一个习惯——"时政开讲"，全班学生轮流上台，自拟主题，自制PPT，自我展示。学生围绕着一个社会热点问题进行阐述的过程，其实也是学生在自我建构价值观的过程。我会对每个学生的展示进行点评，不管学生分享的主题是什么，我都能引导学生看到社会现象"善"的一面。我在课堂上还会经常不着痕迹地利用各种情境引导学生思考"我们能为国家、为社会、为他人做些什么"，以此来激发学生的责任与担当意识。我们不回避真实的社会阴暗面，但我们也应该清楚教育的任务应该是带领学生拨开迷雾、看到光明的一面。

3. 至美：简洁之美　人文之美

首先，要有形象之美。师生整洁、干净、得体的穿衣打扮，能给人清新舒爽的感觉；教室的布置窗明几净，能给人干净利索的感觉，此谓形象之美。好的外在环境，能让人赏心悦目，这点不应该被忽视。其次，要有语言之美。教学本质上是师生的互动，语言作为重要的媒介，影响着师生互动的质量。教师的语言，清晰准确是基本要求，要是能加点诗意表达，就有了艺术之美；要是还能在高度、广度、深度上有所锤炼，那就是更高境界的美了。最后，要有设计之美。每节课的课堂结构、课件风格、教学环节、活动设计等，都需要因课题不同而有所区别。教师只要在备课时花点小心思，给课堂增添点设计感，就能使学生有耳目一新的体验。这是师生关系永葆新鲜感的不二法门。

我的成长历程

临渊羡鱼，退而结网，授人以渔，如鱼得水

惠子曰："子非鱼，安知鱼之乐？"教师这份职业也是一样，当教师"之乐"，谁当谁知道！我作为教师的成长历程，大致有以下几个阶段：

一、求生存阶段：临渊羡鱼（2002—2004年）

初出茅庐，我对教师这份职业的认知，更多地来源于我求学阶段遇到的老师们给我留下的深刻印象。那时候，教师就是一份安贫乐道的职业，教书就是一本教材、一支粉笔，教研就是一个人一学期一次公开课、一年一篇论文。初上讲台，我明显缺乏底气。于是，我坚持每节新课都去听课，比学生听得还要认真，唯恐错过任何一个细节。这个阶段，是我职业生涯的求生存阶段，之所以说"临渊羡鱼"，是因为我的确每天都活在对老教师的羡慕中，羡慕他们娴熟的教学技巧和云淡风轻的教学心态，羡慕他们跟学生之间既严肃又活泼的关系。那时，我主要的求生技巧就是"依葫芦画瓢"，不只是模仿我学生时代的恩师们的上课风格和技巧，也模仿我科组同事们的上课风格和技巧。

2004年，我升级为母亲，再次回到教学岗位，我发现自己看待学生的眼光不一样了，多了一份母亲特有的温柔和慈爱。不管在学科教学还是班主任工作上，我都对学生多了一份理解与包容，也多了一份期待与要求。这是母亲对待孩子的矛盾而正常的心态。新手教师+新手母亲的双重身份，给了我很大的探索动力，我希望两个身份都可以兼顾好。于是，接下来的几年，我更加主动地请教、学习、积累、反思。在"依葫芦画瓢"的路上，我逐渐画出了一只还算像样的"瓢"。

二、求发展阶段：退而结网（2005—2008年）

我的教育教学底气，是从带第二届学生开始才慢慢呈现出来的。临渊羡鱼不如退而结网。我在观摩了三年老教师的课堂后，虽谈不上有自己的教学风格，但也逐渐形成了自己的课堂教学思路和教学语言，慢慢地在讲台上站稳了脚跟。我喜欢反思，每一节新课，要在5个班重复上，但我可以做到每个班都上得不一样，真正做到了同课异构。因为，在每一个班上完后，我都会马上反思我的教学设计，哪个环节有效，哪个环节无效，不断调整和完善，这样一来，到第5个班上这堂课时，一定是最优状态。现在回想起来，十几年前，我就不知不觉地开始了一个人的"磨课"，自己跟自己磨。这个习惯，一直持续到今天，我始终追求对于同一个教案，不同班不同学生应该要上出不一样的状态。

记得有一次上公开课，主题是"财政的作用"。这部分内容既是重点又是难点，备课时，我明显感觉到自己选错了课题，教学经验尚浅的我，不应该选这么有挑战性的课题。我主动向科组前辈们请教，从他们过去讲这个课题的经验中借鉴学习突出重点和化解难点的技巧。这节公开课，最后得到了科组同事们的好评。按我现在的眼光，这节课表现平平，中规中矩，没什么亮点。但是，当时的科组长黄琦老师评价说："作为一个教学新手，能把这个课题上出经济学的味道，能有意识地引导学生突破难点，这表现出了很高的学科专业素养。"黄老师的点评，让我记住了"学科专业素养"这个高大上的词，这是第一次，通过一节公开课，我朦胧地意识到了教师也是一个专业，教学也是一个不断寻求专业突破的过程。在这样且思且学且教的过程中，我送走了一届又一届学生，同时对学科教学重难点的把握、对驾驭课堂的技巧的运用，也逐渐成熟起来。

三、求突破阶段：授人以渔（2009—2017年）

2009年，我升级为科组长，瞬间感觉重任在肩。科组长的工作，最大的挑战在于作为一个教龄才7年的年轻教师，如何引领科组众多经验丰富的老教师在专业发展之路上共同成长。当时的教研员王定国老师鼓励我："最好能共同参与某个教研项目，这样团队的凝聚力很快就可以形成。"我认真琢磨这句话，很快就找到了合适的项目——为宋老师参加全省优质课比赛磨课。我邀请了科组里经验最丰富的几位老师作为指导教师，参加听课、评课，也邀请科组里的年轻教师参与进来，同课异构。一个教研活动，就把科组所有教师都凝聚起来了。最终，宋老师的课荣获广东省优质课特等奖。这个活动最终奠定了我作为科组长的底气和信心，也更加坚定了我要尽我所能为科组教师的专业发展创造机会、创造平台的决心。科组长的岗位要求我必须不断地

"授人以渔",引导科组教师在专业发展道路上走深、走实。

四、专业成长阶段：如鱼得水（2018年至今）

后来，我因各种主客观因素辞去了科组长的职务，职业生涯进入了新的阶段。我有过一段迷茫期，突然觉得自己的职业生涯好像被按下了暂停键，不知下一步该往哪里走。这应该就是传说中的"职业倦怠期"。在这一阶段，我非常感激我的恩师王建新老师，他是我高一时的政治老师，也是我职业生涯最重要的导师。我多次在教研活动中跟王老师交流，他勉励我："当教书匠很容易，但是应该还有更高的境界。"他也常常提醒我，"工作需要积淀，埋头干活，也要抬头看路。"他是这样说的，自己也是这样做的。让我感受最深的是，我的恩师，几十年如一日地在专业发展的路上坚守着，既照亮自己，也照亮更多的年轻人。作为学生的我，有什么理由裹足不前甚至是消极懈怠呢？很快地，我就调整好心态，对未来的职业生涯有了清晰的规划——我喜欢教书，也热爱教研工作，喜欢默默地钻研。今后，我要在课堂教学上更有建树，打造师生同乐的高品质课堂。我要在教研上深耕，争取深入扎实地研究每一个课题，每年都有高质量论文发表。当立下这样的目标时，我毫无压力，因为我真的很享受，如鱼得水，乐在其中。

今年是我教学生涯的第 20 个年头。虽然离退休的日子越来越近了，但我反而有一种比刚刚工作时更高的职业热情。我想认真上好每一节课，我想好好鼓励每一个学生，我想深入读好每一本书，我想轻松写出能感动自己的好文章，我想实实在在做好课题研究……学无止境，教无止境，此生为师，终身不悔！

我的教学实录

牢固树立法治思维，全面推进法治政府建设

环节一：导入新课，引出议题

[教师活动] 播放时政视频《国务院举行宪法宣誓仪式 李克强总理监誓》。

[学生活动] 认真观看视频，提取国务院宪法宣誓后李克强总理对法治政府提出的要求中的关键词，并一一列出来。

[课堂导入]国务院举行宪法宣誓仪式，李克强总理对新任命的国家工作人员提出明确要求，希望大家严格依法行政，做尊法、学法、守法、用法的模范，保障群众的合法权益，推进法治政府建设。法治政府是什么样的政府？怎样才能建设好法治政府？本节课我们一起来深入探讨。

环节二：议题论证，学习新课

总议题：建设法治政府，提升政府的公信力和执行力。

子议题1：政府的公信力和执行力从何而来？——明晰法治政府的内涵。

[问题情境]

（1）2022年我国政府工作报告节选内容。

（2）国务院总理李克强详解三张施政"清单"："权力清单""负面清单""责任清单"。

（3）广东省公安厅打击涉疫违法犯罪的材料。

（4）国务院办公厅印发《2022年政务公开工作要点》，部署全国政务公开年度重点工作。

（5）我国2022年政府工作报告中指出政府工作存在的不足。

（6）近年来一些地方政府的违约现象。

[学生活动]

（1）根据2022年我国政府工作报告节选内容，一一对应找出"宏观调控""市场监管""社会管理""公共服务""环境保护"等方面的论述，并列出关键信息。

（2）结合三张施政"清单"，分析政府的权力和职责如果没有严格的法律界定将会出现的后果。

（3）分析广东省公安厅打击涉疫违法犯罪的重要意义。

（4）结合全国政务公开年度重点工作要点，分析政府如何通过政务公开提高公信力。

（5）结合我国2022年政府工作报告中指出的政府工作存在的不足，分析如何解决存在的问题。

（6）结合近年来一些地方政府的违约现象，分析其对法治政府建设有何启示。

[教师小结]法治政府的内涵体现在职能科学、权责法定、执法严明、公开公正、智能高效、廉洁诚信、人民满意上，这是政府公信力和执行力的有

力保障。

[学生活动]下列漫画（略）从正面或反面展示了法治政府的内涵要求。请选择其中一幅，结合法治政府的内涵加以分析。

子议题2：政府的公信力和执行力如何落地？——建设法治政府的要求和措施。

[问题情境]《法治政府建设实施纲要（2015—2020年）》贯彻落实5年来，法治政府建设取得重大进展。

[学生活动]结合材料，谈谈如何建设法治政府。

师：结合材料分析法治政府建设取得重大进展的原因主要有哪些。

生：党的领导、制度机制的建设与完善、人民法治意识增强、政府各部门依法行政能力提高等。

[教师小结]建设法治政府的总体要求：把政府工作全面纳入法治轨道，让政府用法治思维和法治方式履行职责，确保政府工作人员在法治框架内执法。各级政府及其工作人员要坚持有法必依、执法必严、违法必究，严格规范公正文明执法，规范执法自由裁量权，加大关系群众切身利益的重点领域的执法力度。

[知识拓展]执法自由裁量权。

[学生活动]请选择法治政府建设的其中一种措施，结合实例谈谈你的理解。

生1：公有制企业和非公有制企业都是重要的市场主体，政府应该坚持一视同仁、平等对待各类市场主体，坚持严格规范公正文明执法。

生2：我觉得"全面提高政府工作人员的法治思维和依法行政能力"很重要。在实际执法过程中，有些公职人员简单粗暴、滥用权力、阳奉阴违，这些很明显都是缺乏法治思维的行为。政府工作人员应该不断加强法治思维和能力方面的培训，提高依法行政能力。

生3：要"强化对行政权力的制约和监督"，既需要制度保障，也需要人民监督。近年来我国反腐力度很大，"把权力关进制度的笼子里"的意识已经深入民心。

子议题3：政府的公信力和执行力有何意义？建设法治政府的意义。

[问题情境]学生利用周末时间在家采访家人或邻居，了解大家对当地政府工作的评价以及对政府工作的建议，这些采访，最终以视频或文字材料形

式在课堂呈现。学生代表展示。

［**学生活动**］结合采访中了解到的信息，举例说明建设法治政府有何重大意义。

生1：政府职能科学，我们到政府部门办事方便多了，以前那种办证难的问题慢慢得到了解决。建设法治政府，能提升政府依法行政的水平，使其能更好地为人民服务。

生2：政府权责法定，能够督促政府更好地行使权力、履行职责，减少政府乱作为、不作为的现象。

……

［**教师小结**］建设法治政府的意义。

对政府自身：建设法治政府具有重大意义。通过建设法治政府，能够督促政府更好地行使权力，积极履行职责，提高行政服务水平，实现善政。

与群众关系：通过建设法治政府，能够更好地促进政府和公民、社会组织的沟通，形成互信互助的新型关系。

环节三：学以致用　知行合一

［**课后实践**］请在本市的政府部门中选择其中一个，了解该部门的职能以及办事程序。结合实际，对该部门的工作提出建议。

我的教学追求

师生共鸣　本真教学

教师是一份能成己达人的幸福事业。在20年的教学生涯中，不管面对什么样的学生，我对教学始终有着清晰的追求：

一、课堂中有学生的声音

我崇尚教学即生活的理念。课堂的40分钟是学生生命成长中不可重来的40分钟，这样一想，就会倍加珍惜每个40分钟，尽量让每一节课都既充实又有意义。学生是课堂真正的主人。所以，我在备课中会花费大量时间和精力来创设情境、设计问题，目的就是让课堂的主人有话要说、有话可说，让课堂教学变成师生的对话与交流。高中生已经具备了一定的生活经验，有些学生阅读经验非常丰富，有些学生利用互联网获取资讯的能力很强，这些条件都为学生在课堂上充分表达提供了可能。最近十多年，我的课堂有一个固定环节——"时政开讲5分钟"。围绕本学期的教学内容，学生自选角度、自选素材，利用周末时间在家搜集资料设计PPT和讲稿，每节课由一位学生主讲，其他学生可以现场提问，最后由我来做点评。虽然这个环节只有短短5分钟，但我可以聆听到学生真实的声音，通过主讲学生的分享，通过学生之间的提问与交流，我可以更加深入地了解学生的学习需求、情感需求。这是非常宝贵的课堂时光，我的学生在毕业多年后，都会不约而同提起当年在一个个"时政开讲5分钟"里的收获与成长。

二、课堂中有我的声音

作为教师，课堂中肯定有我的讲课声，但这里，我指的不是讲授知识的声音，而是那些能给学生发展带来深远影响的个性化的声音，属于我对教育和对生活独特理解的声音。我的课堂会充满跟学生的对话。每节课最开始的1分钟，我喜欢通过跟学生寒暄来给课堂暖场。尤其是下午第一节，我喜欢跟学生分享我当天的生活经历与体验，把学生从午睡的迷糊状态中唤醒。我遇到的某次堵车、到政府部门办事的经历、我与儿子周末的闲聊，这些都会成为我与学生分享的话题，这些随手拈来的个人话题，往往作为我上课导入的切入点，也往往成为我向学生传达积极正面的人生观和价值观的重要载体。学生给我写的纸条中、毕业后给我发的信息里，都会提到我曾经的这些闲聊，有些琐事我自己都忘记了，但他们一直记了多年。我想，学生都喜欢真实鲜活的教师，喜欢教师以真性情陪伴他们成长，而不仅仅是一个规矩刻板的教书匠。我追求课堂中有这样真实自然的交流互动，它不仅能成就学生的发展，也能滋润我的教学生涯。

三、课堂中留下我和学生的共鸣

当学生与我都能在课堂中充分表达真实的想法时，我们常常会达到心声共鸣的美好状态。在"时政开讲5分钟"这个环节，学生很喜欢听我最后的总结点评，对于主讲学生来说，老师看见了他的努力，看见了他的才华，自然有满满的获得感；对于其他学生来说，老师的点评说出了他们的想法，自然开心于与老师心有灵犀的默契感。课堂教学中，我们讨论某个时政热点现象时，我常常挑战学生，"对这个现象，你怎么看？""如果你是××，你会怎么处理？"学生也会反过来挑战我，"老师，你觉得为什么会出现这个现象？""你觉得还有更好的办法吗？"我们在这样富有挑战性的互动中，了解对方的观点，不断完善自己的认知。学生的求知欲激发了我的教学热情，我的教学热情也调动了学生的求知欲，这是一个教学相长的过程。

他人眼中的我

一、学生眼中的我

亦师亦友的莫老师

莫老师的每一节课，都能够针对我们的疑惑进行详细的解答，每节课的架构也都清晰易懂。在莫老师身上不仅能够学到有效的相关知识，也能够学到其闪光点。在课堂上，我们是和谐的师生关系；在课堂后，我们也是倾心交谈的好朋友。我希望自己也能成为像莫老师一样博学、知性、聪慧的人。

（东莞市第一中学2021届毕业生　吴姝贤）

我成长路上的引路人

莫老师会让我们收集时事新闻资料，结合课本知识进行分享，使我们不仅了解了时事，还掌握了知识。莫老师和蔼可亲，严谨耐心。除了做好学科辅导，莫老师还很关心我们的身心健康。记得一次考试失利，莫老师在放学后与我交谈甚久，缓解了我紧张焦虑的情绪。莫老师是我们身边的良师益友。

（东莞市第一中学2021届毕业生　文　豪）

二、同事眼中的我

潜心育人、积极上进的莫老师

莫春梅老师是东莞一中的一名资深思政教师。她眼里有学生，真心关注着学生的成长，是学生成长路上的引路人；她心中有同事，热心指导着青年教师的发展，是青年教师专业发展的领航员。从认识莫老师至今，听过她不少公开课。每次听完后，我都会被她扎实的专业学识、高尚的人格魅力折服。她的课堂有贴近生活的温度，从生活中选材，创设真实情境，让学生从中感悟生活与学习的密切联系，增强学习的兴趣，争做学习的主人；她的课堂有建构知识的厚度，在她的指导与点拨下，学生能够从整体上建构知识、活用知识；她的课堂有指向素养的高度，在教学过程中，她一直践行着立德树人的理念，坚持以素养为导向，不断创新教法、学法，用心打造高品质的思政课堂，积极为学生的发展贡献智慧和力量。

（东莞市第一中学政治科组长　刘　坚）

三、专家眼中的我

莫春梅老师是我从事高中教学工作的第一届学生，很高兴她大学毕业后加入我们东莞高中思政教师队伍。她在工作中虚心好学，对教育教学研究充满热情，对新的教育教学理念勇于探索和实践。莫老师的教学语言精练简洁，富有感染力，在娓娓道来中让人如沐春风，在生动演绎中引人深思细悟。她擅长把政治课堂和鲜活的社会结合在一起，注重培养学生理论联系实际的能力，在潜移默化中提升学生的学科核心素养。

作为广东省王建新名师工作室助手，莫老师工作认真缜密，积极参与和组织工作室各项活动，从不推诿塞责，总是能提出建设性意见和建议，并创造性地圆满完成各项工作，是工作室不可或缺的一员。

（东莞市东莞实验中学正高级教师　王建新）

以情动人、诗意灵动、绕远而行

东莞市石龙中学　谷保庆

我的教学风格

一、个人简介

　　谷保庆，任教于东莞市石龙中学，中学政治一级教师，广东省王建新名师工作室成员。近年来，先后被评为"东莞市优秀共产党员""东莞市高中政治教学能手"。秉持"有爱心、有情怀、有涵养"的教师观，与学生在教育麦田一起诗意栖居。善思笃行，笔耕不辍，撰写了40余篇课堂教学、评价改革等领域相关的论文。其中，20多篇论文发表在《思想政治课教学》等国家核心期刊；主持市级课题2项，参与省级课题3项，2项课题获广东省教育创新成果三等奖。辅导学生在时政小论文等第二课堂活动中多次荣获一等奖，并获评"优秀指导教师"称号。此外，广泛涉猎人文经典，随时记录教育朝圣路上的所思所悟，多篇散文与随笔在国家、省市报刊媒体发表。

二、我的教学风格解读

　　在多年的教学实践中，我努力学习党和国家关于思政教育的政策、文件与重要指示精神，特别是习近平总书记在学校思想政治理论课教师座谈会上的重要讲话精神，并根据自身的特点，努力凝练出了以情动人、诗意灵动与绕远而行的教学风格。

1. 以情动人

这里的"情"指的是思政教师必须拥有的一种教育情怀；没有情怀的教师如一根随波逐流的浮萍，难以扎根于学生心田；没有情怀的课堂如一潭静滞的死水，让一切生命深感窒息绝望。从教以来，我深知这一课程的学科独特性与当前面临的教学困境，为此，我努力涵养自身情怀，坚持以"情"动人，以"情"滋润学生心田那颗"真善美的种子"。在日常教学中，我积极营造民主和谐的课堂氛围，关心、体贴与爱护学生，引导学生做求真向善的人。每当踏上那三尺讲台，碰触那一双双求知心切的目光时，我身体里就奔涌起沸腾的热血与无限的激情；课堂上我并不急于去展开教学，而是首先通过聊时事、讲故事、捕捉班级变化等方式来"暖场"，由此让学生感受到我的真情友爱。当看到微笑洋溢在同学们脸上时，我们便自然地进入到课堂学习活动中。四时辗转，年复一年，在带领同学们感悟中国这艘巨轮在复兴路上取得飞速发展的成就的同时，我也全身心地享受着与同学们在一起的快乐时光。

2. 诗意灵动

素养背景下的课堂应当是一种诗意栖居的课堂。在这种课堂中，知识不是被机械地灌输，而是师生心灵之间情感碰撞与自然流淌的一种自然生长。因此，我积极创新教育教学，努力打造诗意灵动的课堂，以增强思政课的吸引力与亲和力。生活中，我密切关注国内外时政热点，广泛涉猎诗词典赋，以提升时政敏感性和自身气质，使自己拥有一颗富有人文涵养与社会关切的"诗心"。教学中，在了解学生关注点和知识储备的基础上，我寓"诗"于教，采用幽默风趣的教学语言，创设学生所喜闻乐见的教学情境与探究议题。

3. 绕远而行

在某种意义上，真正素养导向的教学需要我们站在"大学科观"视域，绕远而行，跨界融合，引领学生综合运用跨学科模块知识来多维度思考问题。为此，课堂上，我注重知识的深度挖掘与拓展，不吝"跑题"，挖掘学科育人点，找准素养契合点，以提升课堂育人的效果。而正是有"跑题"之开心，才使得学生有汲取教材以外知识的机会。例如，在学习"文化发展的路径"时，我充分利用"路遥基层采风"的插图，举办"路遥的不平凡世界"读书会，引导学生分享感悟；同时，为学生附上如《人生》《在困难的日子里》等其他经典作品，通过推荐书目及后续阅读引领学生来缅怀和致敬这位"最美奋斗者"。多年来，我发现恰恰正是这些"绕远而行"、善于"跑题"的"无用之功"，被学生所铭记，最终化为终身流淌于学生体内的血液与基因。

我的成长历程

教育是一场自我修行

蓦然回首，发现自己在这条漫漫的朝圣路上已然走过了25个春秋。其间，有过"欲与天公试比高"的任性与豪气，也有过"铅华褪尽留本色"的沉潜与从容，始终笃信青春不老，执着生长，努力在这片充满期冀的麦田续写教育的诗情画意。

一、成长印象：朴实的情怀

儿时，对教师的记忆是模糊的、懵懂的。大山深处的孩子，更早知道的是山间林叶、四时风语与蝉鸣鸟叫。

17岁那年，我带着黄土高原孩子特有的乡土味进入了距离家乡有50多千米的中师学校。从那一年开始，我与教师这个职业结下了不解之缘。我所读的那所师范在全省都是赫赫有名的，因为从这里走出了一位人民作家——赵树理，山药蛋派的创始人。那座雕像至今还矗立在我们学习时的教学楼前。每天上学时我们都从他的身旁走过。有时，仰望着他的高度，想象着有朝一日也能像他那样深入农村，书写那波澜壮阔的画卷，感慨那该有多么美妙。

此外，让我记忆犹新并给我极大震撼的是陶行知的那句名言，记得它被书写在学校大门正对着的那面墙上，大大的红色字很是醒目，"捧着一颗心来，不带半根草去"，至今仍在我的脑海中不断地警示着我，不让荒草在思想的心田里肆意疯长，努力朝着"不带半根草去"的目标而不懈奋斗。

二、人师之初体验：虔诚地朝圣

中师毕业后，我被推荐保送到师范大学继续深造。大学毕业后，我把工作定格在了南国的一所中学。工作伊始，我可以说是豪情满怀、朝气蓬勃，但生活很快将我打回现实，很多事情逐渐变得吃力，使我曾一度动摇对教育的事业心和责任感。就在我犹豫不决时，我慢慢了解到周围很多同事的感人事迹。记得学校当时把一年一度的觉新育人奖授予了和我同一个办公室的陈

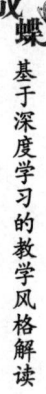

永富老师，他从教 26 年，担任班主任 23 年，每天风雨无阻、勤勤恳恳，始终都乐此不疲、和蔼可亲。陈老师在平凡岗位上的执着使我逐渐意识到教育其实是一场自我的修行，这一切都需要自我调整、甘守寂寞、恪守本真，以坦诚友爱的心去面对那一双双充满期待的眼神。

三、铭记初心：执着地生长

多年来，我们一直在探讨教育者的"初心"。那么这到底是什么？我想，这并不需要用多么崇高、激烈的豪语来表达，其实，它就在一个个像陈老师一样平凡的教师朴实无华的执着坚守中。犹如北方广漠上那一棵棵坚韧而挺拔的白杨，在漫长冬季后的那个春日里孕育出了强大的生命力。

在工作上，我开始不断总结与反思，啃读经典，虚心请教，精铸每一篇教学设计，上好每一节常态课，写好每一篇教学反思……就这样，自己的努力逐渐得到了周围同事的认可。由于不懈地努力与坚守，我先后获得"石龙镇优秀教师""石龙镇优秀党员""东莞市教学能手""东莞市优秀党员"等荣誉称号。但过往皆为序章，祖国在擘画着更美的画卷，我也在续写着我的故事。为了那一双双纯真渴求的眼睛而甘守寂寞、恪守本真，在那间神圣的殿堂引领处于"拔节孕穗期"的孩子们追逐梦想，保持未来正确的人生航向。

四、逐梦路上：暖心的陪伴

对于每一个高中生来说，实现大学梦是他们心中不懈的追求；而对于每一个从事高中教育的教师来说，看到孩子实现梦想而露出那一抹会心的微笑时永远是他最幸福的时刻，因为圆了孩子的梦，也成就了自己的梦。春去秋来，寒来暑往。我亲眼目送着一批批孩子背上行囊，踏上新的征程。这期间，有很多很多的陪伴故事。不知为何，那些备战高考的日子并未使我们感觉到累，我们心中似乎有一种心照不宣的默契，面对未来信心满怀；在那些摸黑起早的日子里，我们并不孤单，内心始终充盈着奋斗不止的力量。

时光荏苒，感触颇深。或许，岁月的经历犹如北方深秋早上升起的那一幕寒霜，虽然风霜会在不经意间染白我们鬓角的发丝，但我们依然无怨无悔。因为教育不仅是带着孩子们逐梦，同时也是一场自我的修行。

我的教学实录

弘扬中华民族精神

导入：

同学们，2021年是中国共产党建党100周年。100年来，在党的坚强领导下，我国取得了令世人瞩目的发展成就；这些成就的取得离不开百年党史中精神谱系所迸发的强大力量。这节课，我们就以"新征程上如何赓续党的精神谱系"为总议题，来感悟磅礴伟力，赓续红色血脉，勇担时代重任。

首先，让我们一起走近中国共产党的精神谱系。

环节一：走近精神谱系 感悟磅礴伟力

师：播放"青年大学习"微团课视频之《走近中国共产党的精神谱系》。

生：观看视频，了解第一批纳入中国共产党人精神谱系的伟大精神。

师：刚刚我们通过视频对精神谱系进行了初步了解，接下来，请同学们从精神谱系四个时期（新民主主义革命时期、社会主义革命和建设时期、改革开放与社会主义现代化建设时期、中国特色社会主义新时代）中，选取一个最让你触动的精神，设计一期"青年大学习"主题团课活动，讲述该精神背后的故事及意义。

生：以小组为单位，群策群力，制作团课方案。在KT板上列出展示提纲，包括精神名称、故事简述等，可配以思维导图或手绘图。

小组代表轮流上台，展示成果。

[教师总结]同学们分享的故事非常感人，构思配图也富有创意。通过刚刚我们回顾精神谱系在不同阶段的不同体现，不难看出，中国共产党精神谱系的内涵是随着时代变化而不断丰富和发展的。同时，我们要理解中国共产党人的精神谱系是一个以伟大建党精神为源头的庞大价值系统，是中国革命、建设和改革事业取得成功的红色密码，是激励我们奋进新时代的强大精神力量。

环节二：把准精神谱系 作出正确判断

师：在社会思潮纷繁复杂的今天，我们必须把准精神谱系，校准人生航向。相信同学们看过前不久上映的《长津湖》，这部主旋律影片受到众多网友热议，其中有几则评论引起了轩然大波，并迅速登上热搜榜。他们究竟说了

以情动人、诗意灵动、绕远而行

什么呢？接下来让我们一起看看。

展示材料：某人观看《长津湖》后，通过视频发表言论："在当下世界环境中，大规模战争或许不再出现，应该将目光聚集于文化、科技等领域，这种情况下宣传这种抗战影片，是在向世界传达一种不友好、不维稳的意识形态。它里面是不是包含着威胁的意味呢？"更有甚者，对烈士出言诋毁，讽刺"冰雕连"英雄们为"沙雕连"。

议学任务：你是否认同上述言论？请阐述理由。你认为长津湖战役中彰显了中国人民的哪些精神？

生：各小组围绕议学任务展开讨论，并推荐发言人汇报小组看法和理由。

师：如何看待上述言论呢？下面请小组代表发表意见。

学生分享略。

[教师点评] 同学们的分析很精彩。毫无疑问，对于诋毁英雄、抹杀历史的错误言论我们必须坚决反对；同时，这一现象也提醒我们要思考和回答一个问题，即如何正确看待中国共产党的百年历史。对于这个问题，2021年11月召开的党的十九届六中全会做出了明确的回答。（展示PPT）

[教师总结] 总之，历史不容抹黑，英雄必须捍卫。对待历史和英雄的态度，决定着一个民族能走多远。对于篡改历史、销蚀民族精神的行为必须"零容忍"。百年党史，精神闪耀。我们必须高举中华民族的精神火炬，传承红色基因，坚定历史自信，走好新时代赶考路。

环节三：赓续精神谱系　坚定人生理想

师：国无精神不强，人无精神不立。在实现民族复兴的道路上，需要我们赓续党的精神谱系，勇担时代重任。追梦路上，当你面对生活和学习中的挫折时，是否曾经犹豫彷徨过？你最终是如何战胜困难、执着前行的？接下来，请同学们分享一下你成长中的心路故事，让身边的朋友也能从中汲取奋进的力量。（播放背景音乐）

生在舒缓的音乐氛围中，回望成长路上那些刻骨铭心的成长故事。

师：每个人的成长之路都绝非一片坦途。从某种意义上说，唯有经历过挫折的磨炼，方能懂得人生的精彩。接下来，有请愿意分享的同学来分享一下自己的成长经历。

学生分享略。

[教师总结] 以上同学分享的成长经历都很精彩。在他们的身上都体现出

了坚韧不拔的意志和绝不轻言放弃的精神。同学们，追逐梦想的道路绝非一片坦途；无论何时我们都要明白：山再高，往上攀，总能登顶；路再长，走下去，定能到达。未来成长路上，我们只要坚定人生理想，赓续精神谱系，就一定能够创造更加美好的未来！

我的教学追求

打造诗意栖息的思政课堂

在铸魂育人的教学实践中，每个思政人都应当有一种"功成不必在我，功成必定有我"的责任感，着眼于学生的全面发展，为孩子的成长成才贡献全部力量。而我的教学追求也正是建立在这一认识之上的。

一、打造一种诗意栖息、心灵交汇的课堂

揽一份诗意，引得清风自来。我们思政教师虽不是诗人，但也要通过广泛涉猎诗词典赋，提升内在气质，拓宽取材视野，使自己拥有一颗富有人文涵养与社会关切的"诗心"。教育的原点是人与人之间的交往。唯有灵魂与灵魂的碰撞，才能唤醒学生沉睡的潜能。特级教师李虹霞老师也曾谈道："那里有最纯真、最鲜活的生命，他们值得我无限地敬畏和陪伴。我自认为'我已无我，不负学生'！"而与此相应的思政课堂就应该是诗意栖息、心灵交汇的课堂。心灵交汇是一种精神的高度，绝无轻易实现的可能，必须努力努力再努力，锲而不舍，不断提升，否则根本不可能抵达这一境界。在未来教学中，我会不断更新对思政课程的认知，创造心灵的宽松氛围，关心爱护学生，宽严相济，用爱培育爱、激发爱与传递爱，在助梦征程上为孩子们带去一路芬芳，也为自己带来一抹馨香，做一个幸福的"摆渡人"与"守望者"。

二、培养一种能活着的、可带得走的能力

日本作家黑岩祐治曾在《全世界都想上的课：传奇教师桥本武的奇迹教室》中，记录了对其一生发展产生深远影响的恩师——桥本武先生独特的国语课堂。桥本武先生将一所世人眼中的"渣校"最终打造成了东京大学录取率第一的学校，培养了许多后来活跃在日本政坛、商界等各领域的高层次人

以情动人、诗意灵动、绕远而行

才。其中的秘诀是什么？秘诀就在于桥本武先生等人的教育理念，这种理念就是让学生拥有真正的学习能力——一种"真正的、活着的、可带得走的能力"。这种能力是支撑学子们站立于人生这个大舞台而屹立不倒、阔步前行的真正"脊梁"。不论时代如何变迁、环境怎样变化，只要有了这根坚挺的脊梁，学子们就能走下去，且走得更长远。而这其实也就是我们今天所倡导的素养培育之路。素养教育要真正给予学生的正是这种能力。基于此，我努力更新观念，坚持原则性和灵活性相结合的原则，找准自己的专长和学生兴趣的契合点，积极开发有创意、会"跑题"的跨学科融合课程，努力培育这种真正的、能活着的、可带得走的能力。

三、开启一扇不断探索、勇于精进的心扉

新时期的高中思政课被界定为"活动型学科课程"，相应的，呈现在我们面前的课堂教学也出现了一些新变化，如无边的教室、无界的讲台、无形的体验、无限的思维等。而在此背景下，我们唯有不断延伸课堂、拓宽视野，才能使孩子在实践的体验中树立责任意识与家国担当。在此过程中，教师的作用就在于发现每一名学生的优点并加以赞扬，帮助他们发现其自身的"Magnet 元素"，激发孩子们探索知识的兴趣与欲望，这也正是为人师的奥妙所在。课堂中，我积极采用社会调研、角色模拟、职业体验、研学远行、主题演讲等多种形式来灵活地增强学生的学科体验，使课堂成为心灵碰撞、体验分享与诗意远行的神圣殿堂。同时，以自身特有的人格风范和育人方式，引领学生保持永不懈怠的精神状态与一往无前的奋斗姿态，做一个不断探索、永远精进的挑战者！

他人眼中的我

一、学生眼中的我

感恩，在最美的时光遇到您！

叮咛，还在耳畔回响；关爱，仍在心头荡漾。不经意间，和谷老师相处

的时光已近三年。我至今清晰地记得，初次见到谷老师，是在那个懒散的秋日午后。上课铃响后，谷老师健步走上讲台，面带微笑，介绍说："大家好，我姓谷，谷子的'谷'，就是主粮之一的小米。以后就由我担任我们班的政治老师。"整节课中，谷老师的讲解十分精辟，由浅入深，娓娓道来，举手投足间都洋溢着青春的活力，让我们感觉到那个午后的阳光很惬意！

人们常说，"润物无声，教育无痕"。高二时，他做了我们的班主任，更是把全部身心放到了我们身上。他会为我们每一次的点滴进步感到高兴，也会为基础薄弱的学生耐心讲解。因为我们知道在他心里我们全都是他的孩子，他舍不得把哪一个落下。他就是这样为了我们无怨无悔，甘愿付出！

感动，源自那些微不足道，但却意义非凡的细节。记得在我生病请假时，他看见我在饭堂吃饭，特地走过来，贴心问候我的身体情况。合唱节时，谷老师和我们一起紧张、一起鼓劲、一起开心。同样，他也在班上批评过我们，同时又一如既往地给予我们慈母般的爱，陪伴我们走过曾经那段彷徨又迷惘的青春。更让我佩服和喜爱的是，谷老师从未在我们面前炫耀过自己的才华和业绩，一直在用实际行动证明自己，就如春蚕一生没有说过自诩的话，但那吐出来的银丝就是丈量生命价值的尺子。

谷老师沉稳踏实的作风，对待课堂一丝不苟和执着的态度，以及那如春风细雨般的讲课风格，都潜移默化地影响着我们。如今，弟子要延续老师的教书之路，老师不倦的教诲都将是我执教生涯的养料。相信在每一个静谧的夜里、在每一次疲惫懈怠时，同学们都会深深地想起他，忆起我们那段一起拼搏奋斗的难忘岁月。最后，千言万语汇成一句话，那就是：谷老师，感谢您，让我们在最美的时光遇到您！

[东莞市石龙中学高三（6）班　叶心怡]

二、同事眼中的我

善思笃行"保"初心　笔耕不辍"庆"华年

未识其人，早闻其名。也许人群中你未曾与谷老师谋面，但你肯定在我们东莞政治教师群里为他的喜讯点过 N 个赞。在《中学政治教学参考》《思想政治课教学》等核心期刊上，我们常常见到他的论文，笔墨纵横间便擘画起

以情动人、诗意灵动、绕远而行

一个热忱执着的教师形象。从《基于学科体验的教学改进》《高考政治主观题命制"五维"》等文章中，我们看到了一个业务精湛、严谨治学的教师。他孜孜不倦地深耕教学、钻研教材、思索评价，真正把论文写在教育教学的沃土之上；从《教育是一场自我修行》《做一名有情怀的思政课教师》中，我们看到了一个有诗意情怀的教师。他热爱教育，恪守信念，与学生一起诗意地栖居在教育麦田。

谷老师妙手著文章，笔耕不辍，但现实中的他却不是一个如我们想象中滔滔不绝的健谈者。他话并不多，低调而儒雅，真诚而谦逊，但一旦开腔却总能打开大家的思路，可见其深厚的人文涵养。我想，其诗意人生背后应该隐藏着一颗如玉童心吧！善思笃行"保"初心，笔耕不辍"庆"华年。真情怀、真性情、真良知的谷老师会永远年轻吧，非常期待拜读到他的更多好文章、更多好故事！

（东莞市塘厦中学　卢怀）

三、专家眼中的我

谷保庆老师是一位勤于专研、业务精湛的教师。他能够认真学习课改精神，激发学生学习兴趣，践行课堂教学改革，形成自己的教学特色。他善思笃行，笔耕不辍，积极撰写教研论文，在专业学科领域产生了广泛的影响力和示范作用。同时，他热心帮助青年教师成长，引领他们成为学习型、研究型、综合型教师。

（东莞市名师工作室主持人　冯春柳）

贴近生活、鼓励唤醒、温和亲切

东莞市松山湖未来学校　王见英

我的教学风格

一、我的个人简介

王见英，东莞松山湖未来学校政治教师，清华大学马克思学院教育专业在读博士。东莞市高中政治教学能手。曾获省首届青年教师教学能力大赛东莞市选拔赛一等奖，相关优课、微课、论文、教学设计等近5年获省市一、二等奖超20次。主持各级课题4个，其中主持教育部课题"未来课堂视野下普通高中构建多样化学习团队的实践研究"的科研成果两次亮相中国教育创新成果公益博览会，获省教育创新成果三等奖。参与编写家庭教育系列丛书《家庭教育100个怎么办》。主持的STEAM项目作为全省优秀案例代表被收录在广东高等教育出版社出版的《广东省教育信息化融合创新优秀案例集》。

二、我的教学风格解读

从教十年，我站在巨人的肩膀上不断成长，向优秀学习，向先进看齐。通过不断地实践和沉淀，我在教学中日渐形成如下教学风格：贴近生活、鼓励唤醒、温和亲切。

1. 贴近生活

人民教育家陶行知先生认为：生活即教育。思政教学上，我致力于打造"贴近学生，贴近生活，贴近实际"的温度课堂。根据学生发展的最近舒适区，选择学生身边的资源和素材，解决实际问题，践行公共参与。

如带领学生采访创业校友，感悟其坚持背后的酸甜苦辣，弘扬劳动精神；走进社区图书馆，体验图书馆馆员的工作，推广阅读和志愿之美；采访学校民主党派的教师，使学生了解民主党派在日常生活中的作用，增进其对我国政党制度的了解；举行以"校园手机管理"为主题的辩论会，引导学生破解校园管理难题，推进共建共治共享……在思政小课堂和社会大课堂的融合中，学生获得别样的参与，逐步夯实核心素养和综合能力。

2. 鼓励唤醒

我国卓越的教育家叶圣陶先生提出了"教是为了不教"的思想。教学的最高境界是唤醒学生的内驱力，调动学生学习的主动性。在思政课堂中，我们以学生为主体，通过活动调动学生的积极性，唤醒其内生动力。

每节课的时政演讲环节，我们都会创设一个舞台让学生去自由展示。在活动前，我精心指导学生选材、制作课件，培育学生的素材收集和整合能力。演讲前，再细心指导学生语言表达技巧；演讲中，引导学生给予演讲者无限的鼓舞和尊重；演讲后，和学生一起进行盘点、点评、反思，以促进学生各方面能力的提升。所有学生的时政作品在学期末都会汇编成册，作为学生思政课堂成长的印迹，放进学科成长档案中。时政演讲只是我们思政课堂的一个缩影，在课堂中，我们还通过模拟招聘、模拟政协等多种方式，激发学生的学习兴趣，唤醒学生学习的内生动力和自我价值感，让学生在思政课堂上有更多获得感。

3. 温和亲切

根据马斯洛心理需求层次理论，人类需求分为五级模型：生理、安全、社交需要、尊重和自我实现。如何在思政课堂上营造良好的安全、交流、尊重氛围呢？有一种世界通用的语言，那就是微笑。因此，我认为通过微笑和语言沟通是非常重要的，有利于传递正能量，构建课堂安全感。

在开放性议题讨论中，我鼓励学生积极思考、大胆发言、用心投入、真诚参与；在团队合作中，我倡导每位成员都要参与角色分工、任务分配、展示自我；在学生个性化辅导中，我充分肯定每位同学的优点，给予信心和支持，也给出具体的发展建议；在作业批阅中，我每次都会附上一两句"鸡汤"激励学生，如"优秀非一日练就，你就是一面旗帜""优秀就是把简单的事情做好"。

我的成长历程

追风赶月莫停留　平芜尽处是春山

"青青园中葵,朝露待日晞。"2022年是我工作的第十年,十年间我从稚嫩的教坛新人蜕变成了学科骨干教师。回顾过往,有得也有失,有奋进也有迷茫,但更多是心怀感恩。感恩成长路上那些不吝赐教的恩师,感恩一起学习奋斗的小伙伴,感恩共同成长进步的学生。下将十年成长点滴总结之,以百尺竿头更进一步。

一、教坛新人:"胜日寻芳泗水滨,无边光景一时新"

"敏而好学,不耻下问。"2012年9月,我正式踏上三尺讲台,犹如春天的青草一样青嫩而有活力。在工作的前三年,我到处"拜师学艺",每天搬着小板凳听科组教师的课,认真记录和反思。校内外的学术讲座、公开课展示活动,我都积极报名学习。每每有新见闻,都如获至宝。

静心阅读,知识海洋。著名人民教育家于漪老师将"书犹药也,善读之可以医愚"作为座右铭,强调我们每天都要学习。宋鸿兵的《货币战争》带领我们了解历史上许多不为人知的金融真相;刘瑜的《民主细节》和《观念的水位》指引我们从生活小事中感悟民主;任祥的《传家:春夏秋冬系列》带领我们遨游博大精深的中华优秀传统文化;柏拉图的《理想国》带领我们体验哲学思辨之美。

恩师引领,学习榜样。感恩引领我进入思政课堂的师父们,高瞻远瞩的王定国老师、幽默风趣的王建新老师、细心负责的陈月强老师、博学高效的杨映松老师、严谨认真的简玉贤老师、运筹帷幄的廖世志老师、平实勤勉的董宏老师……这些老师乐教善思、孜孜不倦的学科追求,平和真诚、谦虚务实的处世之道,爱生如子、严慈相济的学生观,都深深地影响着我。在我往后的职业探索中,我不断向身边这些业务精湛的经师、师德高尚的人师学习。

二、深耕课堂:"纸上得来终觉浅,绝知此事要躬行"

学习理念,倒逼成长。时代在发展,课堂也在不断改革更新。明者因时而变，知者随事而制。理念是行动的先导，我也一直积极学习先进教学理论，如复旦大学张学新教授的对分课堂理论，新教育实验发起人朱永新教授的未来学习理论、深度学习理论，习近平总书记"3·18"讲话精神等。在这些先进理念的指导下，我尝试推动思政课堂的创新，从传统重教轻学、单项输出向以学生为主体、多维成长转变。

创新课堂，提升实效。依托我校市首批慕课试点学校这个平台，我们将思政课堂和"互联网+"相融合，借助平板电脑系统，引导学生开展翻转课堂、双师课堂等新探索。以作业盒子、蓝墨云班课、睿易派等软件为媒介，对学生的思政学科作业、课堂风采、测验成绩、错题积累、实践活动表现等进行全过程记录和追踪。打破传统唯分数论的评价机制，借助大数据平台将过程性评价和结果性评价有机融合，将思政学科的育人起点和评价终点相匹配。经过一段时间的实践，我们将学生的时评作品、实践报告、社会小论文汇编成册，以作品集的形式发回给学生和家长。学生看到自己的作品集，既能感受到思政课堂的形式多样、丰富多彩，也能看到自身的点滴成长。

未来视角，构建团队。朱永新教授说：未来学习具有个性化、信息化、去边界化等特点。2018年，我们成功申报教育部第二批未来学校实验研究课题《未来课堂视野下普通高中构建多样化学习团队的实践研究》。以课题为抓手，我们开始了基于未来学习视角的思想课堂变革尝试。通过构建基于生生合作、师生合作、校内外合作、跨学科合作、跨学段合作等的多样化合作团队，制定团队合作规则、明确团队合作任务、改进团队评价等多种方式，打破传统教师本位的思政课堂。通过一段时间的实践，较有效地调动了学生学习积极性，提升了学生的综合能力。跨学科主持的STEAM项目作为全省优秀案例代表，收录在广东高等教育出版社出版的《广东省教育信息化融合创新优秀案例集》。

立德树人，培根铸魂。思政课是贯彻立德树人任务的关键课程。在日常课堂中，我们致力于将思想小课堂和社会大课程相结合，引导学生不负韶华、不负时代、不负人民，在青春的赛道上奋力奔跑。从邀请老兵进入课堂讲述救火事迹，到市人大代表、民主党派分享履职故事；从现场连线大朗抗疫医生干警，到带领学生采访校友筚路蓝缕的创业故事；从参观东纵革命纪念馆学习百年党史，到职业人物精彩访谈；从参与跳蚤市场义卖呐喊，到辩论赛场唇枪舌剑；从校园模拟招聘生涯体验，到模拟政协建言献策……在"大思政"课程构建中，推进习近平新时代中国特色社会主义思想入脑入心，使学生敏于思、躬于行。

三、专业提升："少年辛苦终身事，莫向光阴惰寸功"

"嘤其鸣矣，求其友声。"感谢学校搭建的创研微群平台，打破了学科界限，将一群具有共同爱好、志向、研究目标的教师聚在一起，为某一教研问题开展跨学科交流成长。作为一个横跨未来学习团队、慕课团队、生涯团队三个创研微群的"斜杆"青年，我有幸跟着三个团队的小伙伴一起开展了未来课堂变革、慕课课程开发、生涯活动策划等多样活动。每周的思维碰撞、头脑风暴、团队合作，都蕴含着无穷的智慧和力量。

"功崇惟志，业广惟勤。"教师须有一缸水，才能给学生一杯水。从教十年来，我深知自身不足，需一直注重学习提升。2016年3月，我考取了华中科技大学教育管理专业硕士。2021年11月，我顺利考取了清华大学马克思主义学院教育专业博士。在学科专业成长方面，我加入了广东省王建新老师的名师工作室，在工作室主持人王建新老师的带领下向各位专家、同行学习。在家庭教育方面，我有幸跟着市教师发展中心张润林老师参与编写家庭教育系列丛书《家庭教育100个怎么办》，增进了对家校共育等方面的了解。

习近平总书记说：教师不能只做传授书本知识的教书匠，而要成为塑造学生品格、品行、品味的"大先生"。"行之力则知愈进，知之深则行愈达。"展望未来，我将继续严爱相济、润己泽人，以人格魅力呵护学生心灵，以学术造诣开启学生智慧，成为青年成长进步的人梯。

我的教学实录

始终坚持以人民为中心

引入：

师：2021年11月，党的十九届六中全会通过《中共中央关于党的百年奋斗重大成就和历史经验的决议》。以宏阔的历史视角和深厚的历史智慧，全面总结了党领导人民进行伟大奋斗的"十个坚持"的宝贵历史经验，为全党以史为鉴、开创未来注入了强大思想动力。这节课让我们一起结合必修3第二课第一框《始终坚持以人民为中心》,从中国共产党视角一起感悟坚持人民至上的强大伟力。

环节一:感受——初心的温度

议题1:如何认知中国共产党的"初心"?

[情境] 红军长征红色历史故事:

1934年,中央红军在汝城县境内进行了长征半个月来首次较长时间的休整。红军纪律严明,战士们睡在屋檐下、空地里,不仅没有动村民的东西,还帮助村民打扫卫生、挑水等。30多岁的村民徐解秀拉了3位女红军住到自己家里。女红军看到徐解秀床上仅有一件蓑衣和一条烂棉絮,便拿出她们唯一的一条行军被,和徐解秀母子一起横盖着。临走时,怕徐解秀母子寒冬难熬,3位女红军执意把被子留给她,但徐解秀坚决不同意。推来推去僵持不下,一位女红军索性找来剪刀,把被子剪成两半,留下半条给徐解秀。抱着半条被子,徐解秀含着泪,送了女红军一程又一程。

[活动] 话剧表演:《半条棉被,温暖中国》。

[任务] 学生扮演红军和村民徐解秀还原故事,并感悟中国共产党的宗旨、根本立场、执政理念。

师:《中共中央关于党的百年奋斗重大成就和历史经验的决议》指出:中国共产党自1921年成立以来,始终把为中国人民谋幸福、为中华民族谋复兴作为自己的初心和使命,始终坚持共产主义理想和社会主义信念,团结带领全国各族人民为争取民族独立、人民解放和实现国家富强、人民幸福而不懈奋斗,已经走过一百年光辉历程。

环节二:感悟——人民的力量

议题2:中国共产党如何践行初心和使命?

[情境]

情境一	妙!1950年6月30日,《中华人民共和国土地改革法》颁布
情境二	赞!十一届三中全会上邓小平发表改革开放讲话

[活动]

(1)课前采访:学生采访父辈了解有关分田到户和改革开放的故事。

(2)课中分享:"历史解说员"讲述图片往事和家族故事。

[任务] 以小组为单位,扮演东莞博物馆的解说员,向大家解读历史

图片。

（1）介绍内容：

①图片反映的历史事件。

②事件背后的时代背景和意义。

（2）活动要求：

①介绍时要突出党和人民的关系，要结合采访的家族故事进行讲解。

②写在大白纸上，用创意思维导图呈现，有一定造型。

③全员参与，每人都要有分工。

④集体讨论5分钟，抽取若干组上台展示，每组展示控制在3分钟内。

（3）讲解模板：

大家好，欢迎来到东莞博物馆。我们是讲解员×××，下面让我们一起来看一下这两张图片，这两张图片反映的是×××事件，当时的时代背景是×××。这件事意义重大，对国家而言×××，对老百姓而言×××。我身边也有受其政策影响的例子，如×××。

师：《决议》指出：牢记江山就是人民、人民就是江山，坚持一切为了人民、一切依靠人民，坚持为人民执政、靠人民执政，坚持发展为了人民、发展依靠人民、发展成果由人民共享。

环节三：感知——党员的坚守

议题3：青年学生如何传承党的精神，勇担重任？

[情境]2022年3月，东莞局部发生新冠肺炎疫情。疫情一线党旗红，无数党员和群众众志成城，共同抗疫！

[活动]在线采访：支援大朗一线的东莞市人民医院全科医生戴绍文、东莞市公安局民警叶帮晨、大朗蔡边村村民卢敏婷。

[任务]

（1）采访抗疫一线的党员，用两个关键词来形容聆听了大朗抗疫故事后的感受，并写在卡片上。

（2）请一个团队上台将卡片贴在黑板上，并和同学们分享。

师：《决议》指出：新时代中国人民拥有更加厚实的底气、更加坚强的骨气、更加昂扬的志气、更加坚定的文化自信，雄浑的中国精神生机无限，矢志复兴的中国力量奔腾浩荡。

我的教学追求

打造"有趣味、有深度、有情怀"的思政课堂

思政课作为立德树人的关键课程，对学生的终身发展有重要影响。作为一名思政教师，我致力于打造"学得扎实，玩出名堂""深度学习，高阶思维""家国情怀，国际视野"的思政课堂，鼓励学生立大志、担大任、明大德、成大才，踔厉奋发，勇毅前进，在青春的赛道上跑出当代青年的最好成绩。以下是我的教学追求：

一、有趣味：学得扎实，玩出名堂

兴趣是最好的老师。传统思政课堂容易给人留下"背多分""满堂灌"的印象。如何让思政课堂更有趣、有料、有内涵？如何引导学生学得扎实、玩出名堂，发挥思政课程育人的最大价值？我想活动型思政课程将会是个很好的切入口。我们创设时政演讲、模拟面试、采访调研、模拟政协、唇枪舌剑、人大访谈、职场访谈等多样学科活动，引导学生在沉浸式体验中品味课堂乐趣。

二、有深度：深度学习，高阶思维

华东师大崔允漷教授认为深度学习是指：学生基于教师预设的专业方案，经历有指导、有挑战、高投入、高认知的学习过程，并获得有意义的学习结果。深度学习"深"在哪里？"深"在对知识的理解：教师不仅要清楚"知识是什么"，还要明白"知识从哪儿来""到哪儿去"；不仅要清楚"有哪些知识"，还要思考"什么知识最有价值"。因此，深度学习对于学生的高阶思维培育和终身发展都至关重要。思政课堂上，我们引导学生直面和解决复杂的真实问题，通过深度加工，学会迁移运用。

三、有情怀：政治认同，国际视野

"家是最小国，国是千万家。"义务教育阶段和高中阶段的新课程标准都明确指出政治核心素养是政治认同。思政课的课程性质决定了其重要的功能：

为党育才，为国育人。那么，如何打造情怀课堂，培育社会主义建设者和接班人？我想，夯实学生的政治认同非常重要。在思政课堂上，我们致力于带领学生通过品味党史、聚焦热点、共话时政、辩论剖析等多种方式，增加他们对家国政策的理解和认同。世界是联动的世界。立足中国，我们还要培育学生的国际视野，讲好中国故事，传递中国声音，推进中国和世界的接轨，共建人类命运共同体。

"师者，人之模范也。"2022年4月，习近平总书记在中国人民大学考察时的讲话中指出：培养社会主义建设者和接班人，迫切需要我们的教师既精通专业知识、做好"经师"，又涵养德行、成为"人师"，努力做精于"传道授业解惑"的"经师"和"人师"的统一者。作为青年思政教师，怀揣着育人梦想，我将继续踔厉奋发、笃行不怠。

他人眼中的我

一、学生眼中的我

爱心、匠心、创新

殷切问候细节暖

小小的个儿，大大的能量！这是我对王见英老师的初印象。高一军训时，王老师作为我们的班主任，对我们非常关心。生活上，她积极和学生沟通，及时了解学生住宿适应情况等；课堂中，她总是耐心解答学生的问题，用温柔专注的眼神注视着学生，认真倾听学生的想法；考试后，她会和所有同学进行一对一试卷分析……这些细节都让我们体会到老师一直在关心、理解着我们，会站在学生角度去育人。

鼓励尊重多支持

王老师致力于将思政小课堂和社会大课堂融合，希望我们多关心时事，夯实核心素养。因此，她在课堂中开设了课前5分钟的时政开讲。从这里，我们了解冬奥实况，思考张玉华案，知晓国家减税降费政策……王老师专注地站在台下，微笑着轻轻颔首，尽管没有说话，但对我们而言是一种无声的鼓励。时

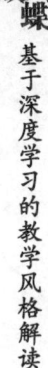

政演讲结束后,老师既会赞赏我们,也会给予我们建议,促进我们成长。

创新课堂展乐趣

王老师是一个擅长创新的教师。在一次课堂上,老师让我们尝试用 pH 试纸去测矿泉水的酸碱度,让我们在实践中追求真理,培养我们的批判思维能力。作为科代表,老师将分发器具与维护课堂秩序的任务交给了我,并相信我可以做好,这种亦师亦友的信任拉近了我和老师的距离。在寒假进行的职业访谈活动中,我们采访了市人民医院戴绍文医生和湘菜馆创始人刘峰勇先生,老师耐心的陪伴、用心的指导无不让我们动容。

[东莞市万江中学高二(13)班　蔡嘉裕]

二、同事眼中的我

用坚实的脚步托举职业梦想

自 2012 年起,王见英老师与我同在政治学科任教,我们亦师亦友。这十年来,我见证了她从教坛新人到教坛新秀再到教坛骨干的职业发展历程。她精彩的课堂设计、敏锐的教研视角和体贴的处世艺术让我深深地敬佩。

精致设计,成就精彩课堂

王见英老师对教学精益求精。每每做事,她总抱着出范本的目标严格要求自己。大到总结、计划、教案,小到课堂中的一个活动,她都一丝不苟、精心设计,务求给学生提供有效的学习支架。有一次,她上一节科组内的公开课,设计了一个让学生用思维导图展示学习成果的环节。首先,王老师明确地提出"创意思维导图"的概念,激发学生的学习兴趣和挑战欲;接着,她把思维导图的文字素材印在学案上,为学生制作思维导图提供方向,减少学生的偏题错误率,增强学生的学习信心;最后,她提出"人人参与,团结协助"的要求,把成功的机会给到每一个学生。当 4 人学习小组上台展示时,每个小组不仅思维导图设计得图文并茂、重点突出,而且实现了每位组员都发言且能言之可信,而不是只有代表发言。从学生闪亮的目光中,我看到了美好人生的旅途在学生心中启航。

不懈学习,成就敏锐视角

王见英老师无论是参加赛课,还是做课题、写论文,几乎是出手必有收获,因为她总能抓住当下最热点的时政、国家最关切的问题、教育研究最新的动态。为什么她能有如此敏锐的教研视角呢?我认为跟王老师酷爱学习密不可分。首先是专业阅读,读书使人心明眼亮。王老师读思政专业书、马克思主义原著、习近平治国理政思想等,让自己的专业素养更扎实;接着是赛课观摩,每遇到教学现场比赛,即使远在广州、南海,她都争取能到现场,她说每一次的观摩都是高水平的学习;此外,还有新网师、国家教育博览会等线上线下学习。边学边用、边用边学,是王见英老师成功的密码之一。

处世艺术,成就温暖职场

王见英老师具有想人所想、乐作嫁衣的助人精神,与她相处总能如沐春风。记得去年的东莞市政治学科教学能手评选中,我校的郑健为老师参赛。王见英老师作为上一任的教学能手,不仅向郑老师提供经验、帮助他磨课,还陪同他一起到现场比赛。每一节课的课堂提问时,王见英老师说得最多的几句话是"你可以的""我发现你说得很对,你起来说给大家听听""嗯,有创意""很棒!我们给点掌声"。

(东莞市万江中学　简玉贤)

三、专家眼中的我

王见英老师作为一名青年教师,勤奋好学,大胆创新,表现出色。在教学理念上,她关注时代发展,积极学习前沿理论;在课堂改革上,她躬身实践,将翻转课堂、双师课堂等多种模式融入日常教学,推动思政课堂信息化改革;在科研方面,她以未来学校专项课题为契机,尝试构建多样化学习团队,打造师生成长共同体;在育人方面,她致力于将思政小课堂和社会大课堂相融合,通过创设真情境、解决真问题,培育学生高阶思维和核心素养。

经过近十年的探索,王见英老师取得了较为有效的教育教学成果。

(广东省名师工作室主持人、东莞市万江中学　黄晗晖老师)

贴近生活、鼓励唤醒、温和亲切

问题导向、情意交融、开放多元

东莞市石龙中学　汤逸山

我的教学风格

一、我的简介

汤逸山，东莞市石龙中学教师，曾获广东省第二届青年教师教学能力大赛一等奖、首届全国中学思政课教学基本功大赛特等奖、广东省"同上一节党史课"教学展示活动一等奖、东莞市班主任专业能力大赛一等奖、广东省班主任专业能力大赛二等奖。曾执教国家级、省级、市级研讨课10节。曾主持省级课题，结题成果获广东省中小学教育创新成果三等奖。在《中学政治教学参考》《思想政治课研究》《中国德育》等期刊发表论文6篇，被评为广东省中学思想政治学生社会活动优秀指导教师。

二、我的教学风格解读

1. 问题导向

不管课标如何改革、教材如何变化、理论如何更新，理论联系实际永远是思政课的学科特色。一切重要思想、重要观点、重大判断、重大举措，都是围绕破解难题、攻克难关、解决经济社会发展深层次矛盾和问题而展开的。因此，在我的思政课教学中，我喜欢坚持问题导向，回应现实关切，着眼于社会中遇到的问题，通过解决问题，使课本的理论"活起来"，使学生的视野"宽起来"。

2. 情意交融

有情有意是我课堂的格调。我有着育人的情怀，真心热爱思政课教学，真诚对待学生，在课堂上常常表现出情真意切的态度，以声情并茂的方式讲故事、讲道理、讲案例，深入学生内心，触及学生灵魂。

3. 开放多元

开放是我的姿态，多元是我的追求。对某一现象，我期待看到学生有不同的理解、有多角度的思考、有不同的答案，学生只有在开放的环境下，才能开阔视野、活跃思维。另外，在教学设计上，我经常以任务驱动的方式让学生完成某一学习任务，让学生选择不同的角度以不同的形式呈现学习成果，不设置唯一答案，让学生在任务中表达自己的观点。

我的成长历程

用一辈子备一节课

记得大学时读过武汉名师吴又存的《这节课，我准备了一辈子》，当时幻想着自己会不会也有那么一天，感慨自己一辈子的积累而感到欣慰。刚入职时发现那个幻想还真是个白日梦，校内高手如云、卧虎藏龙，能混下去就不错了。入职第二年，有幸到东莞实验中学观摩了当年市内的省赛选拔赛，听完当年省赛特等奖获得者刘秋燕老师的课，不禁发出"外面的世界真精彩啊"的感慨，觉得自己还是需要脚踏实地练好基本功。接下来的几年，我与校内其他教师一样，勤于工作，乐于教研。

一、误入藕花深处——市内选拔

2019年9月，东莞市教研室发文面向全市进行省赛选拔，当时正值开学季，忙碌中我把录课的视频上传参评，让我意想不到的是竟然入围了。选拔赛设置了以下三个环节：说课、时政演讲、素养演讲。说课课题、时政演讲主题都是提前一天公布。

9月25日，题目公布了，课题为"坚持两点论与重点论的统一"，这个题目一公布就觉得挺考验人的，这个课题想讲好并不容易。我的第一反应是结合当时的时政热点对中美贸易摩擦、中国香港修例风波等事例进行挖掘，但这些话题需要谨慎把握。经过与科组老师讨论，最终确定了以香港爱国的主流民意为本节课主线。要想使说课眼前一亮，仅仅靠主题鲜明是不够的，必须破除既定的东西，进行创新，过去说课模式陈旧、套话较多，无法体现新课改的要求，因此我说课的第一个环节是说课标，由于时间仓促，我请了我师父谷保庆老师帮我找出新课标中与这节课相关的内容及目标。在说课标的时候运用了北师大李晓东副教授的《理解普通高中思想政治课程标准的三重视角》的内容，做到理论与事例的统一。为了能更好地体现新课改的理念，在说课的第五个环节我增加了说教学路径的内容。当然，这都是我自己摸索出的说课环节，是否妥当，还需进一步探讨。

对于时政演讲，我在题库中选取了"五四运动100周年"的主题，之所以选取这一主题，一是我在校内参与了共青团工作，五四期间有举办相应的团建活动；二是我在2019年5月4日发了一段梳理中国百年青年面孔的朋友圈，这为我备赛节省了时间。准备期间，科组李翠兰老师帮我润色了标题，石俊老师帮我找到了相应的视频资料，整个备赛过程科组教师积极帮忙，温暖人心。

凌晨2点多，课件、讲稿都准备完毕，只剩下背诵了，背诵文稿至3点钟，让自己休息一会儿，但宿舍不敢关灯，怕起不来,5点半又爬起来背书了。早上出发之际，科组长主动开车送我去东莞六中参赛，一夜没怎么睡的我深受感动。

二、梦里花落知多少——备赛历程

省赛的准备与市赛相比，可谓历程艰辛，压力重重，一个月下来瘦了5斤。

市赛获得第一名后，我与科组长冯春柳老师共同商定了备赛计划，当时还制定了一张备赛计划表。主要内容包括看专业书、看专业期刊、观优质课等，计划内容丰富，容不得怠慢，国庆假期5天基本都在看书、观课。

国庆回来后，确定了课题：哲学第四单元综合探究《坚定理想铸就辉煌》，其实后来才发现这节课难度很大，理想的东西比较虚，比较难落地，后来我一度想换课题，但基于备赛时间不多，只好硬着头皮上了。

第一次磨课，科组内部上课，基本意见是主题不突出。第二次磨课邀请了王建新、刘秋燕老师观课，基本意见是综合不综合、探究不探究。第三次磨课，邀请了李雪芬老师和科组内部观课，基本意见是某些环节离学生太远。

第四次磨课，科组内部上课，意见不记得了，只记得："你准备了那么久到底准备了什么""你每次上课都要比上一次有进步，不能浪费大家的时间"，打是亲、骂是爱，科组的人都为我着急了，现在回想，十分感谢当初的鞭策。第五次磨课，邀请了市教研室陈月强老师、市内名师王建新、徐丰等老师观课，虽然大家比较满意，但还有很多地方需要不断改进，心头的大石终于放下一半。后面还经历了多次磨课，磨课稿已经更新到了第十一稿。

除了要备课，还要准备素养演讲的素材，但离比赛仅剩最后几天，我根据自己的亲身实践，即带学生到学校附近的市儿童医院看望特殊儿童，写了第一稿。我自己感觉挺不满意的，也有人建议我更换素材，但总觉得只有自己亲身经历的，才能讲得动情。经过多方修改，还是欠缺点火候，离下班还有1小时之际，我灵机一动，想起了语文科组的黄明彦老师，她两笔一挥，文稿终于有点起色了。

除了准备比赛事宜，作为一名高三教师，还要保证正常的教学安排，因此经常是三更眠、五更起，那段时间咳嗽比较厉害，吃了中药稍微好转，但又因睡眠不足病情反复，有一次开了西药，结果吃了打瞌睡，后来也不敢再吃了。印象中有一次是在办公室睡着了，醒来继续干活，最难忘的是当我1点多改完课件发给我科头以后，我的科头睡醒了，我继续按照科头的意见修改至3点。历程虽然艰苦，但也收获了很多人的鼓励与帮助。

三、扬鞭奋尽马蹄疾——比赛现场

一切准备就绪，出发去深圳之际，我打算经过音乐室看能否偶遇陈尚东老师，没想到这一偶遇，让我茅塞顿开，对演讲有了新的认识。而且陈老师当时还对我进行逐句指导，候场比赛时我还在回忆他的神态。

比赛的第一个环节是时政演讲，下午4点抽题之前我还在跟我科头开玩笑，希望不要抽到国际类的话题，但还是抽到了唯一一个与外国有关的《中美贸易摩擦》，抽到这个题时我蒙了，个个都很熟悉，文章铺天盖地，话题比较高、比较远，很难落地，没有高深认识不能出彩。后经过团队的商量，特别是王定国老师的指点，晚上8点多第一稿出来了，但很不像样，文稿过于空洞、注重说教。团队第二次碰头，11点多二稿出来了，虽然我依旧不满意，但当前的重点是熟悉稿件，背稿背到2点睡着了，凌晨5点醒来又继续背稿。由于一夜没怎么睡觉，精神状态比较差，早餐基本吃不进去，直到1号选手正式比赛，候场的我才有了激情，我不断想象东莞一中宋永成老师是如何把高深的理论转化为激情的演讲的，"求大神附体、求大神附体"就是我当时的心声。

经过了早上的时政演讲，心里踏实了很多，中午在酒店排练下一环节的时候，发现背景音乐的起伏与我所讲的故事情节的起伏不搭配，经过与冯春柳老师讨论，果断去掉了背景音乐。上场前10分钟拿到了演讲的题目"要给学生心灵埋下真善美的种子"，此题目与市选拔赛抽到的题目完全一致，看来上天也在考验我够不够真善美。经过了一天两个环节的比赛，两个演讲环节中我幸运地拿到了较高的分数，有幸进入到下一轮的讲课环节。

紧接着，抽签抽到了后天早上的课，准备时间较为充足。与所教班级的学生见面完毕后，发现是传媒班的学生，非常活泼，非常配合。根据王定国老师的建议，结合传媒生的特点，我的课要进行改动：增设撰写微电影剧本环节、增设朗诵环节，最后的课堂活动改为学生主持。真没想到最后一刻我还在改课件。我对剧本不是很熟悉，于是马上联系了我教的传媒生张洛怡，她教我什么是镜号、镜头、声音等，还给我创作了一份模板。由于花了很多时间进行课堂的改动，课堂语言表达没有经过打磨，正式比赛的时候我发现语言不够精练，加之没有提前演练，编写微电影剧本环节时间把握不够准确，但我认为精彩的教学设计比精彩的语言更重要，这一设计也获得了某位评委的认可。课堂上还有一个小插曲，课上进行"当梦想照进现实"的活动时，第二个上来的这位同学说自己的理想是当军人，这时候主持人也愣了一下，为了缓解尴尬，我灵机一动："你是传媒生，但你的理想是当军人，为什么？"结果这位学生马上回答："我可以利用网络平台如抖音等，传播军旅文化。"台下响起了热烈的掌声，没想到这一插曲竟成了课堂的亮点，这也是我多次磨课中没有遇到的。课堂的最后，我送给学生一份小礼物：自己学校的明信片，上面写着我的学生送给他们的关于理想信念的祝福。

上完课后，一身轻松，当时的状态很平静、很自然，拿几等奖也无所谓，当坐下来翻开手机后，我的眼泪唰唰地下来了，我看到了我大学师范技能指导老师袁华副教授的朋友圈，镜头马上拉回到读大一的我，是的，这一路走来，都是理想信念支撑着我。

整个历程一路走来，受到了多人的无私帮助，我也成长了不少，我的课确实是团队打造出来的，没有团队就没有这一奖项。特别是冯春柳老师从选拔赛到最后的一天决赛，一直在我身边陪伴我、指导我，我一有问题就跑去楼下办公室找她。

经历了省赛的历练，我的教研能力有了一定的提升，国家级公开课 2 节、省级公开课 3 节、市级公开课 4 节、在《中学政治教学参考》发表论文 3 篇、主持省级课题结题、广东省班主任专业能力大赛二等奖、在"南方教研大讲堂"分享"同上一节党史课"课例……奖项、荣誉纷至沓来，但我深知这一切都是时代赋予我的机会，是团队给予我的力量，只不过把这一个灯光聚焦在我身上，抬举了，幸运了，不能把运气和平台当作自己的水平，我深知自己在很多领域还需要努力，需要向大家学习、向书本学习、向实践学习。

我的教学实录

方向决定道路　道路决定命运

导入：

视频播放：百年前的《建国方略》（《辉煌中国》第一集节选）。

环节一：中国成就，我来"讲"

[情境设计] 运用互联网技术，进入庆祝新中国成立 70 周年大型成就展网上展馆。该网上展馆以新媒体平台为依托，运用全景观展技术，采取多媒体互动叠加图文、音视频等形式，360°全景展示展览现场，以近 2000 张照片、180 多条视频以及 2.2 万字解说词生动再现展览全貌。学生可以通过电脑或手机访问网上展馆，详细了解展览内容，获得沉浸式、漫游式的观展体验，身临其境地感受新中国成立 70 周年的伟大历程和辉煌成就。

[课堂活动]"我是讲解员"，学生分组扮演展馆的讲解员，挑选其中三张图片分别从"站起来""富起来""强起来"的角度进行讲解。活动要求如下：

（1）挑选的图片要具有代表性。

（2）讲解员必须讲解清晰，让听众明白图片背后的意义。

（3）讲解简明扼要、言简意赅。

（4）先组内讲解再派代表在全班展示。

[学生展示] 学生从"站起来""富起来""强起来"中选择一个角度进行展示，讲解过程主题突出、言简意赅、生动形象。

[教师活动] 教师通过学生的讲解，引导学生从道路、理论、制度、文化的角度思考该成就背后的原因，进一步增强学生的四个自信。

[活动总结] 每一次的跨越都让我们更有信心，归根到底是因为坚持了社会主义方向，社会主义救了中国，这一方向决定了我们走中国特色社会主义道路，中国特色社会主义发展了中国。

环节二：中国道路，你来"答"

[情境设计] 播放新华社《病毒往事》的推特视频。视频中，代表中国的兵马俑乐高小人不断地向世界发布新冠病毒的有效信息，而代表美国的自由女神乐高小人则不断漠视警告，抹黑中国。面对国际上的各种声音，假设有一个开新闻发布会的机会，你会如何借此机会回应这些声音。

[课堂活动] "疫情防控新闻发布会"，基于某些西方政客甩锅中国的言论，面对记者的提问，该如何介绍中国疫情防控取得的阶段性成果。活动要求如下：

（1）小组分工，第一组：卫健部门；第二组：防疫专家；第三组：防疫医护人员；第四组：社区干部；第五、六组：各国记者代表。

（2）前四组基于自己身份讨论防控经验，再派代表参加新闻发布会。

（3）第五、六组讨论记者提问。

[学生活动] 学生围绕中国国内疫情防控的正确做法、西方甩锅中国的言论的危害、中国对世界人民的人道主义援助等角度回应各国记者的提问。

[活动总结] 中国特色社会主义制度并不是轻轻松松敲锣打鼓就形成的，1991年东欧剧变苏联解体，西方世界一片哗然，社会主义事业进入了低谷，国内很多人质疑中国的红旗还能扛多久，对我们的改革开放充满疑虑，唱衰中国的舆论在国际上不绝于耳。通过几十年来的发展和疫情防控的中西方对比，我们以不可辩驳的事实彰显了科学社会主义的强大生命力，社会主义的伟大旗帜始终在中国大地上高高飘扬。

环节三：中国智慧，我来"献"

[情境设计] 随着中国日益走近世界舞台中央，中国的声音和中国的智慧越来越得到认可和关注。如果由你通过一个短视频来介绍中国经验，你会如何展示？

[课堂活动] "抖音制作"：撰写介绍中国经验的视频剧本。活动要求如下：

（1）可以从"精准扶贫""一带一路""疫情防控""亚太经合组织""对非援助""世界维和"等角度进行。

（2）剧本包括画面、声音、文字等要素。

（3）抖音视频时长约 1.5 分钟。

（4）体现"人类命运共同体"理念。

[**学生活动**] 学生根据生活经验和时政信息，遵循人类命运共同体的理念，撰写抖音剧本。

[**小组展示**] 小组派代表展示抖音剧本。

[**活动总结**] 中国积极参与全球治理，在"一带一路"、世界卫生大会、亚太经合组织、二十国集团峰会等国际场合都留下了无数精彩瞬间。100 年前的中国，在帝国主义面前抬不起头；100 年后的今天，中国自信大方，彰显大国担当。

环节四：中国梦想，一起"圆"

[**情境设计**] 2021 年是中国共产党建党一百周年，百年岁月沧桑，百年风雨兼程，百年风华正茂。我们致敬 100 年前那段激情燃烧的岁月，致敬 100 年来筚路蓝缕的奋斗历程，致敬 100 年来光辉闪耀的丰功伟绩。100 年已经过去，让我们接续奋斗下一个 100 年。

[**课堂活动**] "我是圆梦演讲人"，在中国共产党成立 100 周年之际，请以"接续奋斗"为话题，写一篇关于"奉献青春　圆梦中华"的演讲稿。

[**学生展示**] 学生根据课堂任务，撰写演讲稿，并择优让学生上台发表演讲。

[**教师活动**] 教师结合学生的演讲，号召学生结合时代要求，将个人理想与国家前途命运相结合，青春心向党，建功新时代。

[**活动总结**] 100 年前，中国青年在思考如何拯救处于危难中的民族；100 年后的今天，中国青年也在思考如何实现民族复兴。中国青年始终与祖国同呼吸、共命运。一代人有一代人的长征，新时代的青年有新时代的使命。实现中华民族伟大复兴是一场接力跑，我们要一棒接着一棒跑下去，青年是标志时代的最灵敏的晴雨表，我们要有信心接好、要有信念跑好，正所谓人民有信仰、民族有希望、国家有力量。加油吧，下一个 100 年中国青年必将勇立潮头，数风流人物还看今朝。

我的教学追求

促进学生的全面成长

一切教学行为必然为了学生的成长,我的教学追求也必然立足于学生,让学生的成长真实发生,贯穿于我整个教学生涯,而这一追求又是永无止境的。目前,我以兴趣为吸引力促进学生的学识成长,学生要想实现真正意义上的成长,一是收获学识,掌握一定的科学理论。但不仅仅是"背诵"学科知识,更重要的是对学识理解通透、对学识运用得当、对学识有着主动探求的自觉,这才叫"成长"。二是以故事的感染力促进学生的精神成长,以真理的影响力促进学生的终身成长。"精神成长",是指学生在认识和实践活动中为满足各种精神需求,在心理和情感、道德和意识、审美意识和信念水平等方面不断完善和发展,从而达到精神成人的目的。思政课作为立德树人的关键课程,必然在学生精神成长方面承担着重要使命。三是以真理的影响力引领学生的终身成长,由于应试教育的影响,有些学生把高考作为成长的最终目标,却没有把高中学习作为人生成长的某一阶段,对即将步入大学的学生而言,树立终身成长理念尤为重要。因此,在理论的讲解中,我善于抓住教育契机,挖掘真理中蕴含的人生道理,或以集体教育的方式,或以个别谈话的方式,引导同学们正确分析当前成绩,正确看待高考与成功的关系,把握人生航向,在人生每个阶段都以持续成长的姿态,迎接未来的变化与挑战。

他人眼中的我

一、学生眼中的我

谆谆教诲亦师亦友

不管是在课堂上还是在课堂外,汤逸山老师都有着足够的创新和热情,课堂有趣是他给人的教学感受,他对教学内容和教学方式有着独特的理解。

汤老师会将当前的时事热点和书本上的知识点结合起来，从书本的知识点出发却从不会被书本上的知识点束缚住，做到了理论与事例的统一。在潜移默化中，学生不自觉地养成了结合时事多角度、多方面思考的习惯。除此之外，汤老师的课堂特别注重互动性，学生与教师在课堂上是双向互动的，情境代入与角色扮演是汤老师常用的互动方式，能够让学生更好地理解角色所为的原因，学会换位思考。除了自己教的科目外，汤老师作为班主任，会抓住每一次班会的机会，邀请优秀的师哥师姐来分享经验、制作理想墙让学生用纸笔写下心中所想、远程连线在外地的优秀教授答疑解惑等，不仅是直接用言语表达想要学生确立理想的期望，还用丰富的形式将期望传达给每一位学生，真正让学生变成参与者而不只是倾听者，让很多迷茫的学生逐渐找到了努力的方向与明确的理想目标。

[东莞市石龙中学2020届高三（14）班　潘惠琳]

二、同事眼中的我

汤逸山老师，是一位有着教育情怀、勤勉好学、阳光向上的好青年。他对课堂、对学生、对教育有着一份天然的情感，愿意花时间陪伴学生、深耕课堂，对思政教育有种情有独钟的感觉，甚至达到了痴迷的程度。在日常工作中，汤老师非常勤奋，经常加班加点，经常无私付出，不计较个人得失，善于学习新技术、新方法、新内容，乐于钻研。另外，在平时的生活中，他总是面带笑容、乐观向上，身上总是充满着阳光，照亮着身边的人，为大家带来欢乐。

（东莞市厚街中学　林钿）

三、专家眼中的我

从汤逸山老师身上我可以找出三个"热爱"。一是热爱教育。他是天生的教育人，身上特有的亲和力，特别是笑起来脸上的"酒窝"，总是让学生觉得他特别容易亲近，从而"亲其师，信其道"。他总是与孩子们一起欢笑、一起感动、一起兴奋、一起嬉戏和一起学习，甚至摸爬滚打。所以，学生都很喜欢他。二是热爱学习。他总是以成长型思维要求自己，学习力特别强，他既善于观察学生，对学生有敏锐的洞察力，"以儿童为师"；又善于学习科组教师的长处，取长补短，相互借鉴，相互促进。三是热爱生命。于漪老师认为，感人的教学境界的出现是要教师倾心投入、努力攀登的。小汤正是以这种标准要求自己，他追求的是"我一站上讲台，我的生命便在歌唱"，他的课总是让学生的心灵获得美好的滋养，他总是用自己精神的成长创造使命的精彩、铸就生命的辉煌。

（东莞市石龙中学　冯春柳）

善于启迪、幽默风趣、严谨务实、兼容并包

东莞市厚街中学 林 钿

我的教学风格

一、个人简介

种得桃李满天下，心怀祖国育英才！十六年来，在三尺讲台上，我坚守初心，严谨治学，勇于创新，形成了善于启发、风趣幽默、富有思想内涵的教学风格。我认为教师最大的幸福就是看到学生"豁然开朗"，感受到学生"怦然心动"，体验到学生"内心澄明"。我潜心教学，匠心育人，在 2016 年 8 月荣获东莞市高中政治第二批"教学能手"光荣称号，荣获东莞市厚街镇优秀班主任；2022 年 1 月荣获东莞市王建新名师工作室"市级优秀学员"称号；2021 年 7 月被遴选为广东省王建新名师工作室入室学员；2021 年 11 月荣获广东省"强师工程"普通高中骨干教师新教材省级培训班"优秀班干部"称号；2020 年 7 月获得东莞市厚街中学"线上教学优秀教师"称号。

二、我的教学风格解读

1. 善于启迪

课堂的灵魂是什么？我想是思想！我们教师最应该教给学生的是什么？我觉得是学会思考。在平时课堂教学中，我经常采用议题式教学、问题式教学、活动型教学等模式，通过一个个"真情境"，让学生直面"真问题"，锻炼"真能力"。让学生搭乘思维的列车，体验"剥洋葱"的快感，学会透过现象看本质，学会拓宽思维的宽度和广度，让学生成为课堂的思考者和实践者，

让学科素养真实发生、自然生成。

2. 幽默风趣

"思政课"的最大魅力在哪？我认为的理想课堂应该是能看到学生"豁然开朗"，感受到学生"怦然心动"，体验到学生"内心澄明"。或许是性格使然，幽默风趣也渐渐成了我的课堂风格之一。我总喜欢在晦涩难懂的哲理前，用生动有趣的案例幽学生一默；在严谨的逻辑学前，通过有趣的推理，让逻辑趣味横生，让学生体会到豁然开朗的求索真理的快乐……

3. 严谨务实

在高中"思政课"的核心素养培养中，科学精神是我们学科必备的素养之一。在教学中，我秉持着"严谨治学，求真务实"的理念。在课堂教学中，我做到认真备好每节课，做好充分的课前准备，课件制作严谨、科学、有条理，课堂讲授细致、到位、突破"重难点"，课后辅导到位、精准、有实效。

4. 兼容并包

创新是我们发展的第一动力，时代的发展，需要我们培养更多具有创新思维的时代接班人。这就需要我们有海纳百川、兼容并包的精神，让每个孩子都能被看到，让每个孩子的小宇宙都能被点燃。所以，在课堂教学中，我们尊重每个孩子的看法，提倡创造性思维，提倡不同的观点；让每个孩子都能站到舞台的中央，被看到、被肯定、被欣赏，激发他们创新、创造的潜能。

我的成长历程

苔花如米小，也学牡丹开

白驹过隙，一转眼间在教育行业已经工作了十六个年头，陪伴了五届的同学们，和孩子们一起度过了人生中最美的青春年华，收获满满！青春是最美的那一抹绿色！感恩在孩子们最青春、最有活力、最美的时光里相遇，结下了这一辈子最珍贵的师生情谊；感恩孩子们给予的鼓励、支持和包容，让我们遇见更好的自己，一起携手前行！

我热爱教育，热爱当老师，特别喜欢孩子们爽朗的笑声、朝气蓬勃的活力和一双双渴望知识的眼睛，还有在经历奋斗后收获成功的喜悦……那一句"老师，谢谢您！"，我知道其中饱含着许多的真情！也是我们为师者最大的欣慰！一路走来，孩子们在成长，我也在成长！这一路上，虽然有成长中的阵痛和艰辛，但更多是蜕变后的喜悦和收获！

一、初心和梦想

当老师，这是我从小的梦想！得益于我的启蒙老师——黄煜老师。她个头不高，留着长长的头发，精致的脸庞上永远都是那慈祥的笑容；她学识渊博，学富五车，为我们打开了认识世界的一扇扇窗户；她善良、正直、有担当，是老师，更是慈母、朋友，永远都是我们最坚强的后盾，支持着我们前行；她多才多艺能歌善舞，不仅书教得好，还会教我们做手工，带领我们编排舞蹈，每次都能惊艳全场……这一切的一切，就如同种子般，深埋在我的内心深处，希望长大后，我也能像老师一样学识渊博，桃李满园！

二、历练和成长

长大后，身边遇到的好老师越来越多，他们是我成长路上的榜样，而我一路的成长更是离不开这些老师对我的真诚的帮助和支持，这也更加坚定了我的梦想——我想当光荣的人民教师！后来，考大学时，我所有的志愿都报考了师范院校！或许天遂人愿，最后我顺利地考上华南师范大学，成为一名人民教师。

初毕业时，还是非常青涩的，虽有一腔热情，但是缺乏经验。感恩科组老师的帮助，我通过多听课、多观摩、勤反思、多磨课等方式，默默地熟悉了讲台，上课也更加得心应手；后来，我就挑战着上公开课，参加校、市级的青年教师基本功比赛，以赛促进，以赛促长，终于"功夫不负有心人"，毕业第三年，我荣获了校青年教师基本功比赛总分第一名、教学设计比赛一等奖、板书设计比赛一等奖等；还荣获了校优秀青年教师及市论文比赛一等奖。随着慢慢成长和成熟，我也开始为自己设定更高的目标，于是我就参加了东莞市教学能手能力大赛，经过初赛，到现场教学比赛，再到时政演讲，再到笔试，与同行们展开同台竞技，过程还是蛮艰辛的，但是这一次的经历，却让我收获满满，对自己专业素养的提升是一次非常好的机会！经此一练，我的学科专业素养又上升了一个新台阶，初步形成了自己的教学风格。经过层层选拔，我于2016年荣获东莞市高中政治第二批教学能手，荣获东莞市教学能手现场比赛市一等奖、综合测评市二等奖；再到近五年，有幸遴选成为东莞市王建新名师工作室和广东省王建新名师工作室的入室学员教师，感恩王建新老师的一路支持和帮助，还有工作室小伙伴们的鼓励，在这里又为我打开了另外一扇窗，可以与全市、全省的同行、专家、学者们进行更深一步的交流，整合到更好的资源，学习的动力更足了，平台更广了！感恩教研室给予的机会，我被推荐参加了广东省骨干教师培训、广东省"强师工程"高中政治骨干教师培训，参与了广东省中考命题工作，还受邀到汕尾市林伟华中学进行同课异构活动，发挥了区域的示范和引领作用！

三、机遇和挑战

感恩东莞市教研室提供的平台、陈月强老师给予的机会，还有师父王建新老师一路的扶持和帮助，让我有了更多的平台和机遇，去挑战自己的认知边界。从校优秀青年教师，到市教学能手，再到省骨干教师；从市名师工作室优秀学员教师到省名师工作室入室学员教师，我珍惜每一次机会，也喜欢各种各样的挑战，希望在更广阔的领域里面，锻炼自己，历练好自己。

"白日不到处，青春恰自来。苔花如米小，也学牡丹开。"这是我特别喜欢的一首诗。作为普通一线教师中的一员，深知与许多的教育大师还有很大的差距，也深知自己的专业成长还有很长的路要走，但是，不管路有多远，我都愿意如苔般，坚守教育初心，怀揣教育的梦想，勇担时代的重任，为国育才，履行好一名人民教师的职责！

我的教学实录

始终坚持以人民为中心

环节一：导入新课：不忘来时路　开启新征程

[**教师活动**] 以"不忘来时路　开启新征程"为开篇导语引入新课学习。"百年征程开新局，华夏儿女谱新篇。初心不忘为人民，民族复兴把梦圆！"回望来时路，我们初心不改；展望新征程，我们信心百倍。人民就是我们最大的底气！中国共产党始终坚持以人民为中心，引领中华儿女开新局、谱新篇。本节课我们将围绕三个议题与同学们进行分享，分别是"红船扬帆，不忘初心""改革开放，牢记使命""扶贫攻坚，继续前行"。

［学生活动］穿越百年党史，感受党为人民而战、靠人民而胜的光辉历程。

环节二：红船扬帆　不忘初心

［教师活动］同学们，今年是建党100周年。100年前，在浙江嘉兴南湖的一艘红船上诞生了伟大的中国共产党。至此，中国革命有了主心骨，这艘红船乘风破浪，引领中国革命的方向。为何这艘红船有如此大的魅力？接下来请红船宣讲员翁佳颖同学带来"红船扬帆　初心不忘"的精彩宣讲，大家掌声欢迎。

［学生活动］红船宣讲：翁佳颖同学带来"红船扬帆　初心不忘"精彩宣讲。

［教师活动］通过翁佳颖同学的宣讲，引导学生思考：当年红船上的这13名平均年龄只有28岁的年轻人，为何要冒着生命危险，建立中国共产党？这艘红船是靠什么引领中国革命取得胜利的？引导学生深刻认识到从建党那一刻起，中国共产党不忘初心、牢记使命、勇挑历史重担。那这艘红船还引领中国革命取得过哪些胜利呢？接下来，我们有请红色宣讲员李志强同学带来《星星之火可以燎原》的故事分享。

［学生活动］红色宣讲员李志强同学带来《星星之火可以燎原》故事分享。

［学生活动］红色论坛：小组讨论，代表发言：井冈山革命制胜的法宝是依靠人民，点燃了工农武装割据的星星之火，开辟了一条农村包围城市的正确道路。

［学生活动］各小组围绕议题展开讨论，并派学生代表发言。

［教师活动］同学们，在抗战中，华南地区还有一支英雄的部队，那就是东江纵队，这支英雄部队是抗战的中流砥柱，今天让我们走进广东省东江纵队纪念馆，来了解这支战队的光辉历史。

［学生活动］红色纪念馆：走进东江纵队线上纪念馆，追寻红色足迹，传承东纵精神，再次深刻地认识到东江纵队的胜利正是由于紧密团结群众、发动群众，依靠人民，团结人民是战争制胜的法宝。

［教师活动］同学们，这支英雄战队还出了一名我们东莞市的开国将军，他就是王作尧将军，也是我们厚街人。你看，我们班红色宣讲团小分队已出发，他们踏着先烈的足迹，来到了王作尧将军的故居，致敬英雄，不忘初心，

我们一起来看看她们带来的采访。

[学生活动] 红色基地：追寻红色足迹传承东纵精神——致敬先烈，探访前进小学王作尧将军红色革命教育基地。红色宣讲团卢佩珊、翁佳颖、王钰欣、沈悦四位同学带领同学们参观王作尧将军故居，拍摄纪录片，并由团长卢佩珊同学现场讲解和介绍王作尧将军的生平和光荣事迹。

[教师活动] 感谢红色宣讲团给我们带来的精彩采访和宣讲。踏着革命先烈的足迹，致敬王作尧将军为国为民的一生，让我们再一次感受到了"没有共产党，就没有新中国"。青年强，则国强！亲爱的同学们，让我们继承革命先烈的遗志，不忘初心，牢记使命，奋进新时代，开启新征程！

环节三：改革开放　民富国强

[教师活动] 新中国成立后，我国的改革和发展道路并非一帆风顺，也遭遇过瓶颈期，对此，党中央高度重视，并在党的十一届三中全会上做出了实行改革开放的决策，引领中国的新一轮腾飞。而我们东莞处于改革开放的前沿阵地，改革开放40余年间，也发生了翻天覆地的变化。今天，我们就有请吴汇敏同学来跟我们分享"东莞改革开放四十年巨变"的故事。

[学生活动] 红色讲解员吴汇敏同学带来"城市崛起：东莞改革开放四十年巨变"演讲。围绕敢为人先：从追赶时代到走在时代前沿；转型升级：从"世界工厂"到科技栖息地；城市绿变：从"鱼米之乡"到"生态都市"三个方面进行。

[教师活动] 通过吴汇敏同学精彩的演讲，让我们为东莞的腾飞和巨变点赞。接下来进入议题二的学习和分享，请同学们小组讨论以下问题：

（1）改革开放中，我们党和政府推动了哪些东莞的腾飞和巨变？这些变化彰显出了中国共产党执政理念"立党为公，执政为民"的哪些丰富内涵？

（2）评价改革开放的成果，谁才最有发言权？习近平主席说："时代是出卷人，党是答卷人，人民是阅卷人。"请谈谈你对这句话的理解。

[学生活动] 围绕议题，进行小组讨论和分享，并进行小组总结发言。

[教师活动] 组织学生进行小组分享，并根据大家分享的情况，引导学生进行归纳和小结。结合课本相关内容和议题讨论的结果，引导学生认识和理解党的执政理念"立党为公，执政为民"的科学内涵和党坚持以人民为中心的依据。

[学生活动] 学生进行知识归纳和总结，理解党的执政理念的具体内涵和

坚持以人民为中心的原因，并进行小组展示和分享。

[教师活动]改革开放不仅让我们东莞腾飞，也让一座小渔村蜕变成了社会主义先行示范区，那就是深圳。改革开放40余年来，深圳也发生了翻天覆地的变化，下面我们来看看她的变化。

[学生活动]畅谈深圳的巨变，分享深圳的巨变，知道这些巨变的产生离不开党的领导，推动生产力、文化等多方面的进步，始终坚持把人民的利益放在第一位。

[教师活动]组织学生畅谈深圳的巨变，观看"改革开放四十年"伟大成就视频，引导学生认识到从红船建党，到改革开放，我们党始终坚持人民立场，坚守初心，全心全意为人民服务，生动地诠释了党"立党为公，执政为民"的执政理念，并让同学们深刻认识改革开放的成果。人民最有发言权，人民才是检验一个政党的试金石。党的根基、血脉、力量都在人民！

环节四：扶贫攻坚　继续前行

[教师活动]奋进新时代，开启新征程，党始终坚持把人民群众对美好生活的向往作为奋斗目标。"共圆百年梦，奋进新征程"，你看，十八洞村人民的生活已经发生了翻天覆地的变化……接下来，让我们一起走进十八洞村。

[学生活动]观看《十八洞村精准扶贫》视频，围绕议题三进行研讨：结合十八洞村精准扶贫的生动实践，思考在精准扶贫方面，扶贫的党员干部是如何做到真扶贫、扶真贫，践行党的执政理念的？

[教师活动]组织课堂小组讨论，组织大家结合视频和扶贫党员的故事，理解和掌握我们党员干部应该怎么办才能做到真扶贫、扶真贫，并进行课堂小结。

[学生活动]分组讨论后，各组派代表进行分享。

[教师活动]通过同学们的分享，结合十八洞村的案例和扶贫干部的故事，引导学生自主归纳小结。让学生深刻地认识到党坚持立党为公、执政为民，就是要做到坚持以人民为中心，把党的群众路线贯彻到治国理政的工作中去；牢记政党的权力是人民赋予的，为人民掌好权、用好权；坚持人民立场、人民主体地位，切实做到一切依靠人民、一切为了人民。

[教师活动]同学们，让我们记住这个可爱的国士，十里长街送袁老，是他，让我们十四亿人都吃饱了饭。其实，在我们身边也有很多奋战在一线的优秀党员干部，他们都在各自的岗位上，默默付出，奋斗在一线，奉献自己

的力量。那接下来，就听听赵栩莉同学讲述她身边的优秀党员故事。

［学生活动］身边优秀党员干部故事分享——由赵栩莉同学带来身边优秀党员——我的伯父的故事。

［教师活动］引导学生向身边优秀的党员学习，赵栩莉同学的伯父，年轻时是海军，为国守护海岸线；退役后，又回到家乡，报效家乡，带领全村村民脱贫致富，将自己的一生奉献给了祖国。

引导同学们致敬身边最美的奋斗者，谈谈赵栩莉同学的伯父在家乡的脱贫攻坚中是如何践行"立党为公、执政为民"的？

［学生活动］畅谈身边最美的党员、最美的奋斗者。

［教师活动］最后，让我们用一首歌《不忘初心》来致敬身边优秀的党员。亲爱的同学们，让我们以实际行动，致敬身边最美的奋斗者，向身边的最美党员和奋斗者学习，坚守初心，牢记使命，勇于担当！正如习近平同志所说的："新时代是属于奋斗者的，我们都在努力奔跑，我们都是追梦人！"

我的教学追求

让课堂真实发生　让素养真实落地

新一轮课程改革在课程性质、基本理念、学科核心素养等方面都有新的内涵和要求。推进新课改，教师不仅要认真学习、体会理论，还要勇于在教学中积极进行探索和实践。结合新课标，我对教学也有了以下几点新追求：

一、创新课堂模式，贯彻新课改、新要求、新模式

采用"议题式教学""活动型"教学模式，既发挥了教师的主导作用，又发挥了学生的主体作用，同时还完成了从课标要求到知识支撑、活动呈现再到教学实施三级跳，充分地发挥了学生的主体性，提升了课堂的实效性。新课程"力求构建学科逻辑与实践逻辑、理论知识与生活关切相结合的活动型学科课程"。

二、创新教学情境，凸显真情境、真问题、真本领

巧设情境，将生活中的"真情境""真问题"引入课堂中，锻炼学生解决

问题的"真本领",积极引导学生将目光从课本投向课堂,将关注点从课堂引向社会,把社会生活的真实问题作为教学的起点和载体,直面真情境、解决真问题、锻炼真本领。

三、创新教学活动,培养和提升学生的核心素养

通过红船宣讲、红色故事分享、浏览红色论坛、参观红色基地、访问身边优秀党员、齐唱经典歌曲等活动,结合红船建党、改革开放、精准扶贫等生动案例,巧设议题,服务新课标,活化课堂,促进合作和交流,真正地做到将学科课程标准、课程教学内容有机整合,培养学生的学科核心素养和综合能力。

当然,教学是一门遗憾的艺术,追求永无止境,我希望自己能够在以后的教学生涯中,不断地挑战自己的认知边界,提升自己的教育教学水平,更好地适应新时代的要求,努力做一个"政治强、情怀深、思维新、视野广、自律严、人格正"的新时代合格思政教师,理直气壮地上好思政课,做让党和人民满意的新时代"思政课"教师。

他人眼中的我

一、学生眼中的我

老师,我想对您说

四度春风化绸缪,几番秋雨洗鸿沟。黑发积霜织日月,粉笔无言写春秋。

——题记

也许春蚕的闭幕是新蛹的绽放,落红的着地是泥土的清芳,鲸落的出现是汪洋的孕育。您在笔耕不辍中用支支粉笔,指点北疆磅礴、江南温柔,书写出最动人的芳华,传其道、解其惑。唯愿付其生之所得,以赴吾辈之华章。

未见其人,先闻其声。当听见高跟鞋发出清脆的"嗒嗒嗒"的声音时,便知道是您来了。干净利落的短发,擦得明亮的镜片下通透的双眼折射出哲

学的光辉，一袭飘逸的长裙。就这样，您悄然走进了我的高中生涯，留下了浓墨重彩的一笔。

您总是元气满满，像一个小太阳，温暖着我们。细算一下，我担任您的政治科代表已经有两年了。每次我把作业交到办公室时，若您在，您总会温柔地对我说一声"辛苦了"，这给了我很大的动力。在我知道文理分班后，您不仅是我的政治老师，还担任我所在班级的班主任，我心中暗暗窃喜。我们这个班女生占比大，在您的管理下，没有形成拉帮结派等不良班风，始终践行着"阳光温暖团结友爱 拼搏自律积极自信"的班级口号。记得上次运动会，您得外出学习，但为了不错过与我们的第一次校运会，您特地请假半天，开着车也要回到学校与我们见面。您细心地关心着运动员的身体状况，安排家委给我们购买了水果、面包、运动饮料。

您总是幽默风趣，课堂因您而精彩。偶尔在上课前，您会给我们放一些有趣的小品或者好听的音乐，在封闭的学校，这些无疑是我们放松的好方法。在课堂上，您与我们探讨乌克兰局势、美国行为、中国外交部人才等，让我们了解到了更多的时事热点。

"师者，传道授业解惑也"，您洒下春雨滋润万千桃李，散下春风拂过莘莘学子。遇见您，是我的幸运，我与您的这段师生情将成为我珍贵的回忆，伴随我乘风破浪、扶摇直上。

[东莞市厚街中学2020级高二（9）班　林芝惠]

二、同事眼中的我

不一样的钿姐

她知性而又温暖，她阳光而又和善，她睿智而又幽默，她就是我们的好同事——钿姐。对于钿姐，初识她是在一次线上的教研讲座上，云端的她，未见其人，先闻其声。她声音轻柔而又坚定，她别样的开场、丰富的实操案例、犀利的评论、独到的简介，犹如那一抹青绿，让我们感受到一股别样的"思政"清流，原来枯燥的高三复习课也可以如此接地气、有人气！

记得2021年我们一起参加广东省"新强基工程"高中政治骨干教师培训，钿姐被大家推选为我们的班长，全程12天的培训，总能看到她默默付出的身影。为了让大家能更好地就餐和听课，她积极联系后勤部门，进行协调和保障，让大家能安心地学习；为了让我们外出考察和学习能顺利进行，她团结大家设计了几条线路，并进行了实地考察、踩点，让我们的外出考察顺利、精彩、高效、安全，赢得了大家的赞赏；为了让我能在省培班上好示范课，她组织团结了小伙伴，花了几个晚上联合帮我备课，发挥团队的力量，最后我的课例荣获"省培班"优秀课例、优质示范课……

这就是我们可爱、可亲、可敬的钿姐！你们一定也很喜欢吧？

（东莞市石龙中学　汤逸山）

三、专家眼中的我

林钿老师是一位热情、有爱、敬业的教师。工作中的她，认真负责、虚心学习、善于思考、富有钻研精神、学习能力强、教育科研水平高，硕果累累，形成了自己独具特色的教育教学风格，教学成绩显著，深受广大师生好评；生活中的她，热爱生活、兴趣广泛、待人和善、友爱、乐于助人，是大家的开心果，常常能看到她热心助人的身影；同时她还十分热心地帮助青年教师成长，给予青年教师专业成长的指引，她所指导的青年教师参加各种教学比赛时均取得了不错的成绩。

（东莞市东莞实验中学　王建新）

善于启迪、幽默风趣、严谨务实、兼容并包

关注学生、紧跟时代、重视启发、立足能力

东莞市东莞实验中学　卢燕玲

我的教学风格

一、个人简介

卢燕玲，东莞实验中学教师，东莞市第二批高中思想政治学科教学能手，东莞市高中思想政治学科带头人。所带班级教学成绩优秀，深受学生喜欢。业绩良好，多次被评为学校优秀教师，多次年度考核优秀。积极参与教研活动，并取得了一定的成绩，先后在东莞市徐丰名师工作室、东莞市王建新名师工作室学习，均获工作室"优秀学员"称号。多篇论文、微课获省市级奖项。参与广东教育出版社《地方综合课程教师教学参考用书》的编写工作，该书于2020年9月出版；主持一项市级课题并结题，参与多项市级课题的研究，获东莞市优秀教育教学成果一、二等奖各一项（参与排名前三）。

二、我的教学风格解读

1. 关注学生

以学生为主体、以教师为主导是教学的基本原则，良好教学活动的鲜明特征应该是学生积极参与课堂活动，在课堂活动中锻炼能力，展现个人才智，教师也从中发现与了解学生，从而更有效地引导学生，提升教学效能。因此，在我的课堂上，不管是上新课还是上复习课，我都注重课前了解学生的实际情况，包括了解他们的知识基础、了解他们的思想动态、了解他们的兴趣与爱好等，以此作为进行教学设计的前提。在我的课堂上，我立足学生的实际，

激发他们挑战踮起脚可以战胜困难的动力，引领学生通过学习知识，习得必备能力，培养关键品质。

2. 紧跟时代

时政热点是思政课的重要组成部分，一节有活力的政治课，必然立足生活，立足当前的时政背景，因此，政治课堂离不开对时政的分析。我的课堂，往往习惯以时政为导入，以时政为教学素材，创设情境，探究问题，结合时政分析课本原理，紧扣时代大背景。如冬奥会期间，我在课堂上展现了冬奥会开幕式的艺术设计，展现了赛场建设的故事，展现了我国运动健儿在比赛中拼搏争先的瞬间，展现了他们相互鼓励、相互祝贺的动人画面，通过深挖运动健儿的故事，将运动健儿成长的故事、将他们在赛场上勇于挑战、敢拼会拼、永不放弃的奋斗精神融入思政课程中，把这些素材与课程内容中的中华文化、民族精神、政府职能、联系观、发展观、辩证否定观、历史观、价值观等知识相融合，把大道理融入小故事中，用小故事讲清大道理，将高三的复习课以独特的专题精彩呈现出来，帮助学生找到励志榜样、萌发奋进的精神动力。

3. 重视启发

"授人以鱼，不如授人以渔"这句话阐述了作为教育者，给学生问题的答案不如给学生解决问题的方法重要，这也是我一直坚持的教学原则之一，那么如何帮助学生提升解决问题的能力呢？我认为非常重要的一点是在教学活动中要重视对学生进行启发，通过启发帮助学生掌握解决问题的方法，实现思维进阶。我在课堂上往往通过设置学生能"够得着"又有一定挑战性的问题或情境，引领学生进行研究，使学生质疑、主动探究、多维思考，并在合作学习与探究中提升个人能力。

4. 立足能力

任何一门课程的学习，最终目的都是获得相应的能力。学生通过思政课程的学习，不应仅仅是接收正确的观点和思想、获得相关的社会科学知识，更重要的是提升学科核心素养指向的能力、中学生发展核心素养指向的关键能力。因此，我坚持在课堂上综合使用多种教学方式、方法，培养学生在大是大非面前选择正确立场的能力，培养学生分析社会热点问题并作出正确价值判断的能力，培养学生面对与解决实际问题和困难的能力，培养学生团结合作承担责任的能力，培养学生传承创新传统文化和民族文化的能力等。我一直践行着让学生通过我的课堂不仅收获知识而且收获能力的提升。

我的成长历程

我的教育理想

一、理想的萌芽

记得很小的时候，当老师的姑姑问我：长大以后想成为什么样的人？我当时不假思索地回答，想当老师。当时为什么会想当老师呢？是因为小的时候感觉当数学老师的姑姑非常威风，一支红笔通过判分可以影响所有孩子的喜怒哀乐，当老师很神气。后来长大了，认知丰富了，也见识了很多人和事，看问题的高度与维度不再是那么幼稚了，但我依然希望当一名老师，因为我坚信知识可以改变命运、改变国运和未来，我感觉当老师肩负着了不起的光荣使命，责任重大且意义深远。所以我在读高中时毫不犹豫地报考了师范专业。

二、理想的准备

在大学本科阶段的学习和后来入职后的研究生学习，我都选择了思想政治教育专业，之所以选择这个专业，是因为思想政治教育在我心目中的印象一直非常高大上，它不仅仅囊括了经济学知识、政治学知识、国家的文史知识等社会科学知识，还包括了思想道德、思考问题的方法等，这些知识可以使人看问题的视野更开阔、更有格局、更有理论高度，这些知识更能塑造人的思想和灵魂，使学习者成为更好的自己。在大学学习相关的理论知识，掌握了当老师的基本技能和方法后，我更有信心、更有底气当好一名老师。

三、理想的实现

大学毕业之后，我来到了东莞实验中学，成为一名光荣的思想政治课老师，实现了自己教书育人的理想。入职后，我认真向前辈学习，拜优秀教师杨静老师为师父，真心实意关心学生成长，脚踏实地钻研教材，勤勤恳恳在实践中研究教学方法、探索教育管理知识，并通过不断克服在教育教学过程中的困难与挑战，总结得失，提升自己的教育教学能力和水平。后来在科组王建新老师的引领下，开始进行教学研究，积极参与各种教学比赛活动，撰写专业论文，不断提高自己的教育教学理论水平，使自己对教育的思考更有深度和广度。

我的教学实录

基层群众自治制度

环节一：了解坚持群众自治的主体

[课堂导入] 播放展现社区工作人员和志愿者宣传与登记接种新冠疫苗工作的忙碌身影的视频。

[教师活动] 2020年春天是新冠疫情高发期，防疫工作中，他们勇敢地坚守在离群众最近的一道防线上，承担着社会管理的"最后一公里"的责任；2021年春天是巩固抗击疫情胜利的时期，在推动接种疫苗的工作中，他们又勇敢地站了出来，积极宣传，细致统计接种疫苗的情况，尽好"最后一公里"的责任。他们是谁？是谁把他们组织起来的？

[学生活动] 看视频联系自身的生活经验，结合课本知识，思考讨论，在教师的启发下，理解村委会和居委会是基层群众自治的主体。

学生1：疫情突如其来，最辛劳的、跟我们生活关系最密切的是社区的党员。

学生2：疫情防控是社区的工作，所以他们是社区的工作人员。

学生3：组织他们的是村党支部书记……

学生4：组织他们的是村主任……

[教师小结] 疫情突如其来，党员志愿者、村干部坚守在抗疫一线；宣传接种新冠疫苗，巩固疫情防控结果，党员志愿者、村干部仍然坚守在一线。把他们组织起来的是村党支部/党委指导下的村委会或居委会。今天，我们就来学习什么是村委会或居委会，它跟基层自治制度有什么关系，它在民主制度中发挥什么作用。

环节二：基层自治的含义，自治机构的性质、产生和职能

[教师活动] 提问：什么是基层群众自治？基层自治组织是什么？

［学生活动］自主学习课本内容，回答问题。

［教师活动］我国的基层群众自治指的是人民群众在城乡基层党组织领导下，在居住地范围内，依托基层群众自治组织，依法直接行使民主权利，实行自我管理、自我教育、自我服务、自我监督的民主制度和治理模式。基层自治组织是居委会或村委会。

［教师活动］播放今年"两委"选举的新动向。提问：居委会或村委会的干部是如何产生的？今年"两委"选举的新特点是什么？

［学生活动］讨论并回答问题。

学生1：居委会或村委会的干部是通过民主选举产生的，有选举资格的村民通过投票直接选举出自己的当家人——村干部。

学生2：今年"两委"选举的特点是被选举者必须是党员，高中以上学历，书记与村委会/居委会的主任双肩挑。

［教师小结］同学们回答得很正确，基层自治的突出特点是村民通过民主投票直接选举出自己的当家人，现在书记与主任双肩挑，对学历也有要求，是为了更科学、更有效地开展工作。

［教师活动］展示文字材料，让学生分四个组讨论下面四则材料：

① 几位村民到村委会反映村里有些人乱扔垃圾或者没有将垃圾分类投放，希望村委会一要做好垃圾分类的宣传，二要对乱丢垃圾的村民进行罚款。

② 高中生小刘希望社区举办青少年运动比赛，鼓励青少年多运动、少玩游戏。

③ 由于社区多个施工地的铁皮栅栏被人偷走，被偷的村民要求村委会加强村里的治安巡逻，保障他们的利益，并深入调查，抓捕小偷，追回他们的损失。

④ 育龄妈妈们希望居委会能向政府提出建议，增加社区公费幼儿园学位，以提高大家生育孩子的意愿。

提问：

（1）以上材料分别体现了村委会和居委会的哪些职能？

（2）请大家归纳村委会和居委会的职能。

（3）从中，我们思考概括村委会或居委会的性质，思考：它是不是镇政府的下属机构？是不是政府派出机构？是国家的基层政权组织吗？是基层党组织吗？

［学生活动］讨论，学生代表回答问题（略）。

［教师活动］通过同学们的思考，提出的疑问和回答的内容反映了同学

们对村委会和居委会的性质和功能有一定的认知，而且关心社区、爱动脑筋，有良好的概括能力，并且每一名同学都能积极参与课堂活动，非常好。

村委会或居委会的职能大概分为以下三部分：① 办理本村的公共事务和公益事业；② 调解民间纠纷，协助维护社会治安；③ 向人民政府反映村民的意见、要求和建议等。村（居）委会不是国家机关，也不是基层政权组织，不履行国家职能，不管理国家事务，而是群众自我管理、自我教育、自我服务、自我监督的基层群众性自治组织。我国的基层政权组织包括乡镇一级的人民代表大会和人民政府等，它们与村（居）委会的关系是指导与被指导、协助与被协助的关系，但二者不是上下级关系，也不是领导与被领导的关系。村党支部是党在农村的基层组织，村委会必须在村党支部的领导下开展工作。

[教师活动] 展现材料：

3月15日，东莞长安乌沙村村委会在宣传栏和微信公众号公告了东莞消费维权十大典型案例，并在社区图书室进行了《民法典》宣传与解释。

4月2日，该社区拟了一份"积极接种疫苗，防控疫情"村民自治公约。该自治公约初稿出来后，村民在社区召开了一个特别的"村民议事会"，对自治公约进行了讨论修改，还商定了宣传接种疫苗的措施，并决定成立党员志愿服务队、线上接种疫苗咨询团。

4月15日，该社区就社区治安管理问题，请村民道德评价小组评分和提出意见与建议，并将合理的建议与意见反馈给当地派出所。

结合材料，研读课本知识，以小组为单位思考并讨论：

材料中长安乌沙村是如何践行自治的？

完成任务后，各小组代表分享成果。

[学生活动] 讨论，小组代表分享思考成果（略）。

[教师活动] 对小组代表的发言进行评价，并具体解释每一种形式的民主实践活动。

[教师小结] 从真实的案例中，我们了解到村干部（居委会干部）是由民主选举产生的，长安乌沙村通过民主选举、民主管理、民主决策、民主协商和民主监督实行自治，体现了民主实践的五种形式。这些基层民主实践制度和形式，体现了我国民主制度的基层性和优越性，真切体现了民主是最真实的、最广泛的、最管用的，我国是人民民主专政的社会主义国家，本质是人

民当家作主，反映了基层民主自治制度是最深刻、最广泛的民主。

［教师活动］展现五种民主实践形式：

实践方式	具体表现
民主选举	农村村委会和城市居委会，按照法律规定均由本居住地的村民和居民选举产生。村委会：村委会主任、副主任和委员的产生采取村民直选的方法，无记名、公开投票，选举结果当场公布（城市居委会类似）
民主协商	本着有序参与的原则，让居民或村民表达合理的意见和建议。我国的基层民主协商，在街道或乡镇、社区或行政村以及企事业单位等不同层次展开
民主决策	在农村，凡关系到村民公共利益的事项都由村民通过直接或间接参与的方式集体作出决定；在城市，社区公共事务的民主决策通过召开居民会议进行
民主管理	在法律上：基层公共事务的管理权属于本村的全体村民或本区全体居民。在现实运作上：通过法定程序，授权基层群众自治组织来进行。依法制定自治章程和议事规则，推动日常管理工作的制度化、规范化和程序化，这是做好基层民主管理的关键
民主监督	凡是涉及公共利益的事项都应公开，让每个居民或村民了解，还应对基层自治组织的实际管理工作进行评议

环节三：探究"我能为社区做什么"

［教师活动］展现材料：

每年青少年溺水的数字和个案，都让人触目惊心。现在，炎热的夏天逐渐逼近了，五一长假也很快就要开始了……作为社区中的一员，请你运用所学的基层群众自治组织中关于基层民主实践形式的相关知识，谈谈村委会或居委会应该怎么做才能减少青少年溺水事件的发生？

（四人一组进行讨论，2分钟后，小组代表上台分享）

［学生活动］讨论，小组代表分享思考成果（略）。

［教师活动］评价小组代表的发言。

［教师总结］基层民主自治，公民直接参与，真正发挥了人民的力量，是人民当家作主最有效的途径，保证了人民群众直接行使民主权利，有利于激发公众参与民主管理的积极性。对国家而言，我国的基层民主自治，与我国发展社会主义民主政治的要求相适应，是社会主义民主最为广泛而深刻的实践，应该将其作为发展社会主义民主政治的基础性工程加以推进。

希望每一位同学通过今天的学习，都能够积极参与社区建设，以主人翁的姿态关注自己所在社区的防溺水等工作，向村委会或居委会切实提出一些可操作性强、真正有利于社区服务群众工作的建议和措施。相信大家在共建社区——共同的家的过程中，共享幸福，收获成长。

我的教学追求

以德育为领航　以智育为主体　以美育为落脚

一、以德育为领航，培养人格健全、具有社会责任意识的学生

德国著名的教育家赫尔巴特曾经说过："道德普遍地被认为是人类最高的目的，因此也是教育的最高目的。"我国教育家陶行知先生也曾说："道德是做人的根本。根本一坏，纵然你有一些学问和本领，也无甚用处。并且，没有道德的人，学问和本领愈大就能为非作恶愈大，所以我在不久以前，就提出'人格长城'来，要我们大家共筑'人格长城'，只有这样，才能使学生自觉地创造真善美之人格。"从这些伟大的教育家身上，我们可以看到德育非常重要，在教育教学中的地位是领航的，它影响着我们教育教学的方向。因此，我的教育追求之一，就是培养道德高尚的人才，以德育领航，培养学生健康的人格。

二、以智育为主体，培养知识扎实、学习能力强、具有必备技能的学生

智育，顾名思义，是指"智力教育"，它是指我们在学习专业知识的过程中培养的能力。它不仅指培养学生的考试能力，还指培养学生认识世界和改造世界的思维能力和实践能力。衡量智育的标准，也并不仅仅是考试分数，还包括现实生活中分析和解决实际问题的各种能力和技巧的水平。智育是通过引导学生学习学科知识，培养学生的观察力、记忆力、想象力、分析判断能力、思维能力、应变能力等的过程。

"育智"是我追求的教学价值之二。我的课堂力争使学生通过学习学科知识，学会学习、提高能力。因此，在教学过程中，不管是经济学知识、政治学知识、文化知识还是马克思主义哲学的知识，我都喜欢使用启发式教学和

关注学生、紧跟时代、重视启发、立足能力

探究式教学的方法，通过设问，引导学生探究、讨论问题，其间我适时点拨，不断在疑问中推进课堂……使学生在发现知识、理解知识、运用知识及反思知识的过程中锻炼观察能力、表达能力、合作能力、分析判断能力、抽象概括能力、应变能力和辩证思维能力等。

三、以美育为落脚，培养具有健康审美情趣、珍惜生命、激扬生命的学生

美育是指按照美的标准进行的一种形象化的情感教育，实行美育的目的是让受教育者学会审美，学会用艺术的手法和观点去表达美。美育在课堂上体现为具有能够辨别和鉴赏自然美、社会美、艺术美等的能力，并通过老师的教育和指引，不断提高创造美和欣赏美的能力，从而提升想象力和创造力。

在课堂上，我喜欢引用"美"的事例作为素材或者创设情境，使学生感受到美的润泽、美的震撼、美的启迪、美的制造……如冬奥会前后，我通过图片或视频，呈现了我国北方雪景纯净之美、开幕式艺术之美、民族文化之美、场馆设计建筑之美、运动员奋斗之美、比赛场上力量之美，还有志愿者和礼仪队的仪态之美、谈吐之美、服饰之美等，将这些"美"融入学生对知识原理的学习中。我希望我的学生在我的课堂中能体验与感悟到美的力量，养成健康的生活情趣和审美趋向，有向往"美"、实现"美"、创造"美"的品质和能力，对"不美"有自戒、自律的自觉性。

教学追求，永远在实践中不断变化，在变化中不断完善。作为教育追梦者，我将永远在路上。

他人眼中的我

一、学生眼中的我

万分有幸在青葱时代成为卢燕玲老师的学生，教我以识，育我成才，在我成长的道路上，给予了我诸多帮助与关怀。

面朝学生，背靠黑板，您始终富有耐心，循循善诱。在学习中，我们偏理科的思维让我们在理解一些政治知识时遇到了困难，您始终对我们充满信

心，并且充分利用我们的逻辑思维优势对我们进行引导。在备课中，卢老师根据我们的思考方式特点，选用合适的教学方法和科技类的教学素材，从而帮助我们更好地理解知识，发现思维的漏洞，让我们更深切地感受到了政治学科的魅力。

您不仅是课堂中的经师，还是我们为人处世的人师。引领着我们树立正确的世界观、人生观、价值观，使我们有良好的心理素质，即使遇到困难，也能从容地应对。您热切地关心我们的生活，给予我们如家人般的关怀与温暖，做我们在学校坚强的后盾。

十年树木，百年树人。一日为师，终生难忘，愿星光为您照亮前行的路。

[东莞市东莞实验中学高二（16）班　刘雨馨]

二、同事眼中的我

卢燕玲老师不仅是东莞市教学能手，还是我们政治科组的骨干教师。我们在同一备课组一起工作多年，她多年担任备课组组长和承担毕业班教学工作。我不仅对燕玲老师的教育教学能力有全面的了解，还见证她形成了"高、实、新、活"的教学风格。

践行一个"高"字：燕玲老师具有高尚的情操、高度的使命感和责任感，在学生心目中是高洁、儒雅的形象，严格遵守师德师规，有高度的事业心、责任心、爱岗敬业，教书育人，为人师表，平易近人。她这样的风格有利于提高教学实效。

把握一个"实"字。她平时狠抓落实教学工作。燕玲老师重视准备每一节课，决不让教学浮在表面上，而是深入到课本中、课堂上，去了解学生知识实际、学情实况，针对不同的内容用不同的方法去讲解、分析、展现，师生互动多，课堂气氛好，知识落实到位，好效果、高效率、高质量就自然而然。

履行一个"新"字。燕玲老师教学实践履行着"政治没有老教师"的格言。因为政治课是所有学科中最与时俱进的，最贴近生活、贴近现实的，是与党和国家现实政治、经济、文化生活联系最为密切的。所以，她密切关注时代风云、现实生活，在教学中结合时事，用新方法、新材料开展教学，这样也有利于提高学生学习政治课的主动性、积极性，提高教育教学效果。

贯彻一个"活"字。有了"高、实、新"并不满足，燕玲老师在教育教学过程中还始终贯彻一个"活"字。她在教学工作中，面对可能出现的新情况、新问题，都会有预案。如一堂开放型的课，学生的课堂发言肯定是百花齐放，不会是一个模式。她能够把我课堂互动实际，做到掌控自如、与时俱进、多姿多彩。她给平常课堂增添了趣味性，达到了魅力四射、精彩纷呈的效果。

（东莞实验中学政治科组同事）

三、专家眼中的我

卢燕玲老师作为两个孩子的母亲，能够兼顾家庭与工作，并能抽空考上硕士研究生并顺利毕业，在完成办公室的烦琐工作的同时，教学上她也能游刃有余，把各项工作处理得井井有条，堪称时间管理大师。她在课堂上如一缕温暖的春风，她的课堂总能呈现出与学生相生相长的特色，在每一个教学的细节安排上，都能心怀学生，关注学生的所思所想，注重引导提升学生的知识与技能，真正做到提升学生的思想政治学科核心素养。

（广东省名师工作室主持人　王建新）

教学严谨、认真负责、风趣幽默、与时俱进

东莞市高级中学　赖肖芬

我的教学风格

一、个人简介

赖肖芬，毕业于陕西师范大学思想政治教育专业，中学一级政治教师，东莞高级中学科组组长、备课组组长。东莞市第三批政治教学能手，东莞高级中学优秀共产党员、骨干教师、骨干班主任，坚持"勤恳做事，快乐生活，堂堂正正做人"的教育格言，深受学生欢迎。2021年6月加入广东省王建新名师工作室学习，不断提高自身修养。主持一项市级课题。在中文核心期刊《中学政治教学参考》等期刊发表了三篇论文；《贯彻新发展理念，建设现代化经济体系》获评省优课并推荐为部级优课。

二、我的教学风格解读

1. 教学严谨

严谨的教学态度是思政课教师需要具备的关键素养。作为思政课教师，我讲课深入浅出、条理清楚、层层剖析、环环相扣、论证严密、结构严谨，用思维的逻辑力量吸引学生的注意力，用理智把握课堂教学过程。力求使学生通过听我精辟的讲授，不仅能学到知识，受到思维训练，还能被我严谨治学的态度所熏陶和感染，在课堂中做到潜移默化地影响学生，实现立德树人。

2. 认真负责

我热爱本职工作，力求在备课、作业和班主任等工作方面做到精益求精，

对学生负责。我不仅在教学方法、教学手段方面认真探索,还在教学管理、课后作业方面努力进步。对于学生提出的问题,我和学生共同探讨,力求做到让学生搞明、搞懂、搞透,进而提高学生的学习成绩和解决问题的能力。

3. 风趣幽默

苏联教育家苏霍姆林斯基说:"教师的言语素养在极大程度上决定着学生在课堂上脑力劳动的效率。"我在教学过程中尊重学生的人格,尽量追求语言的科学性、规范性和幽默性。在课堂中用风趣幽默的语言调动学生学习的积极性,点燃学生的思维火花,唤醒学生的好奇心,增强思政课的魅力。

4. 与时俱进

新的发展阶段要求思想政治教师与时俱进,在教学中体现时代性、时效性,把握规律性,富有开拓进取的创造性及创新性。在教学中,我努力做到教育理念更新、教学资源整合、教学方法改进、教师素养提升、教学水平提高、教学论文不停,做到教学相长、共同进步。

我的成长历程

且行且思　亦教亦学

时间匆匆,从第一个教师节至今,已经过去了十七个年头,也正是由于这十七个由鲜花和掌声、关注与期待交织在一起的教师节,我和学生度过了每一个平凡的日日夜夜。在从教的日子里,我有过失落沮丧、酸甜苦辣,最后还是用热情与梦想、创新与开拓将自己奉献给了祖国和人民,我为自己能从事这种绵延亘古、传递未来的职业而感到骄傲和自豪。我在前辈的帮助下边学习边成长,怀着感恩的心继续走好我的教师之路。

一、热爱与责任

从毕业到走上教师之路,进入东莞高级中学教书,是非常幸运的事情。我的母亲是村里的妇联主任,负责计生等工作,我从小就亲眼看到母亲动作的艰难。那时我就想,要是我能成为一名教师,能够引导人的思想,那该有多好啊!于是我从小就树立了要成为一名人民教师的理想。大学毕业后,我走上了讲台,看到可爱的学生,他们都是求知欲望强烈的青少年,我深深地感受到了自己责任的艰巨，我热爱这份事业，更多的还有一份沉甸甸的责任啊！

记得第一年做班主任，也担任高一政治教师，我非常热爱学生，但是第一次考试时学生成绩并不理想；后来发现自己虽然跟学生关系很好，学生上课也非常有激情，但由于跟学生关系过于亲近，我在他们那里没有威严，晚上的学习时间他们并没有认真学习政治。于是我发现这种爱学生的方式是不健康的。爱必须是平衡的、相互的，相互学习、相互沟通、相互平等、相互付出。后来我加强了教学管理，对学生提出了具体的学习要求，加强了对科代表的教育和监督，学生的成绩慢慢得到了提升；学生成绩提高后对我的热爱和尊敬又多了很多，之前的和睦关系突然上升了一个层次，那一刻我明白了和睦民主的师生关系必须以良好的教学成绩为基础。只有相互的、平衡的感情和爱才能健康持久，我们老师要学会自己付出的同时也引导学生付出。

二、师德与能力

身教胜于言教，教师育人，以德为先。德国教育家赫尔巴特说："道德普遍地被认为是人类的最高目的，因此也是教育的最高目的。"所谓"亲其师，信其道"，只有德才兼备、具备理性思维的政治教师才能让学生真正感受到政治课堂的魅力。我们学校是一所由新疆生与本地生融合在一起的学校，记得我在讲《矛盾是事物发展的源泉和动力》一课时，如何讲好哲学的辩证矛盾是教师理性思维的重要体现。首先从分析生活中的实例入手，深刻理解矛盾的对立统一，从而更深刻地揭示矛盾世界的真谛。我列举了新疆生与本地生在生活、信仰、学习特点等方面的不同，总结矛盾的斗争性，所谓斗争，不一定是你死我活，凡是涉及差异、不同、斗争、排斥等都是斗争性的具体表现，如男生与女生的不同、学校的教与学、经济发展与环境保护、德治与法治等都是斗争性的表现；新疆生虽然存在不同，但可以在学校与本地生和谐相处，这就是同一性的体现。同一性具体表现为在一定条件下相互依存和相互转化两种情形。通过深刻的引导和讲解，同学们对矛盾的世界开始有了认识和认同，也开始潜移默化地用理性思维去认识和分析问题。如果教师自身没有对矛盾的深刻理解，是无法通过通俗易懂的语言解释好矛盾的对立统一的。要想成为一名优秀的思政课教师，需要不断地拓展自己的知识和视野，不仅要具有良好的师德，还要有充实的教学储备。

三、感恩与学习

人们常说，一粒种子，只有深深植根于沃土，才能获得无限生机。我很庆幸，毕业后来到高级中学工作，从学校到科组再到同事，我都充满感恩之心。我们科组的老师上课风趣幽默、讲题逻辑严密、教学管理到位、为人真诚善良，我在学习的过程中慢慢形成了自己的教学风格，也在不断完善自己的性格。在教学中，我不断根据学生的实际情况，与时俱进，探讨新的教学方法，而这些教学方式的完善和提高，源于不断地学习，不断向同行吸取经验，因为专家的意见让我更加坚定地走自己的路，我只有跟着东莞教研团队才能走得更远。

四、反思与成长

成长离不开学习，更离不开反思。教学经验的积累、教学方法的改进、教学能力的提高，都离不开平时的教学实践，在实践当中，学会总结和反思，有助于更好地开展教学活动，从而提升教学效果，促进教师教学水平的提高。教学的进步，是在解决教学问题的过程中实现的，在平时的教学过程中，我们会尝试各种方法来促进教学，在总结和反思过程中，了解自己教学方法当中可取之处，写总结，作为自己教学的经验继续发扬。

记得参加教学能手比赛时，上完现场比赛课后，我非常认真地写了一篇教学反思，并根据自己的思考继续完善，最后在专家的指引下根据心得写了一篇教学论文，反复修改后在核心期刊发表了！自从那一次后，我发现教学与教研是相互促进的，教学能促进教研，教研也能促进教学，两者相得益彰。在教学中，善于总结和反思，会不断体验和感悟，学会思考、善于质疑、勇于突破、敢于创新，让自己的教学境界得以提升，形成自己的教学特色。

我的教学实录

使市场在资源配置中起决定性作用

环节一：初识市场之道

［课堂导入］同学们，在疫情防控期间，几乎所有人都居家做好防护措

施，一出门就要戴口罩，而当时市场上可以说是"一罩难求"，现如今口罩市场又恢复到疫情前的状况了，这离不开市场调节的作用。而市场是如何配置资源的？市场调节有何优势和局限性呢？让我们带着问题一同走进今天的课堂。

[问题情境] 本节课分为四个环节进行，首先进入第一个环节，我们先来了解为什么要进行资源配置，以及如何进行资源配置。

[教师活动] 我们先来看这两张图片，大家有没有过类似的经历，排长队买口罩，甚至还买不到？请思考两个问题：

（1）为什么会出现口罩紧缺的状况？

（2）如何解决这个问题？

[学生活动] 联系自身的生活经验，结合相关知识，在教师的启发引导下，理解资源配置的原因及两种基本手段。

[教学过程] 学生：由于疫情，导致人们对口罩的需求急剧上升，而当时市场上的口罩又是相对有限的，这就造成了市场供给不能满足消费需求的情况，因此就出现了口罩短缺的局面。

[教师小结] 在社会主义市场经济条件下，我国主要通过市场来配置资源，由市场在资源配置中起主导作用的经济就是市场经济。如果口罩由政府组织生产，则主要是通过计划来配置资源，由计划在资源配置中起主导作用的经济就是计划经济。一般情况下，由政府说了算就是计划经济，由市场说了算就是市场经济。这节课我们主要来谈谈市场经济的作用。

环节二：探究市场之长

[课堂导入] 对于很多企业来说，在疫情期间最赚钱的应该就是口罩行业了，但并不是所有生产口罩的企业最终都赚钱了，这背后隐藏着怎样的玄机呢？

[问题情境] 按照剧本内容思考以下几个问题：

（1）为什么钱总会从外贸转行生产口罩？

（2）结合剧本，根据以下几个要素，把你的思路按顺序进行排列推导：
价格上涨、供不应求、扩大规模、产量增加、获利增加

（3）如果公司是你的，你会选择继续增加生产线吗？为什么？

（4）结合剧本，根据以下几个要素，把你的思路按顺序进行排列推导：
价格下降、供过于求、缩小规模、产量减少、获利减少

[教师活动]把现实生活中的案例结合教学需要编写成短剧本,调动学生的积极性。请大家带着学案上的问题来观看下面这段表演,掌声有请6位新生代"演员"和"导演"登场。

[学生活动]作品《口罩缘》小剧场。由"导演"统筹安排剧情表演,其他同学带着学案上的问题观看表演。接着小组商讨相关问题,进行交流、展示。

[教学过程]教师:感谢"导演"和6位"演员"的真情演出,接下来我们就围绕这四幕剧情一起来解码市场调节的"能"与"不能"。

我们先来探讨市场究竟是如何实现资源配置的。请大家根据课前分配好的任务,进行小组商议,待会儿派小组代表来分享你们的讨论成果。开始讨论,时间为2分钟。

[教师小结]我们可以清楚地了解到市场主要是通过供求、价格、竞争这三大机制来引导、调节社会资源的配置的。这就是市场调节的"能",即优点。

环节三:剖析市场之短

[课堂导入]当然市场调节也不是万能的,接下来我们来剖析市场调节究竟存在哪些弊端。

[问题情境]

(1)结合市场调节的局限性,分析该企业是如何从盈利一步步走向亏损的?

(2)口罩仅由市场调节会带来什么后果?还有哪些物品和服务是需要政府来调节的?

[教师活动]讲解价值规律的表现形式,引导学生进一步理解生产者的供给和市场的需求,从而更好地理解市场调节的优劣;国家的宏观调控是弥补缺陷的重要途径,能使市场经济健康平稳发展。

[学生活动]小组商讨相关问题,进行交流、展示。

[教师总结]在疫情前期,几位老总赚到了口罩市场的第一桶金,觉得口罩行业前景一片大好,为了争夺更多的市场资源,他们采取了一些不正当竞争手段,扰乱了市场秩序,损害了公众利益,像这类为了自身利益而不择手段的市场行为就是市场调节的自发性;同时由于他们没有做好充分的市场评估,盲目跟风扩大生产规模,导致在疫情后期口罩积压成堆,这个时候已经来不及反应和调整了,像这类盲目跟风、盲目决策的市场行为就是市场调节

的盲目性；由于盲目决策导致后期口罩积压，这个时候只能通过事后尽量弥补损失，像这类行为就是市场调节的滞后性。这就是他们从盈利到亏损的全过程。所以说市场调节不是万能的，有些领域是它调不好、不能调、不能完全调的，如果仅由市场调节，则会导致资源浪费、市场不稳定等问题。

环节四：感悟市场之妙

[课堂导入]经过前面三个环节，我们深刻认识到了市场配置资源的优势，也认识到了市场的缺陷。在社会主义初级阶段，我国社会主义市场经济是如何运转的？

[教师活动]展示相关图片，阐述疫情防控过程中中国政府和社会主义市场发挥的作用，同时与西方的抗疫历程进行对比，彰显社会主义市场经济体制的伟大优越性。

[学生活动]认真聆听，通过图片、音乐、语言等媒介体会社会主义市场经济体制的优越性。

下面请××同学为我们带来"坚守大国体制，迈向时代征程"的演讲，掌声有请！

学生演讲。

教师：感谢××同学给我们带来的慷慨激昂的演讲。

[教师小结]改革开放以来，我国经济社会所取得的巨大成就，都是有效市场和有为政府有机统一、相互协调、相互促进的结果。新时代新形势下，我国将开启全面建设社会主义现代化国家新征程，必须坚持和发展社会主义市场经济体制，继续发挥其伟大优越性，让社会主义市场经济在实现中华民族伟大复兴中焕发持久魅力，为实现现代化强国目标保驾护航！

我的教学追求

追求兴趣、方法、能力统一

一、提升理论修养中激发学生兴趣

德国教育家赫尔巴特说："道德普遍地被认为是人类的最高目的，因此也是教育的最高目的。"提高自身修养，以身作则，是引导学生树立正确的价值观、上好思想政治课首先要做的事情。仅仅有爱、有情，没有特别的本领，是难以让他们信服的。优秀的品格、真挚的师爱、渊博的知识、卓越的控制课堂的能力等，都是在教学实践中让学生信服的重要因素。

面对经济全球化、信息网络化和文化多元化的现代社会，学习是教师顺应时代发展潮流、适应现代社会发展的重要手段，也是教师提升综合素质的内在要求，更是履行好教师教书育人职责的内在要求。作为教师，必须牢固树立终身学习的思想，学以立德、学以立身、学以立行，努力做到修行求知、掌握未来，努力提高自身的思想政治素质和师德水平。

二、加强教学研究中优化教学方法

人是时代的产物，社会与时俱进，学生的实际情况也在发生变化，我们应立足于课堂教学，不断研究、不断探索、不断在实践中提升自我，提炼自己的教学主张和教育思想，丰富自己的教学经验。

我特别珍惜每次的教学培训和教学研讨，两个小时的讲座，可能有很多内容都是我们比较熟悉的，但是只要有一两个新的观点或经验总结是能触动我们的内心的，那就是值得的。每次专家的精彩报告都如同一份份精神大餐纷至沓来，让我经历一次次头脑风暴、一场场心灵启迪、一次次情感升华。我记得有一次听了东莞市教育局教研室副主任柴松方为我们做的讲座"从一般到卓越——名师成长要翻越的三座大山"，"为自己定位""给自己标高""让自己坚持"阐述了教师专业发展的方向和路径。所谓"台上一分钟，台下十年功"，专家型教师的成长并不是一蹴而就的，也没有任何灵丹妙药可以速成，相反，这取决于日积月累的努力。

三、做好教学反思中提升学生素养

新课程强调教师既是新课程的实践者又是思想者。根据新课程标准，完整的上课过程应该包括教学前的预案设计和教学后的反思。因此，在新课程背景下，不能仅仅满足于"今天我的课已经上完了"，还要在课后反思自己在今天的教学过程中有何得失、有何感悟，要把课后反思当成一种自觉的行为，最终达到"思之则活，思活则深，思深则透，思透则新，思新则进"的目标。在工作室培训中，我听了工作室主持人王建新老师给我们带来的主题为"基于高考评价体系的高中政治学科试题的规范命制"的专题讲座，为我们命制试题指明了方向。他从"明确试题命题方向，融会试题命题理念""体悟高考试题理念，强化学科命题立意""厘清试题性质要求，规范学科命题流程""规范步骤要求题型，规范试题设置细节"四大方面进行了翔实讲解。看着简单的几个方面，如果没有对高考试题、课程标准、高考评价体系等的研读和反思，怎么可能有今天的独特见解？

他人眼中的我

一、学生眼中的我

平凡中的不平凡
——致可敬可爱的政治老师

韩愈曾说："师者，传道授业解惑者也。"而老师在我高三最重要的高考时期扮演的就是这么一个角色，作为一名优秀的政治老师，小芬老师的讲课方式更多凸显幽默风趣，课堂上总是充满生机和欢乐，无论政治课内容多么枯燥，老师总能用灵动的课堂给我们高三枯燥的备考生涯增添无限的欢乐和温暖。大家都说学海无涯苦作舟，每次上老师的政治课都能在课堂上发自内心地笑起来，我相信这一情景将成为我们人生中难忘的回忆。

小芬老师是一个尽职尽责的老师。

在学习方面，小芬老师从来不会对学生马虎，每一次习题的耐心讲解、每一次课堂的激情澎湃、每一份提纲的精心总结，都让我们能够更高效地汲取知识。课后我们有不懂的地方，老师也总能耐心地给予我们解答。在学校生活方面，老师是民主的，不会强制要求我们做什么。有很多班规纪律，都是小芬老师和同学们一起制定的。但是一旦同学们违反了纪律，就要接受处罚。在这方面，小芬老师又是严肃的，她教导我们要有规则意识，违反了纪律就应该学会承担责任。在老师的严格要求下，我们感受到了什么叫"爱之深，责之切"。

小芬老师是一个诲人不倦的老师。

除了教导我们书本知识，老师也重视对我们进行思想教育，帮助我们养

教学严谨、认真负责、风趣幽默、与时俱进

成良好的行为习惯，引领我们树立正确的三观，促进我们健康地成长，她用循循善诱、春风化雨的方式，让我们认识到自己的错误，带领我们走向正确的道路。

小芬老师是一个像朋友一样的老师。

高中学业压力大，老师总能照顾到我们的情绪，她会组织同学们去操场散步，带我们去放风筝，也会开展班级活动和我们一起放松心情，减轻我们的学习压力。生活中的老师豪爽、洒脱又率性，让学生有什么事情都愿意和她聊。同学们即使在高强度学习的状态下，也总能感受到老师的引领、陪伴和鼓励。

鲜花可以枯萎，沧海可以变桑田，而我们感恩老师的心不会变。您在自己平凡的岗位上让我们体会到了您的不平凡，亲爱的老师，我们喜欢您，您是潜心教学、匠心育人的好老师，也是我们永远尊敬与感恩的好老师！

[东莞高级中学高三（4）班　张欣彤]

二、同事眼中的我

为师表率　领航人生

赖老师在我们学校是比较受欢迎的，她为人热情大方、性格开朗、豪爽大气，作为科组组长和高三备课组组长，勤恳务实，善于学习，对本职工作兢兢业业。在教学工作中，能充分调动学生的学习积极性，合理运用教学手段，开拓学生思维，教学水平高，教学成绩优秀，深受学生喜爱。教研方面，注重个人成长，积极参与各种教研活动，教研成果颇丰。作为科组组长，肩负着引领其他教师的责任，积极召开科组会议，开展教研活动，让大家能在教研中进步、成长。同时，赖老师也非常注重青年教师的成长，能耐心细致地指导青年教师，鼓励青年教师积极参与各种教研比赛，帮助青年教师提高业务水平。

（东莞市高级中学　梁晓程）

三、专家眼中的我

　　赖肖芬老师是一位工作能力、心理素质都很强的老师。在十多年的教学中，她能不断进步，努力学习，与时俱进，积极参加各种市教研活动，提升自身修养。她教学成绩突出，性格开朗豪爽，深受同事和学生欢迎；她积极探索，努力撰写教学论文，参加各项教学研究，努力与优秀同行，是非常难能可贵的；她担任学校科组组长以来，积极配合市教研工作和带领学校科组老师学习，取得了较好的成绩和进步。

（东莞市教育局教研员　陈月强）

教学严谨、认真负责、风趣幽默、与时俱进

民主平等、协作开放、思想启发、简约幽默

东莞中学松山湖学校 周明城

我的教学风格

一、个人简介

周明城，毕业于华南师范大学，深圳大学硕士研究生在读。参加工作以来，爱岗敬业、刻苦钻研，深受同事和学生的喜爱。多次获得校级优秀教师、先进德育工作者和优秀班主任等称号。多次参加国家、省、市级别教学设计和课例评比，获得《中学政治教学参考》举办的首届议题式教学设计一等奖、东莞市教学设计评比二等奖、创新课例二等奖等；积极参与课题研究，参与省级课题两项。多篇论文获市级奖项，五篇教育教学成果发表于省级以上期刊报纸。2021年加入广东省王建新名师工作室学习。

二、我的教学风格解读

1. 民主平等

马克思主义人学理论运用科学性与价值性统一的方法，对人的发展问题进行了深刻的研究，指出人类解放、人的全面发展的历史过程是人类社会发展规律作用下的必然过程。学生作为发展中的人，我们应该看到他们身上的可能性和可塑性。以未来成人的平等视角与他们沟通交流，展开教学。无论是权威型还是放任型的师生关系，都不利于高效教学活动的展开，民主型的师生关系可以让课堂教学活动开展得更为顺利与和谐。因此，在课堂教学中，我鼓励学生大胆质疑、大胆猜测，致力于以一种民主平等的学习成长共同体

的观念推动教学活动的开展。

2. 协作开放

马克思主义哲学联系观告诉我们，世界是普遍联系、相互依存的，着眼于教学过程：教师与学生、教授与学习也是相互依存的，没有教就没有学，教师的教是为了学生的学。积极有效的教学过程不应该是教师的一味灌输，而应该是教师基于学生主体地位发挥课堂教学的主导作用的同时，有意识、有技巧地引导学生发挥主体作用并参与到课堂学习中来。即教学应立足于学生的学，用教师的教助推学生的学。因此，在教学中，我鼓励学生合理组建小组，定期分配学习任务，有针对性地进行学法指导，为学生创造条件使其进行一定的社会实践。打破学校尺寸局限的教育场域，将思政小课堂与社会大课堂相融合，力求从实践中获取经验，将知识融入实践中。

3. 思想启发

《论语·述而》有曰："不愤不启，不悱不发，举一隅不以三隅反，则不复也。"后有《学记》记载："道而弗牵，强而弗抑，开而弗达。"可见，中国古代的教育家、思想家已经关注到启发学生思维的教学方法。西方先哲苏格拉底运用"产婆术"一步一步引导学生得出问题的答案。授人以鱼不如授人以渔，教师不仅要教给学生知识，还要教会他们获取知识的方法、技巧和能力。我的课堂教学注重学生的思维启发，在一些关键问题上步步追问、刨根问底，关注学生的未知和疑惑点，从而使课堂具有一定的生成性。

4. 简约幽默

语言是人们在社会生活中表达思想、交流感情、相互沟通的主要工具，也是教师开展教育教学工作、与学生互动的主要工具。在运用教学语言时，我力求言简意赅、简约高效地传递知识信息，通过适当的事例列举和对比，尽量做到准确通俗、形象生动。除了用语言准确传递知识信息外，我还有意或无意地运用幽默的教学艺术。幽默是指以轻松诙谐的情调来表达教学内容，适当运用幽默可以集中学生注意力，调节学生情绪，活跃课堂气氛，启发学生思维。需要注意的是，所有技巧的使用，最终目的都是为教学服务，而不是为了炫技，幽默的使用要注意对象、场合、时机以及品位等。

我的成长历程

路漫漫其修远兮　吾将上下而求索

大学毕业典礼时，好友赠言祝福彼此未来在更高更大的舞台再相会。如今行将任教五年，回顾往昔，自惭形秽：同行伙伴，或已登上国家舞台、省级比赛斩获佳绩，或已身兼多职升任主任，或已课题满身发文核刊……如是种种，常常让我"见贤思齐焉"。现今逢时，将五年成长经历简记如下，一是不断督促自己继续向前，二是总结得失鞭策历练。

一、思想启蒙——为人师表种子的萌芽

在我模糊的记忆里，第一次登上三尺讲台是在小学一、二年级，我似乎从小表达欲和分享欲就比较强烈，现在叫话痨。我没少因此被罚站讲台或者后黑板，站着上课双脚酸痛。当然也有好处——我提前适应了需要长时间站立的工作以及遇事处变不惊的"厚脸皮"。最终深刻影响我、促使我也想成为一位人民教师的，应属我高中的语文老师——吴克老师。在我印象里，他永远激情澎湃、创意无限、深入浅出的语文课堂是我高中学习印象深刻的记忆。我经常能从他身上感受到一种生命的激情以及对生活美好的渴望与追求。而这种渴望和追求也经常冲击着我内心不太安分的浪漫主义细胞。所以，在填报大学志愿时，我报考了华南师范大学的汉语言文学师范专业，可惜，它没选择我。后来，我学习的是思想政治教育专业。

二、照猫画虎——初上讲台的忐忑

参加工作的第一年，心中有无数的想法和念头，想去干一番大事业，但内心却是藏匿不住的忐忑不安：现在端坐在面前的不是微课教学时假扮学生的同班同学，而是真真实实的十六七岁处于人生发展"拔节孕穗期"的青少年。怎么样才不会"误人子弟"而沦为"庸师"是刚工作头两年我思考最多的问题。刚站上讲台的两年，我在上每节新课前都要听一节前辈老师的课，甚至是听取几位不同前辈老师的课，记录他们讲解和突破课堂重难点的方式，再对比自己的教学设计逐一修改。可以说，刚工作的两年，我的课堂教学是

融合了百家之特点，我时常笑称自己像个"裁缝"，经常借鉴前辈老师们的设计和思路，嫁接到自己的课堂，我只希望最后自己的课堂不是"四不像"。幸而在前辈老师们的指导和带领下，我能够逐渐适应教学工作，同时也能兼顾班主任工作。第一学年结束之际，学校评选我为优秀教师、优秀班主任和先进德育工作者。

三、临渊羡鱼，不如退而结网——职业发展的初思

为配合学校新设校区的工作需要，我被从老校区调到了新校区。偶然的机会，我加入了王建新老师的名师工作室。借助工作室的平台和市里的教研群，我认识了许多成绩斐然的前辈和优秀的同行，在各大奖项公告上见到了熟悉的姓名。无论是省教学比赛还是核心期刊论文发表、课题立项结题的成果，前辈和同行们取得的一个个令人瞩目的成绩，就像一个个灯笼照亮了我内心深处渴望的职业发展道路。我重新沉静下浮躁的内心，借助工作室的三年培养之期，给自己设计和制订了一个三年发展规划：

1. 向前辈同行学习

著名物理学家牛顿曾说："如果我看得更远些，那是因为我站在巨人的肩膀上。"我虽不一定能比前辈同行更优秀、更出色，但我可以不断向之靠拢，缩小和他们之间的差距：学他们为师之道，学他们上课之法，学他们教研之术。

2. 从书本经典取经

社会日新月异，知识迭代的速度也在加快，身为知识传授者，我们不能持有抱残守缺的思想，拒绝学习。我们要关注教育教学领域的新发展、新动向，同时阅读经典，主动提升自我。随着教学年龄的不断增长，本体性知识得到持续的强化，课本理论知识日渐清晰；长期教学实践的开展也拓展了我的实践性知识。适当运用心理学、教育学这些共性的条件性知识也能帮助我找到更适合自己的教学方法。

3. 融合多渠道拓展

坚守立德树人根本目标、站好课堂教学的主阵地、把握教学成绩的生命线，在此基础上，我需要不断提高自身的综合素质，包括但不限于教育教学能力和水平、教育科研能力和水平、信息技术辅助教学能力和水平的提升和增强。步履虽小，行则将至。三年培养期满，我被评为名师工作室的优秀培养对象。

四、人生如逆旅，我亦是行人——教育理想的坚定

当第一个学生给我发来其大学的录取消息时，我才真真切切地感受到第一批学生终于要奔赴他们向往的诗和远方。这种情愫令我真切明白了教师的价值所在。我知道，未来还会有第二批学生去往他们的理想之地，还有第三批学生攀爬他们的人生高峰，还有第四批学生筑造他们的成绩宝塔……教育是一场修行，是一棵树摇动另一棵树、一朵云推动另一朵云、一个灵魂唤醒另一个灵魂的过程。所谓"教学相长"，即教和学是相互促进、相互推动的：我们既是教师，也是学生；既在教书育人，也在其中成长学习；既教授知识，也在学习新知识。坚守着这份信念，我加入了广东省王建新名师工作室，继续三年的学习之旅。与此同时，为了信守与同学们一起上大学的承诺，我也顺利考上了深圳大学的研究生，即将开始三年校园学习之旅。

我相信我能、也愿意在这千百年来人类最古老的职业之一——教师行业一直默默耕耘下去，去开花，去结果。

我的教学实录

东莞松山湖的前世今生——"更好地发挥政府作用"

视频导入：

播放"东莞松山湖宣传片"。抛出问题：东莞松山湖的成功因素有哪些？让学生带着思考去感悟体会，既能快速吸引学生的注意力，又能为课堂教学做好情境铺垫。

师：同学们，短短十九年的时间，东莞松山湖从一个小"野湖"一跃成为东莞经济发展的重要引擎。这其中究竟是什么神奇"魔法"在发挥作用呢？今天我们来探秘"东莞松湖的前世今生"，展望松湖烟雨的光明未来。

环节一：寻松湖前世

子议题1：松山湖产业园为什么能成功？

[议题情境] 松山湖的创立发展故事。

[议学活动] 小组就松山湖产业园展开调查和走访，收集影像资料和文稿；组间交流。

[展示内容]2001年7月，第19次东莞市委常委、副市长联席会议讨论通过了兴办大型工业园的设想，并命名为松山湖科技产业园。2001年10月，东莞市决策层明确了松山湖的发展目标和定位，指出松山湖是未来东莞的经济科技中心。2001年11月9日，松山湖科技产业园经广东省政府批准成为省级高新区，并更名为东莞松山湖科技产业园区。东莞当时对松山湖的定位是：松山湖要成为东莞产业升级和整合的龙头，建设成为东莞产业支援服务业中心和人才高地的中心。东莞要实现从制造业城市向创新型城市的转变，松山湖承载了新东莞的梦想。

师：同学们，了解了松山湖科技园的创立故事，我们现在就以"松山湖控股公司"为例，探索松山湖的发展。

"松山湖控股公司"是松山湖管委会和国资委双重控股的国有企业。该公司坚持社会主义市场经济的以按劳分配为主体、多种分配方式并存的分配制度，激励了广大员工的积极性和创造性，提高了工作效率，促进了自身的发展。

同时我们也看到，在疫情期间，当地管委会还通过免租等方式积极发挥政府作用，帮助园区企业共渡难关。可见，一个地区想要发展，离不开政府科学的宏观调控和市场经济的积极作用。

接下来，请同学们小组交流，之后我会邀请两位同学上台分享你们的调查见闻，一起探究政府在市场经济中的作用。

生1：各位同学好，我们小组通过对当地居民、村民等的采访和调查，得知当年东莞市委十分重视松山湖的创立和发展。村民跟我们说，当年松山湖基本上是野湖、野地，没有开发。记得2001年初，松山湖要大开发的消息传到了村里，很快，市政府批准松山湖产业园有限公司成立，不久就动工了。

生2：各位同学好，我们小组通过对中国散裂中子源基地的了解，发现这个创新项目能够落地东莞，其中省委、市委发挥了积极的推动作用。在中科院选址期间，省委积极回应需求，市委更是为项目的开展和后期建设提供了诸多便利，这才有了今天的东莞散裂中子源实验室。

师：同学们，在深入了解松山湖的创立故事和发展历程后，我们发现党和政府在统筹松山湖发展过程中起到了重要作用，那究竟发挥的是什么作用呢？接下来，我们就从经济方面一同探究政府在其中发挥的职能和作用。

环节二：谈松湖今生

子议题 2：松山湖发展过程中政府发挥了什么作用？

[议题情境] 松山湖取得的经济发展成绩和政府的经济职能实例；课本 P23 "探究与分享"的材料。

[议学活动] 结合当前松山湖取得的经济发展成绩，展示政府发挥经济职能和作用的实例，学生小组合作探究，辨析区分后分享展示。

[展示内容]

1.《2020 年东莞市政府工作报告》中提到，夯实先进制造业这一立市之本，实施制造业高质量发展三年行动计划——通过制定经济发展战略和规划，实现经济社会发展目标。

2. "强、大、精、优"产业体系发展工程——通过实施产业政策，促进产业结构不断优化升级。

3. 推进工商注册制度便利化，减少生产经营活动审批事项，清理和废除妨碍市场统一和公平竞争的各种规定和做法等——通过加强市场监管，规范市场秩序，保障公平竞争。

4. 粤港澳大湾区"金融 30 条"《关于金融支持粤港澳大湾区建设的意见》，——通过实施宏观经济政策，保持宏观经济稳定。

师：好，同学们。我们来看屏幕上展示的四点信息以及课本上的"探究与分享"，有哪个小组来为我们辨析，它们分别是政府哪个具体的经济职能和作用？

生：第一点是政府通过经济发展规划来实现经济发展目标；第二点是实行产业政策，促进产业结构不断优化升级；第三点是简政放权，加强市场监管；第四点是通过实施宏观经济政策，保持经济稳定。

环节三：望松湖未来

子议题 3：东莞市政府如何帮助松山湖园区企业再发展？

[议题情境] 松山湖将牢牢把握新形势下"三区叠加"的重大历史机遇，聚焦"打造重大原始创新策源地、成果转化和应用推广高地、粤港澳合作创新共同体、体制机制综合试验区"。

[议学活动] 松山湖的持续发展离不开园区里 6000 多家企业的共同努力，它们共同助力了东莞再创辉煌，请小组合作从宏观调控角度写一份政府未来规划。撰写未来五年规划，小组展示分享。

[展示内容] 财政政策和货币政策的区别与联系：

生1：我们小组认为可以从实施积极的财政政策，如减税降费、减少制度性成本、增加对园区科技企业的财政扶持等方面帮助企业发展，比如这次疫情期间，政府加大对一些高科技企业的补贴和税收优惠。

生2：我们小组认为可以从实施稳健的货币政策、及时公开市场业务、扩大信贷规模、增加货币供应等方面帮助企业发展，比如增加对符合扶持要求的企业的贷款额度等。

生3：我们小组认为政府可以完善基础设施建设，营造良好营商环境，从而激发市场主体的活力。

[教师总结] "十年磨一剑"的松山湖高新区如今各类智能制造企业、新型研发机构林立、郁郁葱葱，充满勃勃生机，已成为广东省的创新高地、东莞市的创新引擎。"科技共山水一色，新城与产业齐飞。"松山湖今日的发展是我们国家数十年改革开放、改革发展的缩影。我们要不断完善社会主义市场经济体制，充分发挥市场在资源配置中的决定性作用，更好地发挥政府的作用，激发各类市场主体的活力，为经济高质量发展提供体制保障。明天我们也会接过前辈的接力棒，将东莞的发展重任担在肩头，为实现中华民族伟大复兴不懈奋斗。加油，同学们！

我的教学追求

生本课堂　教学相长　终身学习

我经常反复回味两句教育箴言，一句是首先由卢梭提出，而后经杜威做了进一步阐发的"教育即生长，生长即目的，在生长之外别无目的"。这一句话使我一直相信并看到学生的发展性和可塑性，试图在有限的教育教学点滴中鼓励和支持他们成长。第二句话是英国哲学家怀特海（Alfred North Whitehead）所言：忘记了课堂上所学的一切，剩下的才是教育。初看这句话，觉得怀特海对课堂教学似乎是全盘否认的态度，细思以后才知晓怀特海本意并非认为知识无用，只是他认为在教育中价值的传递、思考的培育、能力的提升才是恒久的、不可磨灭的。

民主平等、协作开放、思想启发、简约幽默

一、生本课堂

美国教育家约翰杜威提倡"儿童中心"思想，强调在学校生活中，儿童是起点、是中心，也是目的。顺此理论思路，在课堂教学上，学生自然也要成为中心和目的。华南师大郭思乐教授创立了生本教育的思想和教学方式，提倡教师做学生生命的牧者，不做拉动学生的"纤夫"，把教学内容从大量知识转变为提供知识的"灵魂和线索"，创造空间帮助学生实现自我的发展。加之当前高中思想政治课提倡打造活动型学科课程，希望通过创设合理的情境，寓学科知识于学科活动之中。上述种种，均指引了我教学追求的方向——打造以生为本的教学。

二、教学相长

《师说》有云：是故弟子不必不如师，师不必贤于弟子，闻道有先后，术业有专攻，如是而已。古之圣贤已经注意到了教与学、师与生的双边关系，其中蕴含了在马克思主义联系观的理解下，客观世界是普遍联系、相互依存的哲理，在教授他人知识的同时自身也会得到提高。拓展来讲，教与学、师与生之间也是相互促进的。我希望在思想政治课的教学过程中，我与学生能够相互促进、共同成长。

三、终身学习

保罗·朗格朗提出了"终身学习"的概念，并强调终身学习是指人的一生的教育与个人社会生活全体的教育的总和。汉刘向所著《说苑》中《师旷劝学》有云："少而好学，如日出之阳；壮而好学，如日中之光；老而好学，如炳烛之明。"一语概括出了终身学习的重要性。

现代社会是一个信息化、智能化的社会，知识量、信息量倍增，知识迭代的周期越来越短。一次定终身的学习观念正被学会学习、终身学习的观念所代替。我希望学生通过思想政治课的学习，能够更新学习观念、锻炼学习技能、提高学习能力、学会学习并保持终身学习的习惯，避免"认知留级"现象的发生。

他人眼中的我

一、学生眼中的我

你在余光里——特别的政治老师

用特别形容一个人，在我的生活中是少有的。

从小学到高中，从《道德与法治》到政经文哲"四大生活"，多少政治老师匆匆来到我的学习生活中又匆匆离开，就像不同轨道的行星，短暂性地相遇后又各归其位，再想起时总是记忆模糊。只有你，静默地存在于我们的余光里。

余光里你的身影，起初只是在课堂上。

初见你时，我是一点也不喜欢政治课的。大半节课没听，只记得下课的时候同学们询问你姓名时，你只说姓周。"要保持神秘感。"你用这句话回应了大家的各种疑问和好奇，殊不知我们上课的兴趣被这样奇异地挑起。再后来认真上课，发现你确实是和其他老师不太一样的：讲课时不经意的搞笑、生动鲜活的例子、丰富有趣的课堂互动……似乎每一节政治课你都能用一种近乎快乐的方式去讲解在我看来枯燥无味的知识，似乎学习本身就是这么鲜活有趣。

余光里你的身影，渐渐出现在生活中。

每次大考后，都有不少学生找你分析成绩，我有时甚至排不上队。但你总会关注到每个学生，尽可能多地帮每个人分析各自的短板。"你要多抓基础知识，选择题错太多了……""你的大题逻辑性不够强，经常省略主语……"你总是会针对每个学生自身的特点进行指导，让我们经常在分析完试卷后茅塞顿开。

我们的幼稚、我们的焦虑、我们的关切，其实你都知道。你总是用最云淡风轻的姿态关注着我们，言传身教地把你的知识以及人生经验传授给我们，让我们在学习政治知识之外，还见到了别的风景。

三年弹指一挥间，你送走了毕业的我们，也迎来了新的学生。以前其他

民主平等、协作开放、思想启发、简约幽默

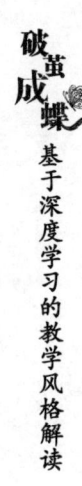

班的学生总是会羡慕我们有这么好的政治老师，幽默风趣和云淡风轻无缝切换，耐心、细心且从不给我们过多的压力。现在我们却也开始羡慕起你现在的学生，总想着还能坐在教室里，上一节你的政治课。

你永远存在于我们的余光里，那些共同学习的日子，也永远熠熠生辉。

（广东外语外贸大学　胡钰怡）

二、同事眼中的我

功不唐捐终入海——我眼中的周明城老师

周六的夜晚，教学楼二楼办公室，本该是空无一人的，如今却有一个奋笔疾书、伏案工作的身影——周明城老师。"日拱一卒，功不唐捐"，它形容的应该是我眼前的这位青年教师。

躬耕教坛：教育的先行者

周老师的课堂总是条理清晰、鲜活有趣、互动频繁，课堂上时不时会传出学生的笑声，学生在幽默自由的氛围中感受着政治学科的魅力与严谨。课间，总能看到周老师循循善诱、耐心指导学生答题技巧，关心学生的学习状态。不仅如此，在教学和解题方法上，周老师总是擅长总结、推陈出新、另辟蹊径，让政治学科的解答也有"公式"可循，减轻了学生学习的负担。他细致耐心，能及时发现教学和学生管理中的问题，并潜心研究、学习，将自己的研究成果编辑整理汇总。

用心至诚：学生的引领者

刚就职，周老师就接手了问题层出不穷的班级。周老师兢兢业业，跟班勤奋。在处理学生出现的问题时因材施教、刚柔并济、松弛有度。办公室里、教室外、走廊上，总能看到周老师约谈学生。对"问题学生"，他晓之以理、动之以情，循循善诱，保护他们的自尊心。对屡教不改的学生，他声色俱厉、刚柔并济，关键时刻制止了学生自暴自弃的行为。实验班的同学心理情况复杂，却见周老师不厌其烦地和学生谈心疏导，甚至用书信交流。一封封简朴的书信，却是学生眼中珍贵的救命绳索，是他们微薄黑暗世界里的一道光，支撑着他们坚强地与负面情绪甚至心理疾病作斗争。正是因为如此用心、耐心，周老师才收获了如此多学生的喜爱吧。

流水不腐，户枢不蠹；合抱之木，生于毫末；九层之台，起于垒土。勤勉、睿思、博学是周老师的代名词，也是我们青年教师一直追寻的目标。

（东莞市东华高级中学　黄晓珊）

三、专家眼中的我

周明城老师是一位勤奋好学、乐于钻研、力求精进的年轻老师。在自身的职业发展中，他有规划、有行动、有付出、有成果。他虚心学习，积极参加各项专业培训，无论是班主任工作还是教学工作都取得了一定的成绩。在教学实践中，他积极探索，逐步形成了具有个人特点的教学风格，深受同行及学生欢迎。教育研究上，他有想法、肯思考、勤总结，教育研究能力不断提升。

（华南师范大学教授　赵　艺）

正确导向、民主平等、思维清晰、情绪饱满

韶关市张九龄纪念中学　罗　娟

我的教学风格

一、个人简介

罗娟，中学政治高级教师，曾获市优秀教师、市教师专业科目培训优秀辅导教师、市中小学生法治知识竞赛优秀指导教师、区优秀班主任、区教研先进个人等荣誉，连续多年被评为校优秀教师。2015年开始担任校思想政治科组教研组长，2020年科组被评为市先进教研组，2019年10月开始任市教育学会中学政治教研会第七届理事会理事。

二、我的教学风格解读

1. 正确导向，立德树人

高中生思维活跃、求新求异，但对现实社会接触不多，认识较为浅薄，容易偏听偏信，对一些似是而非的思想观点难辨正误。高中思想政治课程是落实"立德树人"根本任务的关键课程，因此我在教学中时刻注意培养学生的理想信念，把"学知识"和"学做人"相结合，将思政小课堂与社会大课堂相结合，以学生乐于接受、善于接受的方式推进思政课教学。如开展课前时政专题播报，课中结合社会热点或学生身边的案例设置情境，课后举行"走出课堂·走进社会"之类的实践活动，让学生在真实教学情境和社会实践调研中增强政治认同，提升家国情怀。

2. 民主平等，关注全体

在长时间的教学工作中，我体会到了民主平等的教学既可以激发学生的学习积极性，又能更好地培养学生的独立思想与独立人格，进而增强他们对思政课教学内容的认同。首先，我不用单一的成绩标准去评价学生，而是视每个学生都是有独特生命价值的人。其次在课堂教学中，我尽量设置不同层次的问题从而引导更多的学生参与到教学活动中，课后也尽可能根据个体差异设计分层作业，想方设法激活学生的学习思路，让他们在和谐的氛围中学习、在激烈的争论中成长、在静静的思考中感悟。

3. 思维清晰，循循善诱

教师只有清晰的教学思维才可能带来高效教学，学生才能听得明白、学得明白，实现有效学习。实践中课堂教学的顺序并不一定要与教材的结构完全一致，我会根据教学需要对教材进行必要的重构和调整；并在此基础上选择合适的真实情境，精心设问，由浅入深，一步一步引导学生开展思维活动。例如我在进行《法治与社会》第八课"自主创业与诚信经营"教学时，根据"企业创办经营过程"的顺序将原有两框四目调整为三个部分，同时根据高中生的生活经验调整具体教学内容的顺序（参见前文教学实录）。调整之后，主线更清晰，环节更顺畅，教师上课更轻松自如，学生学习更愉快主动。

4. 情绪饱满，引发共鸣

情绪因素是影响课堂教学的重要因素之一。因此我每次进入课室前都会调整好自己的心情和状态，保证可以情绪饱满地开展教学。上课时我喜欢在学生中间走动，尽量接近每一位学生，与他们保持眼神交流，以此鼓励学生进行平等积极的沟通。同时，我尽量做到语言表达简洁精练、指向明确，声调、语速抑扬顿挫，避免平淡无味；讲到激动处还会慷慨激昂，使学生产生强烈的情感共鸣。有学生曾开玩笑似的跟我说：老师，听你上课再困也睡不着，你的声音太有穿透力啦！

我的成长历程

笃行致远　逐梦前行

因为热爱，所以坚持；因为执着，所以进步。二十年的教育教学工作中，我努力在教师这个圣洁而又平凡的工作岗位上，开拓出属于自己的一片天地。

一、心怀向往　持续热爱

"长大后我就成了你"可以说是我职业选择的真实写照。很小的时候我就觉得站在讲台上是一件很光荣的事，对教师职业很是向往。求学过程中遇到的老师不仅认真、负责、敬业，还各有魅力，将教师的职业价值诠释得淋漓尽致，这更坚定了我的职业理想。高三时我毫不犹豫地在志愿表上将能填的师范类学校或专业都填上了，最终如愿以偿地被第一志愿华南师范大学录取。2002年大学毕业后成为一名高中政治教师，终于走上了自己向往已久的讲台。

从教过程中虽遇到过困难和疑惑，但我更多地体味到了教书育人的幸福，得到过同行的认可和学校的肯定，收获过学生的信任，感受过自己在另一个人成长中的影响力。这让我增强了职业自信，保持着对教师这个职业持续的热爱，保持着对教育的敬畏和信仰。

二、不断实践　主动探索

回顾初站讲台之时，从学生成为教师，我既欣喜，又忐忑。"如何站稳讲台，做一名合格的教师"是这个阶段需要面临的主要问题。我一方面虚心向老教师学习；另一方面大胆实践，主动探索，参加工作的第二年就承担了市思政学科探究式教学研讨课，获得了市教研室领导及同行的赞赏。

在接下来的教育教学中，我不断探索调整自己的教学方式，通过开放互动的情境式教学方法与合作探究的学习方式，提高学生自主学习和积极探索知识的能力。尤其关注高效课堂的研究，从课堂导入、提问、讨论以及教学素材的选择等多个环节切入，就如何提高课堂实效进行有益尝试。在实践中前行，在探索中总结，围绕高效课堂和学法指导撰写的多篇论文和教学设计获省、市一等奖。这些小小的成绩给予了我更多探索课堂教学改革的力量。

在教学实践中，我逐渐形成了自己的教学风格，课堂教学获得了领导、同行的肯定和学生的喜爱，多次承担市教学研讨课和学校开放日推荐课。勇于探索，敢于实践，让我的教学能力有了明显的提升，并深刻体会到了一种"累，但快乐着"的幸福感。

三、坚持学习　自我提升

"学然后知不足，教然后知困。"在教学实践中，面对教育改革、面对新课程、面对迅猛发展的时代，常常会有困惑，时常出现知识恐慌。我一方面虚心向前辈和优秀同行请教，另一方面积极参加培训学习，如教育部"国培计划（2015）"优秀青年教师成长助力研修项目、"中小学法治教育名师培育工程"专题培训等。

2021年我加入了广东省王建新名师工作室。工作室组织的每一次活动不仅让我在专业上有所得，还让我感受到了导师、专家、优秀同行们对教师职业、对思政课堂的热爱和执着，正是这份永不放弃的职业信念激励着我在专业发展道路上越走越远。

向专家学、向同行学、向优秀看齐，我感到自己身上的压力变大了，要想成为一名优秀教师，实现自己最初的梦想，就要坚持学习，更努力地提高自身的理论水平、业务素质等。

四、引领团队　共同成长

因工作认真负责，专业成长较快，在校领导的信任和同科组教师的推荐下，2015年我开始担任思政学科教研组组长，不断提升自身综合素质的同时，通过组织各种教研活动，带动科组共同进步。

在教科院和学校的指导及科组老师的支持下，我坚持"凝聚合力、立足课堂、以研促教"，建立教研共同体，为科组老师提供了一个交流心得、提升能力的平台。在落实学校教研要求的基础上，我有计划、有针对性地在科组开展课例研究，探索新课标背景下的课堂教学改革；同时主动承办市级教研活动，通过活动推动学科组建设，促进教师成长。

2020年科组被评为市先进教研组，我代表科组在市中学政治教研会第七届理事会第二次会议上做了先进教研组经验介绍，受到同行的一致好评。

随着社会的发展，对教师的要求必然会越来越高，我们所遇到的各种问题、困惑、挑战也只会越来越多，只有坚持学习，提升教育智慧，完善教学能力，才能适应不断发展的社会。我将以"政治要强、情怀要深、思维要新、视野要广、自律要严、人格要正"的标准严格要求自己，不忘教育初心，带着对未来的憧憬与期许，继续追逐梦想，奋然前行！

我的教学实录

公平竞争　诚信经营

导入新课：

现在，我们已迈出了自主创业的第一步，创办了自己的企业，接下来就要考虑怎样才能经营好企业。我们来看看下面这两家"腌菜"企业给经营者们带来了什么启示。

环节一：倡导诚信经营　共筑安心消费

[学生活动] 观看2022年"3·15"晚会之《"土坑"酸菜》视频片段，结合课本《法律与生活》第74至75页的内容，小组讨论并回答以下问题：

（1）如何看待涉事企业的行为？为什么会出现这种行为？

（2）案例中的"土坑"酸菜以"老坛"酸菜的名义进入市场，侵犯了消费者的哪些权益？

生1：涉事企业用"土坑"酸菜顶替"老坛"酸菜的行为违背了诚信原则。主要原因：一是监管机构监管不足；二是这些企业为了减少一点成本，多赚一些利润，不惜铤而走险违法违规。

生2：涉事企业向消费者提供的商品质量等有关信息是不真实的，侵犯了消费者的知情权。

生3：消费者在购买、使用商品时，享有人身、财产安全不受损害的权利。对于腌菜加工企业而言，在将原材料加工成食品之前需要将其清洗干净，并检测相关卫生指标是否合格，这样肮脏的酸菜进入市场会威胁消费者的健康，侵犯了消费者安全消费的权利。

师：同学们分析得很全面。食品安全问题的本质是一场是否恪守道德底线的利益博弈，对于一些违法违规的生产经营者来说，减少的不仅是成本，还有企业的信誉。视频中的腌菜企业还给一些速食面企业提供加工好的所谓的"老坛酸菜"包，其中就有统一和康师傅。如果你是这两家企业的相关管理人员，你觉得接下来应该怎么做才能尽到经营者的责任，维护好消费者的利益？

生1：经营者应当保障消费者安全消费的权利。如果我是相关管理人员，我会先暂停销售并封存相关的酸菜包产品,向市场监管部门报告,并在他们的监督下对产品进行质量检测。

生2:经营者要坚持诚信经营,保障消费者的知情权。如果我是相关管理人员,我会及时向消费者公布酸菜包产品的原料来源、检测结果等信息,如果可以,还会邀请消费者代表参观产品的生产过程。

师:我们的同学都有较强的法治观念,也都有自己的想法,具备了一些优秀经营者的潜质。除此之外,经营者还要尊重消费者的哪些权利呢?

生:自主选择商品或服务的权利,公平交易的权利,依法获得赔偿的权利……

师:那么为什么要强调经营者要维护消费者的利益,还要制定专门的法律来保护消费者的权利?

生:消费者和经营者知道的信息不一样,消费者对商品了解不全面。经营者与消费者之间呈现一种信息不对称状态,消费者为信息弱势方,利益容易受到损害;而消费者合法权利的取得是市场经济发展的必然要求,因此要维护消费者的合法权益。

师:对,我们常说市场经济就是诚信经济,诚实、信任、友善是实现各方共赢的道德基础。因此经营者与消费者进行交易,应该遵循自愿、平等、公平、诚信等原则。

环节二:反不正当竞争　维护市场公平

[学生活动] 结合课本第73至74页的内容,探讨以下问题:

(1)大家在以往的消费中遇到过什么问题?解决了吗?通过什么途径解决的?

(2)你遇到的这些问题中,经营者的行为侵犯了消费者的什么权利?违反了哪些市场竞争规则?

生1:在网上买了一件T恤,商品页面显示是纯棉,模特穿着很好看,好评率也很高。收到后发现货不对板,面料和板型跟店家说的不一样。与卖家协商后退货了。商家提供的商品质量的信息不真实,侵犯了消费者的知情权,同时对商品质量、用户评价等做虚假宣传的行为属于不正当竞争。

[学生朗读]《中华人民共和国反不正当竞争法》第八条(略)。

生2:曾经帮妈妈在网上买过某品牌的护肤品,商家承诺保证正品,收到后与原来在实体专卖店买的一对比,发现是假货,申请了七天无理由退货。

侵犯了消费者的知情权和安全消费的权利。这种不正当竞争行为通过假冒或仿冒手段使消费者发生误认，既损害了他人的商业信誉，又可能对消费者构成欺诈，损害社会公共利益。

[**学生朗读**]《中华人民共和国反不正当竞争法》第六条（略）。

[**学生活动**]实案分析：韶关市新丰县沁园净水器店发布的沁园净水机系列产品广告，含有"家里饮用水完全不设防就是用身体做净化，可能还会引发各种疾病，对身体造成不可逆转的伤害，让我们一起来看看新丰的水质"等内容，并有当事人为滨江国际、东盛、奥林匹克等小区清洗"沁园净水器"的展示图片。上述广告使用的数据、引用语等内容不真实，当事人未能提供有效的证明文件。

分析：该行为属于不正当竞争中的哪种情形？

生：该公司在产品宣传中使用的数据、引用语等内容不真实，有贬低其他公司的供水水质的行为，属于实施虚假商业宣传行为和商业诋毁行为。

[**多媒体展示**]法律依据及处理：当事人的行为违反了《反不正当竞争法》第八条第一款、第十一条的规定，新丰县市场监督管理局对当事人作出责令停止发布违法广告，并处罚款的行政处罚。

师：结合亲身经历和上述案例，分析国家为什么要制定《反不正当竞争法》。

生：竞争是市场经济最基本的运行机制。优胜劣汰是竞争机制运行的必然结果，但优胜劣汰必须遵循一定的标准或者准则。《反不正当竞争法》是确立和维护这些竞争标准或规则的重要法律文件，有利于规范市场秩序、促进市场经济健康发展。

师：《反不正当竞争法》将公平、诚实守信和遵守职业道德作为基本原则，其目的是维护商业伦理和商业道德。

环节三：科学理性消费　依法有序维权

师：现在很多人选择网购的消费方式，当网购过程中权益受损时，应如何维权？

生：可以与商家协商，向购物平台反映，拨打12315投诉，向法院提起诉讼。

[**多媒体展示**]播放学生邀请律师说网购维权的视频。

[**学生活动**]就消费中遇到的实际问题，尝试通过韶关市场监管微信公

众号进行咨询或投诉。教师提醒学生通过网络维权要遵守国家有关法律法规，实事求是、公正客观地表达意见、反映诉求。

感悟提升：今天的我们是学生、消费者，明天的我们会是各行各业的劳动者、生产者、经营者，或是监管者，不论是谁，无论是哪个行业，都应遵循权利与义务、责任的公正平等，都应践行社会主义核心价值观，这样才能创造一个和谐有序、公平正义、活跃温馨的美好社会。

我的教学追求

知行合一　大气简约

高中思想政治课要培养德、智、体、美、劳全面发展的社会主义建设者和接班人，引领学生在人生成长的道路上把握正确的思想政治方向，这就要求我们在思政课教学中格局要大，要着眼于学生的终身发展，追求知行合一。

一、以身作则，知行合一

思政课有较强的理论性，如果只是照本宣科，学生就会觉得是在"唱高调"，很难真正信服，因此我们要加强知识和生活之间的联系，将理论变成和学生息息相关的教学情境，引导学生在情境中感悟，增强学生的政治认同感，以知促行；同时鼓励学生身体力行，在现实生活中践行自己掌握的理论知识，从知到行，从行到知，实现知行合一。

因此我希望自己能坚持做到一方面在课堂教学中结合学生实际，创设真实合适的情境，引导学生感悟思考；另一方面努力挖掘实践类的教学资源，丰富教学内容，增添学习的趣味性，进而提升学生的思想境界。当然，教师是学生的引路人，在追求知行合一的教学中，我也要努力提升自己的德行，用自己的言行去影响学生。

二、大气简约，彰显智慧

大气简约的课堂教学是一种充满教学智慧的课堂，这也是我的教学追求之一。这要求我们在确立教学目标时要站得高一些、想得远一些。要"以学生为中心"，不仅仅关注分数，不仅仅关注自己"如何教"，还要更多地关注学生的长远发展，关注学生"如何思考""如何学"。

因此在教学内容的选择和教学环节的设计上要勇于删繁就简、学会取舍，在筛选、提炼、优化、整合中取舍教学情境、教学内容和教学结构，用直观简约的方式、语言与活动传递政治思想和学习方法。希望自己努力做到少一点预设、多一点生成，给课堂更多的留白，给学生更多自主学习、自由探索的空间，提高学生的思维活力，把学生的思维品质引向更高的境界。

他人眼中的我

一、学生眼中的我

很幸运遇到你——我的政治老师

第一次见你，一副大大的眼镜罩着一双沉稳又炯炯有神的眼睛，看着个子不高，一说话却充满力量。在接下来的学习中，你打破了我以往认为"政治老师都是严肃的"的刻板印象，我发现你是一位充满矛盾气息的老师，严谨与幽默同在，亲和与严格并存。

你的课堂总是充满着正能量，你很注重将政治知识和社会实际相结合，常常播放一些新闻视频，引导我们去关注学校以外的世界。你的课堂跟我印象中的政治课不太一样，充满着和谐融洽的气氛：你喜欢提各种各样的问题，用各种方式一步步地引导我们去思考、回答或者争论，还鼓励我们提问，鼓励我们走上讲台做"小老师"……每逢春困秋乏之时，你都会想方设法地调整我们的状态，不仅一直保持着饱满的情绪，声音洪亮且抑扬顿挫，还常常会冒出几句幽默的话，引得全班开怀大笑，班里的同学一到政治课总会充满期待。

你不仅传授给我们知识，还会教给我们一些学习方法和建议。例如将每天要做的事按轻重缓急一条条列出来并督促自己完成。我注意到你就是这样做的，这让我感受到了你的自律。

不管是课上还是课后，你总是面带笑容，让人感到非常亲切。但你又对我们很严格，如果上课走神或者没完成作业，你总是一个也不放过地跟踪到底，而你的提醒方式特别又多样，或调侃打趣或谈话鼓励或批评建议等。你在课堂上批评我们时真的很严肃，让我们有点怕怕的，这又让我们不敢走神，很重视你说的话，也才会有所改进。

有些小事虽看上去微不足道，却作为最平常的细节打动着我。成为你的学生，我真的感到很幸运。

（韶关市张九龄纪念中学高三级　肖燕秋　邓雯静）

二、同事眼中的我

罗娟老师小记

如果要用一个词形容我印象中的罗娟老师，那大概只有"沉稳"了，那是一种与年龄完全不匹配的从容与干练。初识她是近20年前第一次听她上课，彼时的她，人如其名，清新娟秀，扎着马尾，青涩未脱，仿佛还是高中生的样子，但令人难以置信的是，她讲起课来却已经相当自信和淡定，不仅条理清晰，举例得当，还能积极调动课堂气氛，与学生互动流畅，让人眼前一亮。

后来，随着接触的增多，才知道她的沉稳全靠平日暗下苦功，正所谓"台上一分钟，台下十年功"。岁月在她身上留下的不是时间的销蚀，而是一份份耀眼的成绩。由于她聪慧能干、做事高效，教学能力迅速提升，很快就独当一面，形成了自己独特的教学风格。当她评上高级职称，成为我校最年轻的高级教师时，大家都钦佩不已。

尽管成绩优异，她却全然没有架子，不管是谁，平时教学中遇到难题向她请教，她从不推辞，尽其所能地提供帮助。有老师进行课题研究，她即使不是课题组成员，但只要需要，她便不计名利地参与；有老师请她帮忙修改论文、职称材料等，她都会逐字逐句地看，然后提出修改意见，一改、两改、三改……直到满意为止；有老师准备上公开课，她积极参与集体备课、磨课……

工作中，罗娟老师认真负责；生活中，她心思细腻。记得有一天上午，我在办公室突然接到家里的电话，说爷爷病危，需马上赶往医院。在旁的她看出了我的不安，忙问明原委。简单和她说明情况之后，我怀着慌乱的心情出发，她还嘱咐了一句："慢点，注意安全。"此时，我的心才稍微安定。到医院没多久，她又打来电话，告知后面的工作已帮我悉数安排好，让我安心留在医院。挂断电话的那一刻，我心底涌起一股暖流，她对同事的那份关心和体贴，我至今难忘。

她就是这样一位可爱的人，很难用"同事"或"朋友"来界定，因为她比同事多一份贴心，比朋友多一分理智。有她，你总能放心地交予一切。

（韶关市张九龄纪念中学　邓燕萍）

三、专家眼中的我

罗娟老师有较强的事业心和责任感，始终坚持以积极进取的态度和勤恳踏实的作风对待工作。她谦虚谨慎，注重学习和反思，不断突破自我，努力提高教育理论水平和教学实践能力，逐渐形成了自己的教学风格，教育教学能力得到同行的充分肯定和学生普遍好评，在韶关市小有名气。作为教研组组长，她乐于奉献，科组建设卓有成效；她关注年轻教师的成长，从思想、教学、教研等方面帮助他们，传帮带效果显著。

（韶关市教育科学研究院教研员　刘李明）

趣、活、亲

揭阳市揭阳第一中学榕江新城学校　叶旺生

我的教学风格

一、个人简介

叶旺生，高中政治一级教师，揭阳市教育系统"优秀班主任"，揭阳市首批中小学骨干教师，广东省王建新名师工作室学员。2011年至今主持并完成结题广东省两项课题，以成员身份参与5项省、市级课题。多篇论文、教学课件等教学成果获省、市一、二等奖，多次年度考核被评为优秀等级。近年来在教育期刊发表论文3篇，承担教育讲座2场，先后获得学校"优秀班主任""三星级教师"等荣誉称号。

二、我的教学风格解读

1. 趣

趣，这里指有趣、有意思。让课堂变得有趣，是我一直都在追求的教学效果。在多数人的眼中，政治课总会给人以枯燥无味的刻板印象。如何在思政课学习任务设计上做到有意思，引起学生的注意和兴趣？我坚持在课前做好充分的备课，在关联教材知识的素材选择上下足功夫，在生活化、趣味浓、契合时宜的时政背景、生活逸事和学生关心的问题上寻找趣点，激发学生学习兴趣，屡试不爽，特别有用、好用。

2. 活

活，这里指活动、灵活。填鸭式的教学，教师上课麻木，学生学习也麻木。为了让课堂有生气和活力，让学生喜欢政治、爱上政治课，我坚持与时俱进，开拓创新，广开思路和方法，灵活采取活动设计来呈现课堂内容，使课堂学习活动化、活动设计内容化，有效地调动起课堂氛围和学生学习的积极性、主动性和创造性。

3. 亲

亲，这里指接近、熟悉。在教学过程中，我坚持亲教材、亲学生、亲素养，即熟识教材，理解学生使素养落地，丰富教学内容，利用沉浸式体验的教学手段，亲近社会和生活，投身实践。在课堂上，我积极营造课堂教学场景化、可视化，增强思政课的亲和力，让貌似枯燥的理论知识转变为一个个生动的故事，以故事为载体提高知识的温度，最终实现让感性的共鸣变成理性的认同。

我的成长历程

虚心学习　勤教力学

记忆中，自从上小学开始，就有老师问过还是孩童的我，长大后要做什么，成为怎样的人。对于懵懂无知的我来说，未来是一种美好而遥不可及的存在。我曾梦想自己长大后做一个村里的医生、城市里的建筑师，却没有想过当一名老师。缘何后来我成为一名老师呢？对于这个问题，首先得从我的普通话说起，我客家方言语音很重，不擅长翘舌、卷舌，说话还吃字。大一在广电班，我的普通话成绩是倒数的那个。后来，参加了学院组织的转专业考试，成为一个师范类思想政治教育专业的学生，我的职业未来至此才与教师缔结缘分。

如今工作十多年来，我从惠来二中到揭阳一中新城学校，从农村到城市，从青年教师变成"老教师"……回眸过去，酸甜苦辣五味杂陈。刚入职那几年，我对教法、教研不了解，对职业生涯也缺乏规划，每天按部就班地"备课—上课—备课—上课"，如此往复循环。真正推动我向教育教学纵深努力的是2011年糊里糊涂地承担起一个省级课题研究的申报任务，正是这样一个机缘，让我有机会多次前往佛山小榄、佛山党校、广东实验中学等地，参加有关课题研究的培训，与此同时结识了几位对我教育生涯影响很大的名师专家。

如原广东省教育厅教研室沈林老师和揭阳市教育局教研室黄锐辉副主任等，他们对我的专业发展和教研指导具有深远的影响。

借助课题研究领略他山之石，加之专家学者的有益指导，让我深刻认识到了提升专业能力的紧迫性和危机感。只有自己有一桶水才能给人一瓢水，只有努力蓄满一池春水才能让它成为灌溉学生的甘霖。

从 2015 年开始，借助我主持的两项省级课题研究活动，我开始从制作课件和研究试题着手，进行系统深入的学习。课件制作方面，我从网上下载了一些优秀教学课件，包括高三复习课件，综合教参、教材和教辅资料，仔细校对课件内容、教学素材、重难点和易混淆知识，研究其知识脉络的建构原理，把握时事政治、教材内容与试题之间的内在逻辑关系，从中得到了很大的启发。试题研究方面，我利用长期任教高三的机会，有意识地专注于研究名校模拟试卷，并对历年高考试卷进行逐题分析、纵向比较、整理归类，获得了非常重要的学科灵感，实践证明特别管用。

2017 年，随着新课标出台，我坚持与时俱进，把更多的精力投入到了对新课标的研究上，更新教育理念，探索符合时代要求的教学方法，积极进行课堂创新实践，我的教学教研成果也变得更加丰富起来。

近年来，我以日常课堂教学为创新阵地，大胆推行课程内容活动化、活动设计课程化，尝试对情境化教学、议题式教学、项目式教学、大单元教学等进行创新。我的课堂变得越来越有趣，学生越来越喜欢政治、越来越爱上政治课。我的教学教研成果也变得丰富起来，越来越多的教学作品获得省、市级奖项。2021 年我正式成为广东省王建新名师工作室的跨市学员，同年还被评为揭阳市首届中小学骨干教师，教学成绩得到了同事、同行的认可。

我知道这点成绩微不足道，相比一些优秀同行，我还有很长的路要走。见贤思齐，虚心学习，潜心教学，用心育人，我在路上。最后，借用母校韩师的校训以自勉——为人师表，勤教力学。加油吧！

我的教学实录

文化的内涵与功能

[课堂导入]师：同学们好！你们知道吗，我国著名作家钱锺书先生曾经

说过这样一句话:"你不问我什么是文化的时候,我还知道文化是什么;你问我什么是文化,我反而不知道文化是什么了。"(学生笑)

生:老师,那什么是文化啊?

师:问这个问题的,一定是没有预习的同学,不打自招了。(学生大笑)大家想知道什么是文化吗?(学生点点头)举个例子,一个长得很漂亮的女孩子,与人交流时说话吞吞吐吐,没有逻辑,回答问题时又答非所问,人们会觉得她只是一个徒有外表的花瓶而已;另一个女孩子与人交流时言辞文雅,回答问题时对答如流,虽然长相普通,但人们会觉得她有文化、有内涵。

[学习活动] 今天这节课我们一起来学习《文化的内涵与功能》。请同学们翻到课本第90页,结合第91页的问题,给大家5分钟时间阅读与思考这段材料,提取关键信息,分组讨论。讨论结束后,小组派代表谈谈对文化的内涵的理解。

[议学任务](板书)议题一:什么是文化?

师:同学们,快乐的时光过得特别快,(学生笑)时间到了,哪个小组有结论了?(第三组组长举手)好,有请这位同学!

生:东西方"文化"所属的范畴不一样,西方人认为文化属于物质生产的范畴,中国人则认为文化属于精神生产的范畴;东西方人都认为文化是社会实践的表现和成果,而且都认为文化对人具有教育和培育的功能。"文化"从物质生产范畴到人的教化功能,西方的文化概念传入中国后又被赋予了新的含义,说明人们对文化的理解在不断变化发展。

(掌声)师:组长解读很准确,第三组果然卧虎藏龙啊。结合刚才同学的回答,我将文化的内涵小结如下:

[教师小结](板书)对文化的内涵的理解:

——从文化的起源来看,东西方语境中"文化"的含义不一样;

——文化是在人们社会实践中产生的,纯粹自然的事物不能称为文化;

——文化不是物质,而是一种精神现象;

——文化的内涵随着人们实践和认识的发展而变化。

1. 文化的内涵

文化是人类认识和改造世界的一切活动及其创造的物质成果和精神成果,是相对于经济、政治而言的人类的全部精神现象,既包括世界观、人生观、价值观等具有意识形态性质的内容,又包括自然科学和技术等非意识形态的内容。

［小试牛刀］从狭义的角度看，下列选项哪些属于文化现象？2分钟时间，请同学小组讨论并抢答。

内容	是/否属于文化现象
① 大猩猩用树枝勾食蚂蚁	
② 揭阳市开展市人大代表选举活动	
③ 3月17日全国调整92号、95号、98号汽油价格	
④ 学校开讲"赓续党的红色血脉 弘扬党的优良传统"团课	
⑤ 火星撞地球	

（第三组同学举手）师：抢答成功，第三组同学给力（学生笑）。

生：① 主体是大猩猩，不属于文化现象；文化是相对于政治、经济而言的；② ③ 分别属于政治、经济现象；④ 符合狭义的文化内涵，是文化现象；⑤ 是纯粹的自然现象。

师：回答得漂亮！（掌声热烈）下面请大家看一段视频《3亿人上冰雪！冰雪经济携手冬奥会如何破圈？》（中国国际进口博览会官方网站：https://www.ciie.org/zbh/cn/19news/video/20220209/31734.html）阅读课本第91页第2自然段和"相关链接"内容，分析文化与政治、经济之间的关系。5分钟时间，同学们小组讨论并抢答。

［议学任务］（板书）议题二：文化与政治、经济之间存在什么关系？

师：第五组同学抢先举手，有请这位同学。（鼓掌）

生：我们小组结合教材与视频资料，用画板列出了以下表格：

材料内容	体现知识
出台了一系列政策，目的是迎冬奥、上冰雪，整个冰雪经济产业的格局打开了，市场变得更广了	政治对文化的决定作用
以西藏、青海为代表的青藏高原冰雪观光旅游带和以川贵鄂为代表的中西部冰雪休闲旅游带打响了知名度	经济对文化的决定作用
自冬奥会申办成功以来，全国居民参与过冰雪运动的人数为3.46亿人；预计2021—2022年冰雪季，我国冰雪休闲旅游人数将达到3.05亿人次，我国冰雪休闲旅游收入有望达到3233亿元	文化反作用于经济

师：特别好！这位同学解读得很透彻！

[教师小结]（板书）

2. 文化与经济、政治的关系

（1）经济、政治决定文化；

（2）文化反作用于经济、政治。

[问题情境] 2015年6月，中国获得2022年冬奥会举办权。中国奥委会认为，北京和张家口联合举办2022年冬奥会，将推进北京、河北两地的经济社会协调发展。为什么举办冬奥会可以推动北京、河北两地经济社会的协调发展？

生：文化具有相对独立性，举办冬奥会可以带来人气和人文的交流，奥运场馆的建设可以刺激市场需求，以及吸引外商到北京、河北两地投资，带动就业，增加居民收入，促进社会经济的发展。

师：回答得很专业，棒棒哒！（学生笑）

[教师小结]（板书）3. 文化具有相对独立性。

经济发展是文化发展的基础，但这并不意味着文化的发展始终与经济发展完全同步。

师：同学们，请思考问题："这个人很有文化"和"这个人很文明"意思相同吗？谈谈你对"文化"与"文明"的认识。（第二组同学举手）有请这位同学。（学生鼓掌）

生："这个人很有文化"，侧重于"文化"，它有先进与落后的差别；而"这个人很文明"侧重于"文明"，文明与野蛮相对。所以，"文化"不等于"文明"。

（掌声）师：讲得特别好！很有文化。（学生笑、给以掌声）

[问题情境]（多媒体展示）请同学们说说奥运火炬和奥运奖牌中的文化是通过什么展示出来的。请抢答。（第一组学生举手）好，有请这位同学。

生：火炬体现传递奥林匹克精神，奖牌代表参加奥运获得优异成绩的荣耀，会徽体现奥运举办城市的魅力，和平鸽展示奥运举办城市（举办国）人文奥运的理念，吉祥物则体现人们对奥运精神的一种美好愿望。

师：这位同学解答得很好，满分。（掌声）

[教师小结]（板书）4. 文化的载体

（1）含义与具体形式

所谓文化载体，是指记录、记载、标识、传承和表现文化的物化形式。

文化载体是多种多样的，器物、行为、制度、民俗等都是文化的载体。

（2）文化载体的作用

文化要通过载体呈现出来。文化载体承载、表达和展现着文化的内容。

[**议学任务**]（板书）议题三：文化有什么功能？

师：同学们，文化有哪些功能？请阅读课本第92页的"阅读与思考"。时间10分钟。（时间到）哪个小组有结论了？（第二组学生举手）好，有请这位同学。（掌声）

生：（画板展示并进行解说）

文化的功能	表现
①引领风尚	引导人们认识真善美，为人们提供精神指引，提升全民族的文明素养。如"感动中国人物"、社会主义精神文明建设等
②教育人民	帮助人们提高思想道德素质、科学文化素质和身心健康素质，促进人的全面发展。如"农家书屋""文化惠民工程"等
③服务社会	满足人们过上美好生活的新期待，为人们提供丰富的精神食粮。如"永远跟党走——奋斗百年路启航新征程"全国公益电影主题放映活动
④推动发展	文化推动发展，是国家繁荣振兴取之不尽、用之不竭的力量源泉，对提高社会文明程度具有重要作用

师：非常好，小组力量太强大了。（掌声）

[**教师小结**]（板书）5.文化的四大基本功能

文化具有引领风尚、教育人民、服务社会、推动发展的功能。

[**问题情境**]（多媒体展示图片）师：同学们，大家看过四书五经、《雷锋日记》、话剧《深海》吗？看后有什么样的感受？

生：看过图中书籍的部分文章，千手观音非常好看。话剧《深海》讲述了黄旭华院士的故事，感人肺腑。我们要多读经典，向雷锋同志、黄旭华院士学习，做一个对国家和民族有用的人。

师：非常好！青年有梦想，国家才有希望啊！（掌声）

[**教师小结**]（板书）6.文化塑造人

人创造了文化，文化也塑造着人。优秀文化能够丰富人的精神世界，增强人的精神力量，促进人的全面发展。积极参与健康有益的文化活动，不断丰富自身的精神世界，是培养健全人格的重要途径。

[**学生活动**]（多媒体展示材料）师：同学们，请阅读材料《中华优秀传

统文化传承发展工程"十四五"重点项目规划》。我国为什么重视对中华优秀传统文化的保护和传承？文化对一个国家和民族有何重要性？5分钟时间，小组讨论并抢答。

（第一组同学抢答）生：重视对中华优秀传统文化的保护和传承体现了我们对自身文化的认同和自信，是实现中华民族伟大复兴的重要途径。

师：嗯，这位同学回答得很好！（掌声）

[**教师小结**]（板书）7.文化对民族的影响

文化是民族的血脉和灵魂。文化兴、国运兴，文化强、民族强。当代中国，铸牢中华民族共同体意识，要以认同、传承和发展中华优秀传统文化为前提。没有高度的文化自信，就没有文化的繁荣兴盛，就没有中华民族的伟大复兴。

师：好！同学们，快乐的时光过得特别快（学生笑），我们这节课的学习任务全部完成，请大家根据思维导图再次复习本节课内容，加强巩固。谢谢！（掌声）

[**本课小结**]（略）

我的教学追求

为党育人、为国育才，有教无类、因材施教

习近平总书记在思想政治理论课教师座谈会上强调，青少年是祖国的未来、民族的希望；办好思想政治理论课，最根本的是要全面贯彻党的教育方针，解决好培养什么人、怎样培养人、为谁培养人这个根本问题。作为一名思政教师，既要坚持为党育人、为国育才的使命，又要不断更新理念，做到有教无类、因材施教，将个人的教学追求和国家需要紧密结合起来进行工作。

一、为党育人、为国育才

习近平总书记讲道："青年兴则国家兴，青年强则国家强。"我的教学追求就是笃行使命，旗帜鲜明地进行思想政治宣传教育，培育担当民族复兴大任的时代新人，引导学生践行社会主义核心价值观，树立正确的国家观、民族观和历史观。

当前，我们正处于百年未有之大变局的时代，世界风云变幻，不同的意识形态和思潮交相激荡。树立正确的三观，对正处于"拔节孕穗期"的青年学生来说尤为重要。我们要将党和国家的政策思想精准无误地传递给青年学生，自觉衔接好青年学生和民族复兴这一关键环节，培养国家真正需要的人才。我常常教育学生，先做人再读书，心中要有大义和大爱，不能做"自了汉"，双耳不闻窗外事，高高挂起。我还教育学生，爱党爱国是具体的，不是抽象的，生活中总会有许多细枝末节的琐碎来阐释一个平凡人精神的伟大，关心身边的人，做好分内的事，这是我们需要一直坚守的原则。

二、有教无类、因材施教

我国古代教育家孔子主张有教无类。我对有教无类的理解不只是流于形式，而是落到了实处。我坚持公平对待每一个学生，虽然不同的学生有不同的特点，但教育是不分贵贱贤愚的，教育可以弥补或缩小学生之间一些天生的差别。

除此之外，我追求因材施教的教学方法，根据学生的个性和特长进行有针对性的培养。我经常鼓励学生朝自己擅长的方向发展，这样更容易展现自己的才华，即用对的方法施教于对的学生。"一花独放不是春，百花齐放春满园"才是我们应该孜孜不倦的追求。

他人眼中的我

一、学生眼中的我

授业解惑传道——是我等的思政老师

《师说》曰："师者，所以传道受业解惑也。"时光如梭，不知不觉中您教了我两年，还记得您第一次踏入课堂，嘴角上扬，两眼炯炯有神，一张憨厚慈祥的脸庞，我至今都印象深刻。

授业方面，您有"谈笑间，樯橹灰飞烟灭"的自信。这份自信源自您厚积的教学经验。当我们遇到困难时，您总是坚定地鼓励我们树立信心，哪里有困难，就克服哪里。您大胆放手将课堂交给我们尽情发挥，营造了浓厚的学习氛围。您的专业自信和对我们的信任，深刻地感染了大家，让我们喜欢上了政治，爱上政治课。

解惑方面，您有"水滴石穿"的耐心。无论何时，当我们带着满脑子问号请教您时，您总会放下手头的工作，接过我们手中的"烫手山芋"，倾听我们的想法和疑问，帮我们纠正方向，将我们从牛角尖里拉出来，让我们茅塞顿开、恍然觉悟，开了思路，长了知识。

传道方面，您拥有一颗"蜡炬成灰泪始干"的"坚"心。我所接触的老师，都希望自己的学生未来有一路繁花的美好景象，您尤其这样！您教育我们，希望我们好。您深情地说过："父母助你们成长，而老师教你们成才。"春去秋来，四季轮转，铁打的老师，流水的学生。您日复一日地工作，培养学生的心亦是铁打的，不辞艰辛，捍卫"坚"心。

同学们说："自从被叶老师教了后，感觉政治成绩都变好了。"如今一翻开政治书，倍觉风景如画，心中有花，刹那芳华。最后，祝亲爱的叶老师教育生涯也一路繁花相伴，桃李芳菲。谢谢您！

（揭阳市揭阳第一中学榕江新城学校　王玉珊）

二、同事眼中的我

敬业的同事　谦逊的大哥

旺生老师，一位亲切的大哥哥。初识旺生老师，就被他的敬业、谦逊和热心感染。尽管我是晚辈，但每次遇见，都是他先热情地喊我们"某某老师"，让我倍感亲切。在工作中，这位大哥哥从不吝啬对我们晚辈的帮助，时常分享他的教学经验，让我受益匪浅。人生漫漫，风景无限，工作琐碎，匆忙常有，工作中能遇到这样的同事，就是忙碌生活中的一道风景线，我们应该停下来看看。

旺生老师治学严谨，对待工作认真细致，身上散发着思政教师的独特魅力。每次听旺生老师讲课，都会折服于他深厚的专业功底。尤其在备课组的会议上，旺生老师时常分享教学经验，告诉我们如何备好、上好一节课，给我们指出教学重点和难点，分享高考考查趋势和试题特点，我感受到了他深厚的教学功底和理论根基。

旺生老师积极走出课堂和校园，到各地学习研修，把最新的教学理念带回学校，让我们了解学科的最新动向，带领我们守正创新，打造有生命力的课堂。旺生老师的文章，有独到的见解，富有创新意识，他把研究所得融入教学实践中，教学质量和效果显著。大学老师说过"教师不做研究，只能当知识的搬运工"，而旺生老师把教学和教研相结合，勤恳踏实地耕耘在教学和教研当中。

生活中，旺生老师很亲切温和，很会照顾同事和学生。旺生老师还是一位尽职的班主任，一位温暖的"大家长"，散发着爱生如子的光芒。忙于工作的他，常常疏忽了对家庭的照顾，以致家里人对他有些许埋怨。尽管如此，旺生老师还是早出晚归，勤勤恳恳，班主任工作完成得非常出色，他的敬业精神常常打动我们。旺生老师用情怀延展教学长度，克服职业倦怠，拒绝躺平，永远值得我们晚辈学习。

不负韶华，只争朝夕。旺生老师孜孜不倦地引导学生立德树人、立志成才，不忘教育初心，"朝乾夕惕，功不唐捐"。祝愿旺生老师在工作中收获满满的幸福感和获得感，带领我们继续前进！

（揭阳市揭阳第一中学榕江新城学校　蔡晓珠）

三、专家眼中的我

叶旺生老师阳光开朗，勤奋好学，为人谦虚，勤于钻研，进取心强。工作尽职尽责，有自身专业发展、自我成长的内生动力。积极参加广东省王建新名教师工作室各项活动，积极参加揭阳市思政课教研活动，不断提高自己的专业能力和政治素养。做到了不忘教育初心，牢记立德树人使命。叶老师教学中坚持守正创新，加强对学生正确价值观的引导。坚持运用灵活多样的教学方式，激发学生的学习热情，促进学生深度学习，培养学生的高阶思维，课堂教学效果好。班主任工作认真细致，对学生有责任心、有爱心、有耐心，与学生关系融洽，受到了学生的普遍欢迎。2021年被揭阳市教育局评为揭阳市骨干教师。

（揭阳市教育局教研室副主任　黄锐辉）

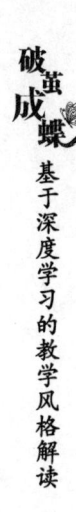

信任、艺术、求是、启发

惠来县华侨中学　周　王

我的教学风格

一、个人简介

周王，一直奋战在高中思想政治教学的第一线，目前为华侨中学的骨干教师。一丝不苟的工作态度与生动丰富的课堂教学风格广受师生好评。2013年6月被评为政治中学一级教师；2016年被评为广东省普通高考政治科优秀评卷员；2017年成为揭阳市中小学名班主任方娟英工作室成员；2021年被授予县优秀班主任荣誉称号。曾多次在县年度考核中被确定为优秀等次，连续多次被学校评为优秀班主任和学生政治知识竞赛优秀指导教师。曾发表论文1篇；撰写的教学设计获省二等奖和市三等奖；撰写的策略论文获市三等奖。参与了市级课题"中华优秀传统文化融入中学德育工作的研究"，主持研究了一项县级课题。

二、我的教学风格解读

教学风格是教师的灵魂，是教师的个性在教学过程中的展现，是在长期的学习与教学实践中逐渐形成的，是教师对教育教学经验的总结，也是对未来的发展规划。

1. 信任，是课堂基石

信任是我的课堂基石，它创造出了宽松的教学氛围。教师对学生的充分信任往往能助力政治课堂提质增效，有助于更好地落实育人目标。在课堂活动中，大到讨论活动的组织，小到回答课堂问题，我都给予学生最大的信任。在我的课堂上，学生能够积极地展示自己的才华、表达自己的观点，甚至敢于与老师"争辩"。在此过程中，他们不仅收获了新知，还提升了综合素养。

2. 艺术，为课堂增彩

"兴趣是最好的老师。"学习兴趣能充分调动学生学习的主动性、积极性和创造性，有利于营造良好的学习氛围。我认为，政治老师应该努力地使自己成为一位教育教学艺术大师，通过"多彩"的课堂去打动学生，激发他们的学习热情。我十分注重教学语言艺术。语言精练、语调铿锵有力，再加上些许冷幽默，打造的思想政治课堂十分受学生欢迎。

3. 求实，是课堂灵魂

政治课教学最大的实际是学生。从学生的实际出发是我的课堂的灵魂。我注重把课本知识与学生的生活实际紧密结合，从贴近学生、贴近生活、贴近实际的原则出发遴选情境材料，将时政热点融入课堂中，有效唤起学生的学习兴趣和热情。在课堂活动中鼓励学生讲实话、讲真话，引导学生在生活中发现问题、学习新知。

4. 灯塔，做好引路人

习近平总书记提出教师要做学生的"四个引路人"。我想，要想做好学生的引路人，不仅要指导学生"学"，还要引导学生"思"，设疑是达成目标的重要手段。无论是学习还是生活，教师对学生要善于设疑，要给予学生充分的思考时间。在课堂教学活动中，我经常通过设置有效问题，鼓励学生思考并解决问题，效果良好。

我的成长历程

意外；培训；学生；反思

在教育行业里埋头耕耘了15个年头，那"方寸之地"依然深深地吸引着我。课前精心准备教学计划、书写教案，课上引导学生学习新知，课后指导学生实践、落实素养仍然是我工作的热情所在。

信任、艺术、求是、启发

一、意外，踏上教师道路

小的时候，老师在课堂上问我们长大后想干什么，大都回答当警察、当医生、当老师，我也不例外。那个时候也就属于跟风，别人说什么，我也说什么，没有确切的目标，只想着不被老师批评和同学嘲笑。

稍大一些的时候，父亲因肠胃糜烂做手术。我害怕失去他，害怕自己从此成为没有父爱的人，那是我第一次真正感觉到恐惧，也是从那时起我想做一名医生。

在填报高考本科类第一志愿时我选择了医学院。受高中政治老师影响，在填报第二志愿时我选择了师范学院的思政教育专业。然而，第一志愿落榜，第二志愿却成功录取了。这是个"意外"。

二、培训，引领专业成长

初登讲台总是终生难忘的。尽管我有实习经验，也做了充分的准备，但当踏上讲台那一刻，几天前就开始在脑中筹划的激情演讲却被我忘了个精光。刚开始给学生上课是痛苦的，不仅教学方法有问题，就连基础知识也经常遗漏，那段苦难岁月如今仍然历历在目。科组的一位老前辈在那时对我说："教育教学经验的积累过程是非常缓慢而漫长的，教师的成长靠单打独斗是不行的，要想快速成长起来就必须与优秀教师加强交流与学习。"他的这句话成了此后我的专业发展的行动准则——"与优秀者为伍"。我积极参加学校组织的各种培训。师德师风培训让我对"教师是人类灵魂的工程师"这句话有了更加深刻的理解，让我明白了教师的时代价值，并愿意投身于这项伟大的事业；教育改革培训让我了解到了现阶段课程改革的新思想、新理论和新教学方法，改变了我的课堂观，让我的课堂更加具有吸引力；专业知识培训丰富了我的专业知识储备，提升了我的专业素养；职业发展培训帮助我度过了职业生涯的迷茫期，让我重新朝着新目标不断努力。从15年前刚踏上讲台的那个毛头小子到成为学校的骨干教师，我的专业成长离不开培训。直到今天，我依然积极参加各种培训活动，这是我永不掉队的"法宝"。

三、学生，爱上岗位的魔药

初入行，我只是把教师看成一种职业、一种谋生的手段，谈不上多么热爱。每天的工作就是按部就班，不断重复着备课、讲课、备课。真正改变我的是班级一位女生在高二分班后写给我的一封信。她写道："……讲真的哦，老师你是第一个问我们的'小小梦想'是什么的人，……我记得那个时候我写了一条是希望我妈不要总是说我，……没想到你真的跟我妈妈讲了……眼泪就忍不住了……"没想到，我为满足她的"小小愿望"而给她母亲打的这个电话让她如此感动，并使我成了她心中的"好老师"。有人说："我们在塑造学生的同时，学生也在塑造着我们"，的确如此！学生是促使我爱上教育事业的"魔药"。

四、反思，成长的必经之路

反思是教师改进教学策略、提升教学质量、提高教学水平的重要方法，是成长的必经之路。课后反思应该成为教师教学活动的重要环节，成为一种常态。反思教学观念、方法、过程与效果，发现存在的问题并解决。正是不断反思，才使我的专业素养越来越扎实，教学经验也越来越丰富，迅速地从"一般型"教师成长为"骨干型"教师。教学反思是教师自我完善和自我提高的过程，在反思性学习中重构专业知识与积累，成长为"学者型""专家型"教师，这也正是我职业发展的最终目标。

回望自己走过的路，既充实也真实。我的专业能力在不断提高，教育思想在不断成熟，目标定位更加清晰，我将坚定自己未来的成长道路，风雨无阻。

我的教学实录

促进人与自然和谐共生

[课堂导入] 播放歌曲《我的家乡惠来》。

师：党的十八大以来，我们党以巨大的政治勇气和强烈的责任担当，提出了一系列新理念、新思路，出台了一系列重大的方针政策，推出了一系列重大举措，解决了许多长期想解决而没有解决的难题，办成了许多过去想办成而没有办成的大事，推动党和国家的事业发生了历史性变革。惠来人民紧紧抓住这一新时代的发展机遇，在惠来县委、县政府的领导下，不断开创惠来发展新局面。下面请大家结合实际或亲身感受给大家分享惠来的发展成就。

信任、艺术、求是、启发

[学生活动]分享家乡的发展成就：

生1：最近这几年我县发展迅速，新建道路越来越宽阔，高层楼房越来越多，小区规划也越来越漂亮，人民群众的幸福感越来越强，对城市的认同感也在逐步提高。

生2：位于我县的揭阳市大南海石化工业区于2007年7月由广东省人民政府批准设立，是广东省四大石化产业基地之一，计划总投资1805亿元。这项工程的落户为惠来的腾飞提供了极大的动力。

生3：大学是文化的象征，一所大学会改变一座城市，揭阳理工的落户必将给我县带来深刻的变迁。

[教师小结]大家也都感受到了，在党的领导下，惠来县政府与惠来各界人士正在努力开创惠来跨越式发展新局面。但是，在快速发展中也面临着相当突出的问题，特别是环保问题。接下来请大家从环保问题出发思考如何实现美丽新惠来，助力"惠来、回来、会来"。

（板书）总议题：如何实现美丽新惠来，助力"惠来、回来、会来"？

生1：我县县城有众多的小河分布，这本是好事，但是这些河流的污染特别严重，生产和生活污水没有经过处理就直接排放进去，造成今日的"黑水河""臭水沟"，已经严重影响到了城市形象和市民的生活。（大家频频点头表示赞同）

生2：最近这些年，我县在创文创卫期间的强大宣传影响下，市民的卫生文明意识确实有所提高，但是这段时期一过，大家又是乱扔乱丢。（学生沸腾起来）

师：讲得非常好，我也深有体会。在上课之前有几位同学就对我县县城的河流污染问题做了调查，下面请他们上台来展示。

生：我们给大家带来一段独白，标题是"小河的哭诉"（配PPT图片）。（独白略）

师：非常感谢几位同学带来的"小河的哭诉"故事。接下来请大家对此发表自己的看法。

生1：很多临河人家直接将生活污水排入小河，市场摊贩甚至将各种垃圾直接丢弃到河中；其次是我县工业基础薄弱，但是小作坊非常多，这些小作坊设备简陋，环保意识不强，废水随意排放，多种因素叠加造成了今天的"黑水河""臭水沟"。

生2：我家就离一条小河不远，每天上学、放学都要经过一座小桥，每次我都是跑过去的，因为味道很难闻，让人恶心。

生3：自然是生命之母，我们必须敬畏自然、尊重自然、顺应自然、保护自然。保护自然就是保护我们人类自己，破坏自然，最终遭殃的还是人类。

[教师小结]的确，市民对于河流污染虽然痛恨，但面对现实往往是无可奈何。生态兴则文明兴，生态衰则文明衰。人类只有在良好的生态条件下才能够发展起来，无数实践经验告诉我们人与自然是生命共同体。

[问题情境]视频材料：绿色城市　绿色生活——臭沼泽变身绿色天堂，西溪湿地完成美丽"蝶变"。

大家将视频资料与我们所面临的问题结合起来，谈谈要绿水青山还是金山银山。

（板书）议题一：要金山银山还是绿水青山？

生1：看了西溪湿地的"蝶变"非常感动，虽然这个"蝶变"的过程是痛苦的。与过去的恶劣状态告别，建成全国首个国家级湿地公园，我想当地居民也一定会感慨，千好万好不如绿水青山好。

生2：西溪湿地的"蝶变"给我们提供了可供借鉴的经验，但是在我们这样一个经济实力薄弱的县域，要想改变现状十分困难。

生3：经济发展和生态环境的保护之间并不是矛盾的。良好的生态环境和自然风光亦是优质资源，可以不断吸引外来消费或投资，让绿水青山变成金山银山。

[教师小结]大家都说得非常好。绿水青山和金山银山的关系实际上就是经济发展与环境保护之间的辩证关系，二者不是对立的。良好的生态本身蕴含着无穷的经济价值，能够源源不断地创造综合效益。我县应整理好发展思路，下大力气解决环保问题，以满足人民群众对美好生活的需要。

[学生活动]结合西溪湿地"蝶变"的经验，思考如何让河水清澈起来，请你出谋划策。要求：全班分为四个小组，各小组任选一个角度进行讨论，并分享成果。角度：制度体系、宣传教育、污染防治、其他。

（板书）议题二：如何让河水清澈起来？

1小组：我县应利用创文创卫的契机，加大环保宣传力度进行持久宣传，增强大家的环保意识，努力形成人人关注环保、参与环保的浓厚氛围。建议各个学校开展形式多样的环保活动。

2小组：我们认为还得依靠制度。我县虽然实行了河长制，但也只是形同摆设，没有发挥应该发挥的作用。预防污染的机制、担责制度不完善，监督也不到位。

师：也就是坚持和完善生态文明制度体系对吧，具体有哪些制度呢？

2小组：实行最严格的生态环境保护制度，全面建立资源高效利用制度，健全生态保护和修复制度，严明生态环境责任制度。

3小组：打好污染防治攻坚战。政府的环境整治工作应该在这几个方面发力：一是改善县城的各池塘和河流生态，解决淤塞、打捞垃圾、绿化边道、净化水质。这也是身边市民反映最突出的问题。二是要解决生活污染问题。老城规划落后，没有专门的排污渠道。虽然这两年政府陆陆续续启动了一些改造工程，但工程进度相当缓慢，规划协调不科学，效果不明显。三是强化联防联控，明确主体责任。

4小组：还应该建立和完善群众渠道，群策群力，让市民能够参与到生态环境问题的治理过程中来，打好这场生态环境保护的人民"战争"。

[教师小结]生态文明建设是关系发展的千年大计。我们必须践行"绿水青山就是金山银山"的理念，坚持尊重自然、顺应自然、保护自然，坚持节约资源和保护环境的基本国策，坚持以节约资源、保护优先、自然恢复为主的方针，坚持走生产发展、生活富裕、生态文明发展道路，这样才能建设好美丽新惠来。

[学生活动]作为新时代的学生，我们如何为惠来的环境保护做出自己的贡献，做美丽惠来的践行者？大家自由发言。

（板书）议题三：如何做美丽惠来的践行者？

生：（略）

[教师小结]大家都很有想法，也希望大家去实现它，并在适当时候与同学们分享过程。绿水青山是我们赖以生存的环境基础，也是我们幸福生活的前提条件。在社会快速发展的今天，我们要充分认识到人与自然和谐共生的关系，生态兴则文明兴，生态衰则文明衰。同时，我们还要以自己的实际行动践行"绿水青山就是金山银山"的生态理念，助力"惠来、回来、会来"，愿惠来的明天更美好。

师：请大家课后各自设计一个环保主题的黑板报，我们将在校园宣传角集中展示大家的设计。

我的教学追求

教育在于激励、唤醒和鼓舞

有学生对我说:"老师,怎样才能学好政治呢?""我已经非常努力了,每天都在背诵,上课认真听讲,课后作业也及时完成,但考试成绩还是不理想,真的好痛苦啊!"我回答说:"因为你没有体会到学习的快乐呀,结果当然只剩痛苦了,试着在学习中找到属于自己的快乐,哪怕是掌握了一个知识点,又或者是解出了一道题。"

我们曾经也是学生,他们现在正在经历的痛苦过程我们也曾深有体会。有些人在这种痛苦中不能自拔,迷失了自我,渐渐产生了厌学情绪;而有的人却在这一过程中寻找到了快乐,获得了成功。学生之所以对学习产生厌倦心理,很大的原因在于他们无法获得快乐的秘诀,陷入了成绩差—厌学—成绩更差的恶性循环,长此以往结果可想而知。教师要引导学生积极地在学习中寻找快乐。首先,应引导学生树立正确的学习观念。要让学生明白,学习是一个长期的知识积累过程,不是一蹴而就的,没有充分的量的积累,又怎么能达到质的飞跃,正所谓"咬定青山不放松,立根原在破岩中。千磨万击还坚劲,任尔东西南北风"。不因一时的失败而丧失初心,也不因一时的得意而骄傲自满,学习贵以"专",专心致志、专心不二。其次,要帮助学生建立起学习的自信心。教师要创设民主、平等、和谐的课堂环境,鼓励学生在课堂上表达自己的观点和见解,甚至与别人"争论"。教师对学生的发言要及时点评,重在表扬,但对其错误也应该及时指出,盼其思考。我班里以前就有几位同学十分不喜欢上政治课,考试成绩也非常差。每次找他们谈,他们都摆出一副无所谓的态度。于是,我改变了"斗争"策略,多给他们课堂发言的机会。从抗拒到积极,经过一学期的引导,他们的学习自信心不断增强,在期末测试中政治成绩也进步明显。最后,让学生能体会到成功。努力了,却无法体会到成功的喜悦,大抵也就只剩下痛苦了,谈不上快乐。教师要认真研究国家新的考试政策、新的教育教学思想与方法,及时调整教学策略;坚持以学生为中心,彰显学生的主体地位;落实思想政治课核心素养的培养;帮助学生及时解决在学习中遇到的各种困难;引导他们形成行之有效

信任、艺术、求是、启发

的学习方法，养成良好的学习习惯，努力提高应试成绩，促使成绩好——有兴趣——成绩更好的良性循环产生，让学生充分体会到成功的快乐。

他人眼中的我

一、学生眼中的我

我眼中的政治老师

对学生来说，老师是与我们打交道最多的人。但每个人眼中好老师的标准并不一样。今日，我就来谈谈我的政治老师。

白净的脸上嵌着一双充满智慧的眼睛，小巧而端正的鼻梁上有时架着一副黑丝边的眼镜，壮实的身材，衣着总是那么整洁得体，寸头模样。虽说是临近中年，但是皮肤极好，面部表情常常十分严肃，简直像深铁铸成的，但即便是这样严肃的外表，也隐藏不了他的和蔼可亲。他不仅是我们的政治老师，还是我们的班主任。在我的眼中，他总是在不同的角色中转换，如同京剧变脸般变化无常。

"百花园中花似锦，花红要靠育花人。滴滴汗水花上浇，喜看来日满园春。"政治老师总是手持一根白色的粉笔，一本写满字的教科书，用其独特的教学方式，指点着"江山"。

课堂上，您是激情洋溢的。您开始讲课时，总会用一个又一个生动的故事，编织出知识的大网，带我们领悟学习的美好，让我们遨游在知识的海洋中。而当我们困意袭来时，您总会贴心地播放一些搞笑的视频，令我们捧腹大笑。您似乎很了解我们，播放的视频都是我们最感兴趣的。您多才多艺，还了解京剧，带我们领悟博大精深的民族文化。而且您善于结合相关学习资料，也会举生活中的例子，让我们更好地掌握知识点。讲到重点时，您会提高声调，一遍遍强调所讲的内容，暗示着我们应该记牢固。讲错题时，若是哪一位同学的题错得太不应该，又或是错的刚好是您之前讲过的题目，您会佯装生气，摇摇头打趣那同学两句，引得全班同学哈哈大笑。您用自己的行动告诉我们，政治并不是枯燥无味的，而是丰富多彩的。让我们明白，生活中处处是政治。

　　课下，您是一位和蔼的长者。您，一丝不苟；您，处事严谨；您，以身作则；您，热爱着您的职业和您的学生。您用心守候，静待花开，我们考得不好时，您会更加认真，精心地准备课件。而在我们面前，您又是无畏的勇士，总是耐心冷静地为我们分析题目，这样的您一直鼓励着我们。

　　感谢您的教诲与关爱，感谢您带我们乘风破浪，感谢您让我更懂得学习的意义和人生的价值。

〔惠来县华侨中学高三（3）班　方飞琪〕

二、同事眼中的我

老 周

　　大家都称呼他为"老周"，大概是因为他的姓名过于霸气，使人不敢直呼——这当然是开玩笑的。实际上，周王老师为人和善，深受同事们的喜爱。我想，正因如此，大家才亲切地叫他"老周"吧。"老周"实际上并不老，他三十多岁，睿智而敬业，多年来一直担任班主任一职。他在工作中付出了心血，总能把班级管理得井井有条。我曾与他搭过班，亲眼看过他为班级制定了一套详尽而周密的班规。其中甚至具体到了早读阶段朗读认真的同学可以加分，上课睡觉则会被扣分等。到了周五下午，在其他人都已经感到倦怠盼望下班的时候，他反而留在办公室里，默默统计这一周以来班级每个人的分数变化。然后再汇总成一张表格，发至班群中。要知道一个班几十个人，每天、每周都要记录、汇总每个人的得分与扣分情况，这实在不是一件轻松的事情。然而老周事无巨细、事必躬亲，真真正正地把真心扑在了教育岗位上，真是令人敬佩！

　　然而这样一位严格的老师，是不是让学生望而生畏呢？事实正好相反。周王老师虽然严格，但又幽默风趣。这一点完美体现在了他的课堂上。我曾有幸听过周王老师几节课，发现他总能把原本枯燥乏味的知识点讲得生动有趣，常常逗得学生哄堂大笑，课堂气氛也非常活跃。这样一位严格又幽默的老师，学生们都非常喜爱。李镇西曾经说过："好的课堂应该既有'意义'又有'意思'。"周老师的课就是如此。我眼中的周老师是一位非常优秀的老师。

经师易得，人师难求。他对孩子们有亲和力、有耐心，又有敏锐的洞察力。在这个浮躁的时代，他真正做到了做纯粹的教师、做干净的教育。

（惠来县华侨中学　黄秀佳）

三、专家眼中的我

周王老师是具有教育情怀的新时代思政老师，他的政治素养和学科素养过硬，是本校政治课教学改革的排头兵。周王老师热爱思想政治教育工作，善于将思政课的育人任务与班级管理相结合，不断尝试创新班级管理新模式，其班级管理带有浓浓的学科味道。周王老师语言幽默，课堂生动，课堂活动求真求实，学生在课堂上踊跃阐述自己的观点，开展热烈的讨论，真正体现了学生的主体地位。

（惠来县华侨中学教研室主任　肖　霓）

贴近学生、慧教乐学

汕尾市林伟华中学　丁建丽

我的教学风格

一、个人简介

丁建丽，硕士研究生，毕业于辽宁师范大学思想政治教育专业。曾获黑龙江省优秀教育教学论文一等奖、鸡西市优课优秀奖、广东省"同上一堂党史课"三等奖、广东省中小学青年教师教学能力大赛三等奖、汕尾市中小学青年教师教学能力大赛一等奖、汕尾市中小学线上教学资源征集评优一等奖、汕尾市"互联网＋教育"线上教学评优活动一等奖、"汕尾市大中小思政课一体化教学展示交流活动"一等奖、"汕尾市大中小学思政课（党史专题）一体化教学技能大赛"特等奖、"汕尾市高中教育资源应用和质量提升项目信息化融合创新优课评比活动"一等奖、汕尾市新课标同课异构研训活动"示范奖"、"汕尾市教育技术论文评选活动"一等奖。积极参与多项省、市级课题的研究工作。

二、我的教学风格解读

智慧教学即教育信息化、智能化。目前教育部已经设立了人工智能助推教师队伍建设试点。推动教师主动适应信息化、人工智能等技术变革。智慧教学已经成为未来教学的发展方向，人工智能＋教育助推智慧教学是大势所趋。作为第一批实施新教材的高二年级的备课组组长，本人注重强化人工智能技术在一线思政教学、教研中的应用。

在汕尾市教师发展中心举办的同课异构研训活动中，授课课题为"始终坚持以人民为中心"。其中的导入环节，本人运用了华为手机的人工智能语音助手作为导入，与小艺进行了相关知识的对话。对话是思维外化的过程，课堂需要对话。教师与人工智能语音助手及学生的三位一体对话中，技术与人力的融合达到了双师课堂的效果，极大地提高了思政课堂的有效性和针对性。在第二站的领悟篇之游戏PK大赛中，运用到了希沃白板的智能制作游戏功能。让学生在愉悦的氛围中互动式地完成了对党的精神与智慧的认知与认同。类似的人工智能技术助推翻转课堂的教学模式运用到课堂中也效果颇佳。

参加广东省能力提升工程2.0典型案例教学设计比赛时，进行了"辩证否定观"的线上教学。本节课是"互联网+教育"的线上直播公开课，采取的是线上教学的方式，运用了无限宝、腾讯课堂、PA口袋动画等现代信息技术。本节课效果极佳，融合了诸多人工智能技术。让学生在思考议题与合作探究中、在情境与实践中，自主探索、自主领会、独立分析。

在进行"践行社会责任　促进社会进步"的教学时，通过创设教学虚拟现实情境，促使学生知识迁移、能力迁移，培养学生的高阶思维能力。通过调动教学资源和借助人工智能技术，师生、生生之间协同交流、探究知识，把思政课堂变成学生三观成长、社会主义意识形态指导的精神家园。以翻转课堂的形式，指导学生进行项目式研学，并将人工智能赋能于研学过程，最终促进学生进行深度学习、终身学习。

课堂转型是教学改革的核心，在"双减"政策的指导下，新型课堂教学方式的改革迫在眉睫，人工智能可以作为教辅工具被赋能到课堂教学中，以形成高效能课堂、智慧课堂。本人致力于不断将课堂进行转型升级，使之适应新时代的新需求。

我的成长历程

践行初心，铸魂育人

身为一名党员教师，我的初心很简单——当好一名一线政治教师，铸魂育人担大任。

研究生毕业以后，我在乡村初中支教了三年。为了胜任工作，我如饥似渴地钻入书的殿堂，注重提升理论知识的同时不忘学习实践经验。老教师的课我听了一节又一节，前辈们的授课细节我钻研了一遍又一遍、教育教学论文我写了一篇又一篇。三年时间，一晃而过，在即将分别之际，难舍难离。当我看到学生在黑板上写的"有师如你，我必奋进"时，我是幸福的。

2018年我来到了一座海边小城。在这里，我又开启了一场新的教学成长之旅。学校的青蓝工程让我有机会接触到了我的师父——南岳优秀教师彭小立老师以及有着无数荣誉称号的师祖正高级教师刘铭剑老师，他们对自己的严苛要求让人钦佩，更值得我学习，他们对于我教学的切实指导和恳切建议，每一次都让我获益匪浅。我先后参加的多次比赛课的背后都有师父、师祖的身影。在他们的鼓励下，我加入了省级工作室王建新名教师工作室，更开阔了我自身的视野和学习空间，接触到了更多、更先进的教学理念。王建新老师幽默的教学风格和深厚的教研功底，深深地吸引了我。王建新老师指导我们，育人亦是育己，育人先要育己，学高可为师，身正才为范。从此我的教育生涯又有了新的攀登高度，我的初心也增添了新的色彩。

新冠疫情期间，我被困在了湖北省一个朋友家里，工作和生活上都遇到了一些困难。朋友家里条件一般，每天伴随我起床的是剧烈的腰背疼痛。年后学校云开学，需要上网课，朋友家里没有电脑和网络。那段时间我的身体状况和精神状态都很糟糕，领导、同事、家人、朋友都联系我、安慰我。但令我吃惊的是，在精神上给予我最大鼓舞的却是我的学生。记得那天我上第一节课，风比较大，手很冷。当我拿着借来的平板，站在邻居家附近，蹭着Wi-Fi讲完课后，虽然手是冰凉的，但心是温暖的。因为我刚收到了学生发给我的两张照片，是我的课代表写给我的一封信，字里行间充满了浓浓的感情。最后还说道：偷偷告诉您，我的梦想就是成为像您一样的人。这句话对我来说是莫大的鼓舞。这一刻，我的初心又增添了新的色彩。教师这个职业，是一份浓浓师生情的寄托，是一份需要延续的荣耀，是一份扎根于心的情怀。

我的教学实录

始终坚持以人民为中心

[课前热场] 师：首先我们进入课前的热场环节，请欣赏"他们是为谁而

死",希望能引起同学们感情上的共鸣。热场到此结束,接下来我们进入正课环节。

[课堂导入]角色扮演,导入新课。

师:欢迎大家来到叮叮智慧课堂。本节课的主题是"党如词,且吟且珍惜;民如曲,且颂且爱护"。主议题是党何以能青春永驻?很荣幸成为本次心灵之洗、忆党之旅的导游,接下来由我简单介绍一下本次旅途的行程,我们共将经过三站,分别是启智润心、与民同行,培根铸魂、以党为荣,以及第三站研学活动、素养升华。车速较快,请同学们系好安全带,我们发车了。

主题:党如词,且吟且珍惜;民如曲,且颂且爱护。

主议题:党何以能青春永驻?

[新课教学]

第一站:启智润心,与民同行

初识篇——党员进课堂民情沟通会

会议主题:我想问党员,我想对党员说。

师:首先进入第一站启智润心,与民同行。初识篇之党员进课堂民情沟通会,接下来给同学们两分钟的时间讨论,整理你想要对党员说的话、想要问党员的问题,两分钟之后,我们将会采访全国优秀教师、党员董新军同志。

课堂预设:建议条件允许的情况下,直接邀请校领导党员进入课堂,与学生面对面地沟通交流;若条件不允许,采取微信 PC 端视频聊天的形式进行网上采访。

学生有可能会问到以下这些问题:党员有工资吗?党员每天做什么?共产党是一个怎样的组织?为什么中国共产党能够执政?我被许多的党员故事所感动,非常想要成为一名党员,那怎样才能入党呢?

[学生活动]学生通过微信端采访或者直接邀请党员进入课堂进行采访。讨论后分小组采访董新军同志。

师:采访结束,再次对党员董新军同志表示感谢。现在同学们对党已经有了初步的认识,也知道了自己好奇的那些问题的答案。接下来我们进入第二站,培根铸魂,以党为荣,进入领悟篇之短视频 DIY 赏析馆。你将赏析体验的项目是观看短视频《汕尾各支部、各党员,紧跟时代步伐,以民为本》。要求在观看的过程中感悟党的精神、党的宗旨。友情提示:我们中国共产党是怎么来的?它是马克思列宁主义同中国工人运动相结合的产物。

初识篇——街头采访之校园

[学生活动] 活动前准备：手机三部。

策划方案：了解党的相关知识，精心设计问题。

人员简介：记者、摄像、后期制作。

活动目的：强化政治认同。

成果展示：展示采访视频。

[学生活动] 课前团队分工合作，以党的先进性为采访主题，制作采访短视频，课上展示。

教师只负责组织引导。（以上两个环节可选取一个）

第二站：培根铸魂，以党为荣

领悟篇——短视频 DIY 赏析馆

[学生活动] 课前搜集资料、制作短视频，课上观看自己制作的短视频《汕尾各支部、各党员紧跟步伐，以民为本》后感悟、深思。

[教师活动] 组织学生赏析短视频，激发学生的感触，引导学生反思。语言表述：通过观看同学们自己制作的短视频，请同学们思考一个问题：当下面临百年巨变与世界疫情交织叠加的复杂局面，我们的党何以能依然坚挺、青春永驻，我们何以能、以何能依然过着云淡风轻的幸福生活？请同学们深思。没有什么岁月静好，只是有人替我们负重前行，在抗击疫情中牺牲的80%是党员同志，大部分是因为过劳致死，我展示出来的，虽然只是写着558个名字的几张纸，但是这几张纸的分量太重，太重。我恳请全体同学起立，为这558名英雄，以及更多的无名英雄默哀30秒钟，默哀开始，默哀结束。

生：全体起立，默哀，反思。

师：我希望同学们能记住这些为我们遮风挡雨的人，记住那个替我们负重前行的中国共产党。整理好我们的情绪，我们还需要继续前行，接续奋斗。下面进入领悟篇之项目式学习。

领悟篇——项目式学习

项目背景：以习近平新时代中国特色社会主义思想为指导，坚持"党建引领，群团共建，创新学习，培育新人"的理念，充分利用市党建服务中心丰富的党史学习资源和活动场所，创新学习方式，丰富学习载体，组织学生走进市党群服务中心，培养勇担民族复兴大任的时代新人和德、智、体、美、劳全面发展的社会主义建设者和接班人。

项目任务：

（1）参观党群服务中心；

（2）感悟共产党的执政理念；

（3）接续奋斗、畅想未来职业。

项目成果：分小组分享、讨论后，小组派代表汇报成果，成果需包含接续奋斗、畅想未来职业。（汇报形式不限）

[教师活动]课前组织学生参观汕尾市党群服务中心，听取工作人员的介绍。课上组织学生分小组汇报成果，并给予引导。

[学生活动]课前参观汕尾市党群服务中心，听取相关知识介绍，做好准备工作。课上汇报项目成果。

三人 rap 汇报形式：（略）。

改编歌曲小组合唱汇报形式：（略）。

演讲汇报形式：（略）。

领悟篇——游戏 PK 大赛

大赛程序：①各小组派代表上台闯关。②成功过关者可获得抽选盲盒的机会。③选中党史盲盒并答对问题可获得礼物。

生：参加闯关游戏，了解相关知识。在教师的引导下，领悟党的智慧。

师：同学们已经将游戏完美通关了，然而人生的道路我们才刚刚起步，为了在人生道路的各种关卡上，我们也能完美通关，那些党的指导思想，我们是否应该去深入探究；那些党的精神、党的智慧，我们是否应该去培养、去学习呢？我相信同学们心中已经有了答案。建党百年，党的初心从未改变，始终是为中国人民谋幸福、为中华民族谋复兴。重温这份峥嵘岁月，党始终坚持着以人民为中心，与人民同呼吸、共命运。有请班级的劳动之星、学习之星、奉献之星、创新之星以及获胜组代表上台来抽选党史名言盲盒，答对名言即可获赠盲盒。

学：抽选盲盒，回答问题，分享盲盒。

师：再次感谢班级四大新星以及各组代表为本节微课增添色彩，也希望课下同学们能够向班级的四大新星学习。

第三站：研学活动，素养升华

践行篇——做好党员后备军

师：接下来我们进入第三环节研学活动，素养升华，给大家留一个课后的研学活动，继续进入践行篇之做好党员后备军。请同学们去寻找身边的党员，可以以小组或者班级为单位跟随身边的党员加入志愿者团队，真正地参加一次志愿者活动，并总结活动感悟。

准备阶段：寻找身边的党员，了解党员的相关故事。

团队合作：以小组或者班级为单位。

志愿活动：跟随身边党员，加入志愿者团队，参加一次志愿活动。

活动小结：总结活动感悟。

师：本节课到此就接近尾声了，希望同学们通过本次心灵之洗、忆党之旅，能够有所收获、有所感悟，最后以一首打油诗结束本次旅程，请同学们齐声朗读。

生：曾缚苍龙开伟业，又乘骏马续长征。党树新风千载美，国施善政万年春。

我的教学追求

运用项目教学法助力活动课常态化

一、深度教研，扬帆起步

作为运用新教材的高二年级政治备课组组长，紧跟学校步伐，采取集体教研的形式，我力争带领备课组团队从传统教研走向智慧教研、从团伙教研走向联动教研、从主观集约教研走向理性分析教研。在教研的过程中我学习了大量关于项目式教学、智慧教学、翻转教学等的理论知识。

在学校的帮助下，我第一次让学生接触到项目式教学法，是带领班级学生走出学校，去参观汕尾市党群服务中心。项目任务如下：1.参观汕尾市党群服务中心。2.感悟共产党的执政理念。3.接续奋斗、畅想未来职业。学生通过几次项目式教学的锻炼，就能够迅速提高自身的综合能力，促进自身全面发展。学生综合能力的提升使得活动型课堂常态化具有可行性，活动型课堂的常态化开展，又将助力于学生学科核心素养等综合能力的培养。如此的良性循环就是我的教学追求。

二、应用一线，案例简介

高中思想政治活动型课堂是以活动为中心的课堂教学模式，是课程内容活动化、活动内容课程化的教学模式。在活动中，学生主动发现并解决问题，教师指导和鼓励学生积极参与、共同研讨，并在活动过程中培养学生的学科核心素养以及高阶思维能力。本人在一线教学中实施的一些活动内容，可以根据生成知识和培养素养的不同选取后改动使用。如：记录员 coop 解说员；新式民主 vs 美式民主（角色扮演 PK 大赛）；短视频 DIY 体验馆；时光机器体验馆；送人玫瑰，手留余香——角色体验馆；芸芸众生，平凡英雄——职业宣讲馆；立足当代、振我中华——项目研学馆；抽选盲盒奖励模范，引领方向；朗诵解读习近平语录等，引领政治认同；宣讲会引领活动；产品介绍会引领活动；撰写相关调研报告；相关角色模拟；撰写纪录片开篇词；为宣传主题曲填词；制作指导思想文化墙；选取指定照片制作海报等。

在今后的教学中，我希望通过精心设计活动型课程，让思想抵达心灵、以活动承载内容、用形式激发兴趣。通过课前搜集材料、准备商议、课上分享成果、体验情境、评析结论，课后拓展延伸、实际践行的翻转课堂过程，启发学生思维，激发学生突破自我，努力引导学生将知识内化于心、外化于行。使不同层次的学生都能发挥各自特点，进行团队合作，共同完成相应活动，潜移默化地提高学生的学科核心素养。

他人眼中的我

一、同事眼中的我

我眼中的叮叮

印象里初次见到叮叮，高高扎起的马尾，利落的西装，娇小的个子却很有气场，而又不失严谨，打破了我作为南方人对东北女孩的固有印象，慢慢接触并熟悉以后，发现叮叮生活中却是一个活泼、热情、豪爽的女孩子，和周边的同事、朋友相处得很融洽。

生活中的叮叮热情开朗，工作时却雷厉风行、气场全开。政治科组的老师较少，工作繁多，作为年级备课组组长兼班主任的叮叮，无论是政治备课组的教研活动还是班级管理，都能安排得井井有条。工作中，无论是面对高三复习迎考，还是新教材改革创新教学，她都能游刃有余地驾驭，作为备课组组长，不管是分内职责，还是分外帮衬，叮叮都能不遗余力、善始善终；作为班主任，她始终相信她的学生是最优秀的、是最有潜力的好苗子，尽管班级内学生基础层次不一，但我时常能听到她对她所教班级的夸赞，听到次数最多的就是那句"我的班级是一个优质班，每个学生都非常优秀"，这也给这群青春的孩子努力拼搏进取以十足的动力。

作为丁老师的同事，我十分荣幸。尽管我们不在同一个科组，从教不同的科目，但她时常将她的工作经验分享给我，让我的班主任工作也做得更加得心应手，从她的身上，我真的学到了很多东西，也真正交到了一个永远的朋友。有匪君子，如切如磋，如琢如磨。

（汕尾市林伟华中学　李嘉禧）

二、学生眼中的我

扎根三尺讲台，潜心教书育人

守育人初心，担筑梦使命

课堂上，丁老师注重培养学生的核心素养，把课堂真正地还给学生。课后，深入学生家庭进行家访，得到了家长的信任和学生的爱戴，所带的班级多次被评为"优秀班集体"。工作上，秉持着"为党育人，为国育才"的精神，用情怀燃烧心中的那束教育之光。

玉壶存冰心，朱笔写师魂

一位学生的评价："我有一次由于校车程序出了问题，乘坐校车的钱被重复收了两次，是丁老师找了校车方，帮我把钱拿了回来，很温暖。"课代表的评价："丁老师上课认真细致，善于举例子，使知识灵动而易懂。我们都很喜欢她。"

对课堂的执着，对学生的负责，对自己的严格要求，是长在她生命中难能可贵的品质，始终要求着她"不忘从教初心，担当育人使命"。

［汕尾市林伟华中学高二（10）班　吴雨盈］

三、专家眼中的我

丁老师是一位有很强工作能力的老师,从教已有七年。来我校近四年的时间里,成长速度非常快,积极参加各种培训,走在时代的前沿。在科组的帮助下教学成果优异,荣获多项省、市级奖项。积极主持并参加了校本课题、市级课题和省级课题的研究。现已初步形成并开展了常态化的活动型课堂模式,深受校领导和广大师生的好评。在科组教师短缺的情况下,主动担起重任,任教两个年级——高三年级和实施新教材的高二年级,有很深的职业情怀。

(汕尾市林伟华中学 刘铭剑)

以心贯之——关注生活、关怀学生、关切效果

东莞市第五高级中学 黄 敏

我的教学风格

一、个人简介

黄敏，中学政治高级教师，东莞市中小学第一批高中政治教学能手。本人结合教学实践以及课题研究，每年坚持撰写论文，所撰写的12篇教学论文获省、市论文比赛一、二等奖，积极参与省、市各类的教研活动，两次开发的微课获市微课比赛一等奖，多篇教学设计获评省优秀教研成果评比一、二等奖。积极参与课题研究，参与4项市级课题，主持1项校级课题。多年担任班主任和备课组组长，所带班级多次获评"文明班"和"优秀团支部"，所带备课组多次被评为"优秀备课组"。本人多次被评为镇或校"优秀教师""先进教师"或"优秀班主任"。

二、我的教学风格解读

时光如梭，距2004年7月从陕西师范大学思想政治教育专业毕业已有18个年头。回首自己的教育生涯，有遗憾也有欣慰，但始终无愧于儿时的梦想"当老师，站在讲台上"和大学的校训"学高为师，身正为范"。在学校领导、同事以及学生的不断帮助和自己的勤奋刻苦努力下，我的教学工作得到了学校、家长、学生的认可，也取得了一些成绩。现已逐渐形成自己的教学风格，具体来说就是：以心贯之——关注生活、关怀学生、关切效果。

1. 关注生活，留心紧扣社会和时政

高中政治课的学科性质和教学内容决定了政治课教学必须突出时政性，提高学生参与社会生活的能力，所以我的政治教学就从丰富多样、变化发展的现实出发，紧跟时代步伐，突出时政性，用鲜活的时政热点问题吸引学生，激活学生的思维，不断引导学生关注现实社会，真正做到学以致用。

首先，社会热点问题和时政素材需要积累。我会引导学生学习时政、关注时政，通过设置"课前五分钟时政简述""周末时政素材展""宿舍关注热点话题讨论稿"等活动，激发同学们收集时政热点问题，增加时政信息量。其次，社会热点问题和时政素材需要运用。我会通过选取与教材内容相关的时政素材，创设情境，引导学生通过体验的方式，在学习课本知识的同时分析现实问题，在解读社会现象的同时深化理论认识。大到面对新冠疫情各国的防控策略、我国两会的热点问题、"十四五"规划等，小到某明星的偷逃税、某小区高空抛物、本校校长信箱、本班某同学的爱心帮扶行为等都会出现在我的课堂上。

2. 关怀学生，用心引导学习和生活

作为一名教师，课堂是我们的主阵地，学生的学习依赖教师的教导。为了每一次走上讲台时都拥有一切尽在掌握中的坦荡，我会认真对待每一节课，从课前的精心准备，到课堂的有序开展，再到课后的反馈总结，都保持着严谨踏实的态度。即使是同一教学内容，我也会根据上一堂课的流畅程度和学生的反馈，及时做出调整，也会根据每个班同学的特点做出不同的改变。通过自身教学的认真与执着影响学生的学习，期望学生能勤奋踏实地学、坚持不懈地学、善于总结反思地学。

作为一名政治教师，政治课也是德育的主阵地，我始终怀着一颗"成为学生的良师益友"的心来与学生相处。我平等地对待每一个学生，把学生当作朋友，倾听他们的喜怒哀乐。他们也会把我当朋友，当与家人或是同学发生矛盾了，他们会向我倾诉自己的内心世界。也许我的开导并不重要，重要的是他们把我当作一个能够信任、可以倾诉的对象。

3. 关切效果，诚心提高成绩和素养

作为一名高中生，短期目标是考上理想的大学，要想考上理想的大学，必须提高学习成绩。所以，在我的政治课堂上，我们不避讳谈成绩。每次考试前，我都会让学生根据实际情况制定自己的分数区间，在底线和目标线上设置分数。考完试后，我会让学生根据考试的成绩来判断自己对掌握知识的认知是否准确。这不是唯分数论，只是把分数作为一种反思自我、督促学习的方式。

作为一名高中生，最终目的是走向美好生活，如果想以后能更好地生活，就需要有良好的品德和素质。所以，在平时的教学中，我也一直向学生灌输"学会做人比学会学习更重要！"的思想。我们政治就是以学生的"政治认同、科学精神、法治意识、公共参与"为核心素养。我们开展了一系列"模拟法庭审理""我来当老板""干不干？我来做选择""给镇长的一封信""东莞传统文化面面观"等活动，让学生亲身参与体验，提高他们的政治核心素养。

从刚踏上讲台的懵懂忐忑到从容面对教学的淡定自若，教学风格也在时光的打磨中逐渐形成并稳定。但是随着社会的变化发展以及新的课程改革的推进，我们面对的教学理念、对象、内容、方式也在不断变化，只有不断学习，不断突破自己，教学风格才能日趋完善。我也会与时俱进，在教学实践中不断探索和反思，进一步完善自己的教学风格，更好地教书育人。

我的成长历程

道阻且长　行则将至

在三尺讲台上已经驻留十八载，我已经从那个忐忑不安、胆怯心虚的小姑娘，长大成为成熟稳重、运筹帷幄的老教师了，只有回望来时的路，才能看清脚下的路，进而更加坚定前行的路。回顾我的成长历程，主要分为以下几个阶段：

一、懵懂无知，唯有激情

2004年7月，怀着无限的憧憬和隐约的忐忑，我走进了广东省一个偏远山区的校门，成为一名正式的高中政治教师。刚毕业踏上讲台的那段时光，是一段挥之不去的青春记忆，见证这段青春时光的是无数写得密密麻麻的备课本、听课本、谈话本。为了能够更从容地站在讲台上，我会把40分钟里要说的每一个字都写在备课本上，从导入词、过渡词、总结词，到各类素材、具体事例、课本知识，甚至预想学生可能会回答的答案，都竭尽所能地详细写下来，并让自己背会。

为了让自己更清晰地掌握课堂的重难点，我会像个学生一样，去听有经验的老师的课，真的做到了"逢课必听"，边听边详细记录听课过程，边听边想"哪些环节可以借鉴，哪些环节可能更适合自己"，根据听课的感受再回去改自己的备课本。为了让自己更了解有着鲜活生命和新奇想法的学生，一直坚持做班主任，教室门口昏黄的灯光下，总能见到我和学生相对而立的影子，一张张记录学生心情和理想的贴纸，让我走进了他们的内心，理解了他们的想法，从而增进了师生感情，增强了管理的认同感。

正是秉承着对教育的热情与期待、对教学的勤奋与执着，我所带班级学生的学习激情很高，教学成绩比较突出，平均分远超年级平均分，尖优生较多。我在进行了一轮高一到高三的循环后，连续三年带高三，高考成绩优异，超额完成了学校下达的高考任务。我也多次获评"教坛新秀""先进教师""优秀班主任""优秀共产党员"等称号，因为长期担任班主任工作，师生关系和谐，所写的德育心得论文获得县德育论文评比二等奖，所带班级多次被评为"文明班""优秀团支部"。

二、思想松懈，徘徊不前

经过几年的教学积累，我对教材已经非常熟悉，积累了较多的教学资源，备课和上课都更为从容淡定，初步形成了自己的教学模式和风格。另外，四年的高三备考经验，让我对高考的考点了然于心，对考试的方向也有了准确的把握。而多年的班主任工作，让我对学生的各种突发问题有了相对成熟的解决方案，不管是教学还是班级管理都能按部就班地进行。但是随之而来的就是思想上的松懈、行动上的倦怠。偏远地区，教研活动比较少，与外界的交流也不多，缺乏先进的教学理念和教学方法。面对着相对枯燥单调的教师生活、不断重复的课堂内容，我开始有些厌倦，在闲暇之余总会感觉失落和空虚，想着我能再干点什么。

三、审视思考，明确目标

2011年，我到东莞市第五高级中学任教。初到一个新的学校，一切都要从头开始，重新适应新的教学环境和教学对象。我发现这里的学生和山区的孩子有很大的不同，他们虽然先天的生活条件比较优越，但不太热爱学习，纪律观念比较差。对此，我必须重新开始思考自己的教学模式，努力在摸索中寻找到一种不拘泥于课本基础知识且能激发学生的兴趣的模式，希望在化繁为简、降低教学难度和要求的情况下提高教学效率。

非常庆幸的是，我所在的东莞市政治教研组有着完善的教师培养体系，有着强大的教学培训团队，有着众多的优秀前辈。通过多次的培训，我接触到了先进的教学理念、新颖的教学模式和多样的教学方法。

我坚持参加教学研究，着眼于教学中的困难问题进行研究思考，积极参加全国、省、市教研室及学校组织的各项教研活动。在课题研究的指引下，我每年都坚持撰写论文，在省、市论文比赛中先后有12篇获奖。在此期间，我结合本校实际坚持课程研究与开发，全面提升学科素养。从参加学校组织的学科知识竞赛到东莞市首届政治教学能手大赛，我逐渐能将新的教学理念与本校的生源实际相结合。通过积极承担市、校级公开课，认真撰写教学设计、潜心开发微课，我对教材的理解更深入，能够将所学所获真正运用于教学实践中，课堂上合理设计教学环节、注重教学方法、讲究教学艺术，切实提升了学生的思维能力。

四、心怀感激，永不止步

正当我开始再次沉沦于自我满足中时，新的课程标准改革开始了，面对全新的教材、厚重的教参、繁杂的试题，虽然会感觉到心力交瘁、疲惫不堪，但是不敢有丝毫的懈怠。我怀着空杯的心理，重新出发，再次庆幸和感激的是我加入了广东省王建新名师工作室，借助这个平台，我接触到了较多关于新教材的一些专业且前沿的解读，这些内容为教学指明了方向、提供了具体可操作的教学方法，也激励我们教师在新课改背景下，不断探索，勇于尝试，不断寻求个人和学生的双赢性成长。

诚然，只有回望来时的路，进而才能看清脚下的路，更加坚定前行的路。我深知，作为一名成长中的教师，我应始终牢记习近平总书记对政治教师提出的六点要求，全面提升个人的综合素养，落实思政课立德树人的根本任务，为学生的终生发展服务。

我的教学实录

人的认识从何而来

导入新课：

师：请同学们观看《神十航天员王亚平的太空授课》并思考科学实验是不是实践活动。为什么？

生：肯定是的，因为科学实验活动也是人们改造客观世界的物质性活动，通过科学实验我们获得了对宇宙空间的进一步认识。

师：回答得非常好，我们的实践活动有改造自然的生产实践、变革社会的实践、探索世界规律的科学实验活动。科学实验确实是一种实践活动。那王亚平老师在太空向我们传递知识，是一种实践活动吗？

生1：是的，这也是一种科学实验活动，因为王亚平老师的授课让我们获得了关于太空实验的一些物理知识，扩展了我们的知识面。

生2：不是的，因为实践是改造客观世界的物质性活动，而王亚平老师的授课，是在向我们传递知识，改造的是我们的主观世界，所以不是实践活动。

师：都有道理，生1指出了通过实践我们可以获得知识，人的认识就是从实践中来的。但是就如生2所说，实践活动改造的对象一定是客观世界，所以，单纯就王亚平老师传授知识给我们这一特定情境来说，她改造的是我们的主观世界，因此不属于实践活动。但是以王亚平老师为代表的"神舟"十号航天员们所进行的太空科学实验肯定是实践的一种具体形式。

师：大家想亲自动手实践一下吗？下面就请同学们参与活动吧！

思考与探究：议题描述

[议题情境] 学生自己动手，运用所准备的材料，自制火箭。

[议题活动] 动手演示，展示成果。

[议题任务] 依据制作过程，阅读教材知识，回答以下问题：

（1）火箭制作活动是实践吗？为什么？

（2）结合火箭制作活动，理解实践的特点及实践与认识的关系，连线完成题卡。

将全班同学分为8组，发放火箭制作的准备材料，由3人具体负责组装，其他同学在旁指挥辅助。整个制作过程，同学们能意识到合作实践的重要性，最快的小组用时 3 分钟，最慢的用时 8 分钟。4 组发射成功，2 组发射失败。从连线题卡的任务反馈效果来看，同学们基本上都能用课本理论知识来对议题进行分类描述。但是受习惯思维的影响，对有知识交叉部分的议题描述进行了单向连线。比如同学们都是将⑤和 G 相连，在教师的适当点拨下，同学们明白了实践活动的特点是贯穿于整个实践活动中的，只是每个情境都有所侧重。

思考与探究：议题论证

［议题情境］据科学数据显示，有 70% 的小学生的梦想是当一名科学家，即 10 个人中就有 7 个人梦想着有自己的发明创造，但是最终实现梦想的却寥寥无几，现实的困难让大部分人放弃了，那么我们到底还要不要坚持？

［议题活动］小组讨论，正、反方辩论。

［议题任务］（展示鱼骨图）在鱼骨的三个顶端写上要坚持的三个理由的关键词，在鱼骨的底端写上不要坚持的三个理由的关键词。

辩论模式：8 组成员自由选择正、反方，然后交流辩论。每组成员充分讨论后，在鱼骨的顶端写上坚持的理由，在鱼骨的底端写上放弃的理由。同学们写的这些理由中，很多都用到了哲学的知识，比如坚持的理由有：贡献、价值、热爱、信仰、努力、不后悔、最好的自己等；放弃的理由有：没钱、没天赋、借口多、诱惑多、孤独、实践证明等。从中可以看到同学们的思想格局，既有遵从内心、尊重现实的态度，又有挑战自我、实现突破的勇气。也可以看到同学们在个人理想与社会现实冲突中的两难选择，在利益冲突中的科学理性选择。

思考与探究：议题决策

［议题情境］观看航天发展史视频，感悟航天人的优秀品质，思考自己如何为实现梦想而努力。

［议题活动］小组讨论，展示成果。

［议题任务］在鱼骨的顶端写上航天人的优秀品质的三个关键词，在鱼骨的底端写上自己为实现梦想而努力的三个关键词。

学生主要是结合具体的社会生活情境，运用所学的关于实践的知识提出具体可行的措施，做出理性的选择。学生基本上都能从优秀航天员身上汲取实现梦想的力量，在砥砺自我中前行。在同学们的题卡上，鱼骨的顶端写着：

实事求是、自强不息、勇于攀登、科学严谨、不求回报……鱼骨的底端写着：脚踏实地、好好学习、每天进步一点、定目标、做计划……政治学科的核心素养已经在学生静心书写为实现自己梦想的实践中落地生根。

[板书梳理]

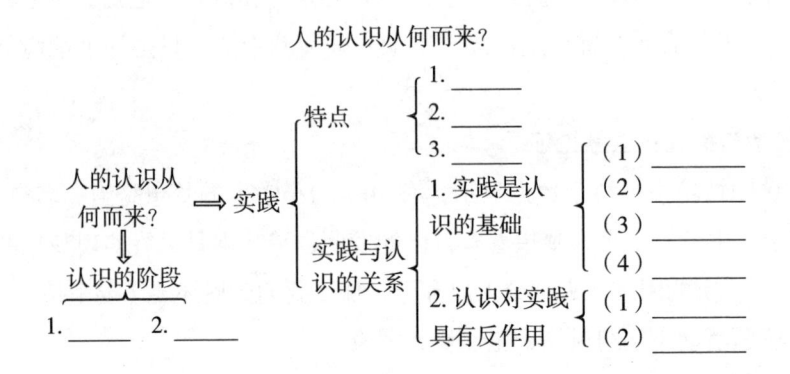

```
                         人的认识从何而来?
                              ┌ 1.____
                        ┌ 特点 ┤ 2.____
                        │     └ 3.____       ┌ (1)____
   人的认识从            │        ┌ 1.实践是认 ┤ (2)____
   何而来?   ⇒  实践 ┤        │  识的基础  │ (3)____
      ↓                 │        │           └ (4)____
   认识的阶段            └ 实践与认 ┤
                          识的关系 │  2.认识对实践 ┌ (1)____
   1.____  2.____                  └  具有反作用  └ (2)____
```

最后黑板板书环节，同学们根据黑板上的框架提示，重新梳理知识，补充完成知识框架体系，形成整体认知。一个同学在黑板上完成，其他同学在课本标题处完成，同学们基本上都能够准确完成知识框架的填空。

我的教学追求

启发思维　享受成长

以一名高中政治教师的身份在三尺讲台上已经驻留十八载，我一直在思考这三个问题：政治课堂真正应该教给、教会学生什么？怎样的政治课堂是学生喜欢的课堂？什么画面是学生毕业若干年后还记得的有关政治的画面？带着这三个问题，我一直在摸索适合我和我的学生的教学模式，希望在自己的政治课堂上落实立德树人的根本任务，营造真实、和谐的课堂情境和氛围，激发学生的思维，让学生在我的课堂上真正地思考，享受精神的成长、能力的提升。具体来说，包括以下三个方面：

一、改变刻板印象，注入鲜活体验

在和别人提到我是政治老师时，立马会得到一句"你的记性挺好哈"的回应，也就是说在很多人的眼中，政治就是"背多分""学政治就是背书"。不可否认，记忆在文科的学习中确实很重要，但是如果说现在学好政治就只靠背诵，教政治就是教学生背书，那就太片面了。

新课程标准中明确指出，培育政治学科核心素养是高中政治的教学目标，议题式教学是培育政治核心素养的基本载体，要通过议题式的政治课学习，培养学生的政治核心素养，增强学生的社会实践能力。在我的课堂上，希望力争按照活动型课程理念来实施和建构课堂教学，通过设置多样化的课内外探究活动，培养学生的政治核心素养。如必修一《伟大的改革开放》课例中，让学生当"宣讲大使"，为自己家乡策划改革开放新发展的宣传片，学生通过查资料、采访、准备文稿、制作视频等，不仅在活动中真正体验到了改革开放的伟大，而且提升了分析问题、解决问题的能力。

二、课堂寓教于乐，课后良师益友

"亲其师，信其道。"只有让学生喜欢你，他们才会听你的。作为一个老师，课堂是主阵地，要想让学生喜欢你首先就要让学生喜欢你的课堂。诚然，政治课上很多的理论思想比较枯燥，如果教师仍然"以教材为中心"，40分钟满堂灌地进行传统知识讲授，同学们不仅没有兴趣，反而会感到疲倦厌恶。为此，就需要依据学生的生活实际，以丰富多彩的教学环节来呈现教学内容，让学生通过参与情境活动，在活动中理解知识，在活动中升华情感。

课堂外，教师与学生绝对不是敌对的关系，真诚地沟通、幽默地处事，营造和谐的氛围，这样才能够塑造融洽的师生关系。对待犯错的学生，我不会立刻批评指责，而是先耐心倾听，再由他们自己说出改正和处罚的措施，因为是自己主动提出的，所以完成的效果一般比较好。

三、传播积极能量，拓展思维格局

以习近平总书记"坚持团结稳定鼓劲、正面宣传为主、弘扬主旋律、传播正能量"为实践指南，作为一名政治老师，除了自身要有坚定的理想信念，也要向学生传递积极的正能量，引导学生关注社会生活，开阔国际视野，切实提高分析问题、解决问题的能力，提升核心素养。

教师的人格是滋养学生心灵最灿烂的阳光，教师的格局直接影响着学生的思维。高中学生正处于世界观、人生观、价值观形成的关键时期，教师的言行举止就是学生模仿的脚本。我会关注时政新闻，多听、多看，培养敏锐的洞察力和能让学生信服的人格魅力。尽可能让自己站在时代的最前沿，用紧贴学生生活的事例，设置情境问题，提升学生的思维能力和核心素养。

诚然，在师生关系越来越平等的今天，教育也是教师的一种自我修行，只有不断提高自身的业务水平，全方位地丰富和发展自己，才能胜任教师这一职业。让我的学生在课堂上真正地思考，享受精神的成长、能力的提升，是我不懈的追求。

他人眼中的我

一、学生眼中的我

我的良师益友

黄敏老师是一个专业素养较高，严肃又不失亲和力的优秀教师。她治学严谨、善解人意，是我们学习和生活上的一盏"明灯"。

首先，她上课有趣，幽默，不枯燥。她的课件内容非常丰富，图片、游戏、视频交替出现，使整个课堂风趣和谐，总是能抓住同学们的注意力。尤其是在网课期间能积极回应同学的问题，并利用同学们的问题切入知识点，让同学们加深对知识点的理解和记忆。

其次，她上课重点突出，层次分明，有自己的特色。她每节课都会根据本课程知识结构的特点，先在PPT上展示思维导图，再展示各个细小的知识点，让学生能清楚地知道这节课的主要内容，留下深刻印象。另外她设置的很多问题和环节，不只是单纯地输出课本知识，还能激起学生的兴趣，启发学生的创造性思维。

再次，她上课时将理论和实际相结合，她会在课堂上引导我们讨论相关时政热点问题，并利用书上的知识点加以分析，特别注重培养我们的综合素质能力和社会实践能力。她也很注意启发和调动学生的积极性，经常让我们以宿舍为单位进行小组活动，在课余、周末、放假时间紧跟时事，贴合课本知识搜集资料并在课堂上与同学分享交流展示。还设置了模拟法庭、黑板改错帮帮棒等。

最后，她确实是我们的良师益友。虽然治学严谨，要求严格，但是她又能深入了解我们的学习和生活状况，循循善诱，平易近人。面对我们不断提出的问题，她总是细心讲解，使我们有所收获。她批改作业认真、及时并着重讲解学生易犯的错误，总能让我们有所收获。最重要的是，她经验丰富但总能虚心收集和广泛听取学生的意见和反馈信息，及时修正和调整自己的教学。她确实是我们学习的榜样。

[东莞市第五高级中学高二（12）班　刘晓君]

二、同事眼中的我

勤奋善良的阿敏

和黄敏老师同在一个备课组多年，工作中发现她有着强烈的敬业精神、深厚的专业思想和良好的师德品质。在教研组和年级内能够积聚传递正能量，对教育和教师职业有着自己的追求和思考，能够静下心来教书、潜下心来育人。

她执着认真、严谨踏实。作为备课组组长，她总是会帮我们提早做出详细的工作计划，也会适时根据实际教学情况及时做出调整。作为科任教师，她备课有效率、上课有激情、课后有跟踪，特别是课堂秩序掌控得宜、收放自如，能够调动学生参与的积极性，激发学生的学习兴趣。

她谦虚好学、用心向上。她积极参加学校组织的各类培训和比赛，并取得了很多的荣誉。但是她还是虚心向有经验的专家请教、向有活力的老师学习、向有思想的学生调查，并将所学到的新课程理念与本校的学生实际有机结合起来开展教学工作，教学效果良好，成绩突出。

她亲和友爱、温雅平和。她尊敬领导、服从安排，保质保量地完成学校布置的各种任务；她帮助同事，待人真诚，在同事遇到麻烦时，她会毫不犹豫地伸出援助之手；她善待学生，用心对待每一位同学，师生关系非常和谐。她所带的班级班风正气，学生团结友爱，形成了良好的班集体。

（东莞市第五高级中学　单凤娟）

以心贯之——关注生活、关怀学生、关切效果

三、专家眼中的我

黄敏老师是一位工作认真踏实、专业能力较强的优秀教师，富有创新精神，善于在教育教学的繁忙日常中，找到新点子，探寻新路径。

她师德高尚纯洁，能以一位党员教师的标准严格要求自己，理想信念坚定，有着较深的教育情怀；她工作认真负责，教学踏实严谨，能够保质保量地完成学校布置的各种任务，有着很强的敬业精神；她为人谦虚谨慎，虚心好学，积极参与各类教研活动，主动承担公开课，坚持撰写教学论文，善于总结反思，有着较强的学习领悟能力；她敢于创新，能结合课程改革需要，不断提升个人的专业能力和素养，逐步摸索出了适合本校学生实际的教学模式，教学效果显著；她尊重他人，和蔼可亲，热心帮助他人，能够与领导、同事、学生友好相处，有着良好和谐的人际关系。

（东莞市第五高级中学级长、省名班主任工作室主持人　陈青天）

激情感染、激活触动、激励调动

东莞市东莞实验中学　李雪芬

我的教学风格

一、个人简介

李雪芬，东莞实验中学政治教师。从教5年，积极参加教研活动，在东莞高中思政队伍中不断成长。在课堂教学上，始终坚持创新，将学科教学和思想教育相结合，曾获东莞市思政课教学创新课例一等奖，"齐心战疫"主题微课一等奖，"同上一堂党史课"高中组二等奖。参与省级课题"高中生财经素养教育主题活动研究"、市级课题"高中思想政治核心素养背景下学生法治意识的培育实践研究"，具备一定的课题研究能力。

二、我的教学风格解读

教学风格是一个教师教育思想和个性特点在教学活动中的展示，应该是一种独特且成熟的标志。思政课教师肩负为党育人、为国育才的神圣使命，要自觉做中国特色社会主义的忠实信仰者、坚定宣传者和模范实践者。个性化教学风格有利于我们思政课老师去呈现政治学科这一门富有哲理性、思辨性的学科，更好地落实立德树人根本任务，传播知识、传播思想、传播真理、塑造灵魂、塑造生命、塑造新人。从教5年，本人在对学科的摸索和学习中，形成了以下的教学风格：

1. 激情感染，活力课堂

有情感滋润的课堂才会生机勃勃。教师的激情可以调动学生的热情，激活课堂，提高教学和学习的效率，使学生对我们所教的学科产生浓厚兴趣。在课堂上，教师应当为学生的学习创造宽松的环境，使学生在积极的情绪下，开动脑筋、活跃思维、展开想象。

在课堂上，教师生动娴熟、极富情感的语言，具有强大的感染力和说服力，是学生集中精力、活跃思维的催化剂，是激情的直接表达。在课堂上，我会采用生动而形象的语言，以其激励性和感染力，点燃学生心中的激情之火；声调、语调会根据内容的需要抑扬顿挫，语气也富于变化；以激昂的情绪、饱满的精神，声情并茂，拨动学生的心弦，使学生在愉悦的教学氛围中，学到知识，逐渐形成丰富的情感。

2. 激活触动，擦亮底色

现在的学生置身于多元的时代下，如果我们老师还坚持传统的政治课教学模式，在上面滔滔不绝，学生便在下面昏昏欲睡。这很难激发学生的兴趣，也很难培养他们的政治素养。因此，在课堂教学中，我们需要创设真实丰富的情境，触及学生的内心深处，实现师生、生生心灵的碰撞，这样课堂才会闪现出创造性的火花，呈现出无穷的生机。

在《始终走在时代前列》一课中，我给学生播放脱贫攻坚表彰大会上，黄文秀父亲在听到女儿名字时候的反应，以形象、具体、生动的场景激发学生的兴趣，让其能够身临其境，体会扶贫干部的奉献和牺牲精神。接下来再对黄文秀的工作进行介绍，结合课本内容进行分析，引导学生了解共产党员的先锋模范作用的体现，体会其中的责任与担当，增强对国家政策的认同和对中国共产党领导的坚定。这样根据教学需要创设真实丰富的情境，触动学生的内心深处，实现师生、生生心灵的碰撞，课堂就会闪现出创造性的火花，呈现出无穷的生机。

3. 激励调动，互促成长

不论在课间还是课堂上，我都不喜欢站在讲台上以权威的姿态向学生强调知识的神圣性。我始终选择站在学生中间，在全班走道中游走，与学生进行日常式的对话，这时我看到的学生才是最真实、最自由的。在这一认识的基础上，我立志于开发学生的潜能、寻找教育学生的学习方法。

在课堂上，我鼓励学生自己讲，让他们敢于展示自我。而我则扮演倾听者的角色，甚至是将教学舞台交给了学生，自己也在倾听他们的发言中学习。创设更多的课堂活动，让学生参与其中，鼓励他们去思考、去表达。在这个过程中，学生可能会遇到一些问题，我会耐心地进行启发诱导，帮助他们慢慢地完成一个完整的、正确的表达。正是这样一次一次地把舞台交给学生，给他们从旁帮助，他们才能渐渐地充满自信，给我的课堂带来了不少的惊喜。

我的成长历程

扎根讲台，播种希望

今年，是我踏上讲台的第五年，回忆这五年，虽然没有轰轰烈烈的事迹，也没有值得炫耀的成绩，但是历经职业迷茫、磨砺和成长的我，早已把教师这一事业融入了我的生活，使之成为我生命的一部分。

一、初识与摸索

2017年的2月，厚街中学的讲台，是我职业道路的开始。在这个阶段，我遇到了我职业生涯的第一个启蒙导师——徐丰老师。徐丰老师是东莞的政治名师，当时我和他在一个备课组。他不仅个人教学、教研能力突出，也愿意帮助我这种小白式的青年教师。幸他不嫌，许我每节都搬着小板凳旁听。逐渐地，我不仅慢慢上手了，也喜欢上了徐老师的讲课方式，逻辑清晰、行云流水、文化熏陶、情感交流、价值引领……于是，我手中的小板凳一搬就是一年，听他的课成了我的习惯。除了听课，我还幸运地通过徐丰名师工作室接触到了课题研究以及更多的优质课堂，开阔了视野也明确了个人规划。

粗略回顾这一年的历程，匆匆而过，我虽有所成长，但教学功底依然不牢，学科底蕴仍不深厚，徐老师在政治教学和班主任工作上的成就，为我做了示范，是我往后教师生涯奋力追寻的目标。

二、磨砺与积淀

2018年9月，入职东莞实验中学。可能我们初入职场时，总有前辈和我们说："年轻人就要多上公开课，历练历练。"所以，对于每一次的公开课，我都很珍惜，认真准备，希望能走向大众，毫无保留地向大家展示我对于课堂的理解，以期得到大家的反馈评价，进而重新审视自我。

第一次的公开课是《意识的本质》，由于本框内容较为抽象，所以我一直在思考让课堂活起来的办法。经过一番考量，我决定用前段时间刚发生的台风山竹进行讲解，结合网络上以及校内的实例设计情境。在最终课堂上，我呈现得也算较为流畅，学生也很活跃。但结束后，我一直在思考，我的思政课除了可以让学生快乐地学习知识以外，能不能尝试触动他们的心灵，让他们在情感上也能有所感悟？自此，我又开始思考学科教学和思想教育结合的问题。

在第二次公开课《社会历史的主体》中，我做了一个大胆的尝试。讲到创造社会历史的主体时，对于"人民群众是社会历史的主体"，学生很少会把人民群众和自己日夜劳动的父母联系在一起。为了更好地将思政小课堂与社会大课堂结合起来，加深学生的政治认同，我决定让他们进行课前调查，通过访谈了解自己父母的工作，并将他们收集的素材进行整理作为课堂教学情境。一次有效的心灵对话，应该是一次循序渐进、直击心灵的遇见。本着这样的原则，我力图让学生的情感状态在课堂上能有所冲击、有所体检，再通过分析现状经历进行转折，最终达到认同和升华，使我们的思政课更有温度。他们积极地讨论，认真地思考，我们一起生成知识点，体会情感的变化。课堂的最后，我给他们看家长的寄语，希望学生能在增强道路自信中达到本节课的情感高潮。

在公开课的历练中，我对于思政课政治性和教育性的双重属性有了更深的感悟。教师在课堂上与学生的高质量交流，不应只是教学内容的输出，还包括双方灵感的碰撞、智慧的交锋。在交流和思辨中，教师和学生共同搭建起思维和情感的层次，使我们的课堂可以更实、更厚。

三、坚守与前行

在日复一日的工作中，会产生倦怠，使我坚定地不断前行的一个最重要的原因是我的学生。我始终相信教师与学生之间是相互促进、相互成就的。

2020届高三，是我第一年带的毕业生，这一年也是第一次延期高考。疫情期间在家学习，对于高三学生无疑是一场考验。我知道，他们此时不仅仅需要知识、需要能力，更需要信心！在每一天的问卷星早起打卡，我都会附上我的激励语，希望他们能以饱满的热情迎接新的一天。慢慢地，也不知道从哪一天开始，他们自发地轮流在班级群里一边倒数着高考，一边互相打气。这一段一段的话语，每天不停地滚动，这既是他们同伴间的相互扶持、相互鼓励，同时，也给了我无穷的力量，让我坚守初心、精益求精。

在已经毕业的学生中，一名学生给我发了一条微信，她说："老师，我今天开学，突然想起了你。一是感谢你，谢谢你在高三上学期的时候鼓励我，谢谢你在高考前三天告诉我：你在我身后，无论如何你都会撑住我、相信我。你身上那股拼劲一直影响着我。我虽然很微小，但是我想说你身后也有我，有我们。"时间或许已经冲淡了知识，也模糊了记忆，但是长留心底的那份爱与温暖却是历久弥新的。我也很感谢，遇见的每一个你们。

我的教学实录

中华人民共和国成立前各种政治力量

导入：

阅读建党一百周年献礼剧《觉醒年代》的简介，设置悬念"《觉醒年代》要我们觉醒什么"来开启本节课"一部红剧 三种方案 无数先锋"的学习。

环节一：黑暗——窥社会之弊病

[教师活动] 播放视频"电视剧《觉醒年代》的剪辑片段"，视频内容涉及百年前中国的社会状况。

[学生活动] 观看视频，思考"为什么李大钊先生几度高呼'中华民族危在旦夕'"，感受我们国家和民族正经历着三千年未有之大变局，遭遇着三千年未有之大强敌。

[教师总结] 从视频中的社会现状中，我们能够认识到当时中国正处于半殖民地半封建社会阶段，而这样的国情又决定着我们社会有多重矛盾，在众多相互交织的矛盾中，帝国主义和中华民族的矛盾、封建主义和人民大众的矛盾是近代中国社会的主要矛盾。然而面对现实情况，中国有识之士并没有沉沦，而是奋起抗争，以争取民族独立和人民解放，实现国家富强和人民幸福。

环节二：拂晓——寻救国之道路

[教师活动] 提问20世纪上半叶中国出现的三种建国方案分别是什么，发放资料供学生阅读，分析三种方案的可行性。资料内容包括：《新青年》节选、《中共一大纲领》节选、《中国社会各阶级的分析》节选。

[学生活动] 回答三种方案的代表派别及建国道路；根据资料及所学历史知识，分别论证三种方案的可行性并分享。

[教师总结] 方案一由于出发点带有反动性，被人民抛弃了；方案二由于在当时的中国不具有可行性，所以无法实现；方案三由于指导思想的科学性、领导阶级的先进性和革命性、革命目标的清晰性、群众基础的广泛性，最终赢得了广大人民群众的拥护，在历史和人民的检验中脱颖而出。

环节三：黎明——谱独立之新篇

[教师活动] 介绍"南陈北李，相约建党"的佳话，帮助学生回顾中国共产党的创建历史，明确陈独秀、李大钊两位先生对于中国早期共产主义运动和创建中国共产党的作用。介绍《没有共产党就没有新中国》的作者及创作背景，引导学生效仿19岁的曹火星，以"给革命先烈的一封信"为主题进行写作告慰先烈，致敬中国共产党。

[学生活动] 结合歌曲《没有共产党就没有新中国》的歌词内容，给陈独秀或李大钊先生写一封信，阐述中国共产党带领中国取得的历史性成就，并向全班同学分享。

[教师总结] 结合学生分享的书信，总结中国共产党带领中国走过的发展历程，阐明自中国共产党诞生之日起，以毛泽东为代表的中国共产党人便肩负起历史重任，团结带领人民推翻三座大山，建立新中国，从此，人民真正成为国家和自己命运的主人。

升华：明日——担青春之使命

[教师活动] 结合中美高层战略对话中中方代表的发言，进行今昔对比，创设情境帮助学生感悟中华民族的自信和底气。引导学生思考，这份底气并非毫无依据的盲目自信，并结合学生给先烈的书信，论证从建党到新中国成立，再到党的十八大以来，国家和民族取得的历史性成就正是无数共产党人和青年前赴后继奋斗的成果。

[学生活动] 以当代新青年的青春之声朗诵李大钊先生的《青春》节选，感悟百年前李大钊先生对广大青年的勉励，坚定以青春之我创建青春之国家的斗志。

[教师总结] 百年后，青春的旋律仍然滚烫，青春的力量仍然铿锵，没有中国共产党就没有新中国，中国的希望在青年，民族的希望在青年，愿同学们加倍努力，以青春年华铸就青春中华。

我的教学追求

生动灵动　自在自然　育分育人

站稳讲台后，我一直在思考，到底什么样的思政课才是我所想要的。虽然课堂是多样的，但追求应该是从一而终的，随着在教学实践中的摸索，我认为生动灵动、自在自然、育分育人的思政课，是我想上出来的效果。

一、生动灵动

习近平总书记强调，"思政课不能干巴巴的"，一堂成功的思政课，必然是生动的、打动人心的、活灵活现的，教师应通过生动的案例、生动的情境、生动的画面、生动的故事、生动的表达，让思政课活起来。另外，在生动的思政课中，学生是灵动的，并不是必须回答唯一的答案，对观点是有批评性思考的，对问题是能够创造性解决的。使教师的生动设计与学生的灵动表现相结合，就是我想要的思政课。如何做到两者的结合，我认为要做到以下几点：一是要研究学生，掌握学生的思想动态，了解学生的成长需要，摸清学生的话语表达，用青言青语讲好思政课堂；二是要积累生动素材，在日常生活中，要善于积累中国大地上发生的生动案例；三是要善于将生动的案例融入日常的教学活动中，通过巧妙的设计，让学生深入思考，灵动表达，既要赢得学生喜欢，又要培养学生的高阶思维。

二、自在自然

习近平总书记强调，"思想政治课要善于讲道理"，我认为讲道理不能是生硬地灌输，应是潜移默化、自在自然地接受，坚持显性与隐性的统一。要做到自在自然，我认为可以从以下几方面入手：一是要创建和谐的师生关系，只有在这样的师生关系中，学生才敢于自由表达，才乐于接受教师所设计的教学活动，才能感受到自在自然的生命状态；二是要在课堂上让学生"动"起来，学生在课堂上不一定只有"听"的动作，在教师设计的情境中，他们可以有多种活动，这些活动都是学生的自在自然的行为表达；三是要善于将思政小课堂与社会大课堂相结合，积极利用校外资源，我们要善用"大思

激情感染、激活触动、激励调动

政"，引导学生通过走访、调查、研学等方式，观察社会，付诸实践，在自在自然的真实社会中收获真知。

三、育分育人

思政课作为立德树人的关键课程，不能只是育分，还要育人，但只管育人不育分，恐怕脱离了现实。我认为这两者不是对立的，而是统一的。只有育好人才能更好育分，育分又是育人的一种方式。如何做到两者的统一？一是要把握好两者的关系，如今的教学改革，已由知识导向转向素养导向，因此只管育分不管育人，再高深的做题技巧都难以得高分；二是要关心学生的成长，思想政治课要拨开学生成长过程中的思想迷雾，引导学生早立志、立大志，树立正确的世界观、人生观、价值观；三是要在日常的备考中，找到育人的关键点，细心审题、沉着应考、灵活应对、辩证思考等，都是提高分数的育人点，要引导学生向上成长、向善生活。

他人眼中的我

一、学生眼中的我

她尽是我该学习的样子

她充满激情。记得一次公开课，许多厉害的老师都来听课，作为学生的我都莫名紧张，她身穿黑色套装显得十分干练，有条不紊地讲完了那一节课，毫不怯场，充满激情。她是一个负责任的老师，负责任到有时候只需要看她一下就会觉得很安心，就能继续投入到学习中。

她是一位有想法的漂亮老师。她讲课有自己的思路，带领我们也有自己的一套。她会培养我们自我检查、自我反省、查漏补缺的能力。她还会进行一对一的分析，帮我们寻找奋斗的方向。她是个时髦会穿搭的漂亮小姐姐，刚开始我们都觉得她长得像王鸥来着。

她很拼，勇往直前。无论是她借某首进行曲给的勇气，在湖南面试闯入东莞实验中学任教的故事，还是她不断带领（4）班前进的故事，都不难发现她小小的身体有着大大的力量。

（东莞市东莞实验中学2020届学生　柳思彤）

二、同事眼中的我

我眼中的李雪芬

李雪芬老师与我同年入职东莞实验中学，并在高三与我搭班并肩作战，我们建立了深厚的"革命友谊"。

提到李雪芬老师，同事们无不交口称赞，有人说她是"颜值担当"，有人夸她"聪明伶俐"，也有人直呼她"优秀"。作为她的同事兼好友，我眼中的她是生动而具体的，那就是勤勉、负责和上进。

她是"拼命三郎"，是认真负责的代名词。李老师几乎不午休，中午常常在办公室度过，哪怕是怀孕期间，似乎也从未见过她停歇，常年如一日地给学生讲解高考考点，所带班级的成绩一直都名列前茅。

她是学生的知心姐姐。学生一般都亲切地称呼李老师为"雪芬姐姐"，而她也一直像姐姐般呵护着学生。某天深夜下晚修，一个学生因事急需回家，而家长无法来接，她便开车绕道将该学生送回了家。

总之，在我看来，她既是学生的引路人，也是我们学习的榜样。

（东莞市东莞实验中学　付义强）

三、专家眼中的我

李雪芬老师参加工作不久就展现出了突出的教学能力。课堂讲解巨细靡遗，能兼顾不同程度学生的需要，课堂应变能力强，能根据学生反应调整语速、方式、内容等，上课掌控得宜、收放自如、优秀稳健。虚心好学，经常向有经验的优秀老师学习，能够很快把新的教育教学理念渗透在自己的教学活动中，教学设计具有一定的创新性，有个人风格，是一位有很大发展潜质的年轻教师。

（东莞市东莞实验中学正高级教师　王建新）

激情感染、激活触动、激励调动

朴实平和、关注生活、交流互动、启智导行

东莞市东莞实验中学　何还雨

我的教学风格

一、个人简介

何还雨，东莞实验中学二级教师，华南师范大学硕士研究生毕业。参加工作以来努力、积极、乐观，多次被评为校优秀教师、校优秀班主任；多次参加东莞市教学比赛、论文征集并获奖；积极参加教学教研活动，并参与新教材教辅资料编写（已出版发行）。不忘初心、牢记使命，紧跟前辈引领，相信前路一定繁花似锦。教育格言：教育的艺术不在传授，而在鼓舞和唤醒。

二、我的教学风格解读

1. 朴实平和

性格不太张扬的我，常常把上好每节课作为自己一天生活的最精彩呈现。为此，我对自己的课堂不敢有丝毫的懈怠。精心准备、潜心研究，理解并把握好教学的重难点，研究并设计好教学环节，45分钟的课堂，师生不带有高度紧张的情绪，但却有逻辑严密的思维构筑，师生在朴实平和之中，感受教与学的快乐。我的课堂不求目标高大全，但求内容亲切实。

2. 关注生活

政治教学不仅要教给学生知识，还要引领学生用政治理论知识和方法去观察并分析生活，提高他们的社会认知水平和适应社会的能力。社会生活、校园生活的热点和焦点问题，经常是我和学生在课堂上一起分析、探讨和体

验的最佳情境和素材。为此，我经常浏览并积极收集生活热点、焦点素材，将其合理恰当地运用到自己的课堂教学中，让学生在课堂上有新体验、真思考。

3. 交流互动

教学相长是亘古不变的真理。我始终不把自己作为知识的权威，而是经常俯下身来，倾听学生的诉求。我确信在教会学生的同时，我自己也在不断进步。为此，我精心设计基于现实生活的问题情境，并在问题探究中与学生交流、互动、合作。

4. 启智导行

我坚信政治课堂上知识的传授、能力的培养能开启学生的智慧之门；但我更相信，只有当教师用真理和智慧引导学生学会学习、学会感悟、学会尊重、崇尚平等、追求自由时，学生才能形成更优秀的品行，树立起正确的世界观、人生观和价值观，并以此影响他们的一生。为此，我执着地追求这样一种教育境界：努力让自己的思想和行动在孩子的心灵中留下印痕，而不是只靠简单的知识传授和方法、技能培养成为一个教者；努力在每个孩子的灵魂深处播下自由思想的种子，使自己成为一个真正的教育者。

我的成长历程

春风化雨，润物无声

2019年7月，我成为很多一线教育工作者中的一员。岁月匆匆，一晃即将从教整三年，一直以来，我一贯秉承"认真仔细做事，踏踏实实做人"的理念，专心用情地对待每一堂课、每一位学生。我深知，作为一名一线教师，带好课、教好课既是我们最基本的职责也是最核心的责任，只有认真对待每一堂课才是对学生最有效的负责，才是给家长最专心的交代。

"十年树木，百年树人"，踏上讲台，也就意味着踏上了艰难而漫长的育人之旅。我知道：那间教室放飞的是盼望，守巢的是自己；那块黑板写下的是真理，擦去的是功利；那支粉笔画出的是彩虹，奉献的是自己。

工作第一年，我时常思考怎样才能成为一名好教师，通过观察和学习身边的优秀教师，我发现：首先要学会喜爱学生。一个教师只有喜爱学生，才会依法执教、无微不至地关怀学生；只有喜爱学生，才会爱岗敬业、竭尽全力地去教育学生；只有喜爱学生，才会乐于奉献，规范自己的言行，更好地做到为人师表。

其次要有认真负责的工作态度。在工作中，我不断地刻苦钻研业务，仔细研究教材教法，吃透新课程标准，备好课，向课堂要质量。注重多方位培育学生的能力和学习习惯，工作讲求实效。

最后要对学生因材施教。孩子的成长离不开家校的协作，我平常注重利用班级微信群与家长进行有效沟通，在家长群中对孩子的学习任务及表现状况进行及时的反馈，使家长了解孩子的学习状况，很好地起到协作监督的作用。做一名好老师，要对学生撒播情、付出爱，当孩子有了点滴进步时，我会在群中大力表扬。在平常的教育中，要让每一个孩子意识到，成绩并不是考量优劣的唯一标准，只要努力就值得被敬重和肯定，就能收获胜利的喜悦，使他们在潜移默化中树立正确的人生观和价值观。

为了进一步提高自己的专业素养和教学水平，我还常常参与学校、市里组织的各项教学活动，主动地参加教研、沟通、探讨，汲取精华，弥补缺陷。通过参与各级各类讲课活动，自己的专业能力得到了提升，课堂教学效果得到了提高。

付出伴随着收获，在开始每一节新课之前，我都会听一节备课组金雪萍老师或者扶廷君老师的课堂，课后反思，根据实际需要设计自己的新课。另外，按照学校教务安排，每学期至少要承担一次校级公开课，这极大地锻炼了我的课堂组织能力。此外，我还积极参加市里组织的教学和论文比赛，在市教研室组织的品质课题评选中，我所讲授的《中国共产党领导人民站起来、富起来、强起来》一课，荣获一等奖。

"春风化雨，润物无声"，三尺讲台，是我人生最绚丽的舞台，是我人生美好的源泉，在这个平凡的岗位上，我会继续用一颗火热的心去点燃学生的盼望之光，用满腔的情去浇灌学生的心灵之窗，用无私的爱指引学生的前进之路。

我的教学实录

中国共产党领导人民站起来、富起来、强起来

导入新课：

[**教师活动**] 指导学生设计建党100周年校园展，对学生进行分组，明确

活动要求。

［学生活动］梳理各个时期中国人民在党领导下取得的历史成就，并思考其意义。

设计意图：通过对历史成就的梳理，照应中国共产党的初心和使命，让学生感受到中华民族伟大复兴是近代中国人的追求，也说明了中国共产党能带领人民站起来、富起来、强起来。

议题一：初心为序，站起来

［教师活动］在中国共产党建党100周年之际，各个学校以各种形式设置学习党史宣传栏，如果我们学校把此任务交给我们班，我们应该如何分工合作完成设计呢？按照老师的要求，小组进行合作交流，准备展示。

［学生活动］上台展示"站起来"设计，并说明设计意图。

［教师活动］在新中国成立以后，怎么建设社会主义？我们毫无经验，并没有现成的道路可走，中国共产党在一穷二白的条件下有步骤地推动国家建设，探索社会主义建设道路。社会上有这样一种声音评价这一探索阶段，他们说用改革开放的成就否定改革开放前的探索。你认同吗？为什么？

［学生活动］辨析观点，结合史实资料论证改革开放前的探索。

［教师总结］不能用改革开放后的历史时期否定改革开放前的历史时期，也不能用改革开放前的历史时期否定改革开放后的历史时期。我们不能犯历史虚无主义错误。这一时期建立了独立的、比较完整的工业体系和国民经济体系，从根本上解决了工业"从无到有"的问题，为改革开放奠定了坚实的基础。

议题二：使命在肩，富起来

［教师活动］虽然中国人民站起来了，但温饱问题还没有解决，当时日本的GDP是中国的8倍，美国的GDP是中国的11倍。以邓小平为代表的中国共产党人使命在肩，时刻思考着民富国强的问题，之后召开了十一届三中全会，拉开了改革开放的序幕。

［学生活动］上台展示"富起来"设计，并说明设计意图。

［教师活动］没有"改革开放"就没有之后的一系列发展，中国更不会成为世界第二大经济体，所以"改革开放"是决定当代中国命运的关键抉择。改革开放对中国的影响如此，对人民生活的影响更是天翻地覆的，下面以图片更直观地向学生展示。（从农贸市场、娱乐购物、交通、学习环境等方面进行新旧照片对比）

[学生活动]课前收集微视频，学生代表进行展示，引导学生总结改革开放给人民生活、国家发展带来的变化，感悟改革开放的意义。

[教师活动]对学生回答的内容进行梳理，回归教材，落实教学目标。

议题三：坚定信念，强起来

[教师活动]随着生产力的发展，主要矛盾也发生了变化，中国特色社会主义进入了新时代，我国发展站在新的历史方位上。但我们初心不改，坚定信念，让中国踏上了新征程。进入新时代以来，中国共产党取得了哪些重大成就呢？请"强起来"小组进行展示。

[学生活动]上台展示"强起来"设计，并说明设计意图。

[教师活动]我们看看"强起来"的图片，有精准扶贫、有中国疫苗、有北斗卫星定位系统，这一系列的成就不仅让我们国人更加自信，而且也吸引了外国人的关注。为了更好地向世界讲述中国，让我们来一场直播带货，让同学们在线上平台为全球推荐中国智慧。

[学生活动]线上直播推荐中国智慧。

[教师活动]根据学生推荐的内容，点拨生成新时代的意义。

升华：

[教师活动]同学们，过去的一切都是干出来的，以习近平同志为核心的党中央，带领我们将这场伟大革命引向了更加壮阔的航程，今天的中国，GDP是1978年的272倍，居民人均可支配收入翻了近200倍，我们成了世界第二大经济体，从追跑者转变成了领跑者，绘就了波澜壮阔的历史画卷，迎来了实现民族复兴的光明前景，中国特色社会主义伟大旗帜在世界上高高飘扬。实践充分证明，中国共产党是历史的选择、人民的选择、正确的选择。

100年即将过去，回顾100年波澜壮阔的历史，一代又一代的中国青年努力奋斗，国家的希望在青年，民族的未来在青年。

[学生活动]讲述身边的"最美奋斗者"。

我的教学追求

精心精细，精准精彩

夸美纽斯说过："老师是太阳底下最崇高的事业。"正是这句至理名言，激发了我选择教师这个行业的热情。2019年于华南师范大学研究生毕业后，我终于如愿以偿成为一名教师，这令我感到无比的光荣和自豪。三年来，我怀着对教育事业的追求，在成为一名精心精细、精准精彩的教师之路上不断地探索和实践。

一、备课精心精细

教学是培养人的事业，负责任的人民教师首先要做到精心备课，这是决定课堂是否高效的重要前提之一，只有精心备课才能实现精细教学、优化教学的目的。我在备课时，首先认真研究大纲，明确教学目的，掌握本节课的知识结构体系、它与前后知识的联系、在教学中的作用和地位等，从而确定本节课的课堂类型、教学方法；其次做好分析备学生，如通过回顾上一节课教学任务的完成情况、课堂上学生的学习情绪、学生的作业反馈情况，有目的地和不同层次的学生交谈，向班主任和课代表了解情况等；最后深挖教材备问题，创设良好的教学情境引入新课，疑难组织学生议一议、规律让学生试着总结、错误让学生自己分析。教师必须通过设问，引发学生的思维，让学生主动地接受知识。

二、上课精准精彩

我积极主动地参加各种岗位培训和继续教育的学习，想方设法提高自己的素质和业务水平。坚持以理论武装自己，努力学习新知识，接受新的教育理念，认真学习《教育学》《心理学》《教材教法》，阅读一些关于教学方面的书籍、杂志。因为我坚信，要想给学生一杯水，教师必须要有一桶水。

精彩是精准基础上的更高境界，要想上出"精彩"的课，一方面需要不断提升自己的表达能力，争取让自己的语言更精彩；另一方面，教师的眼界要开阔，与时俱进，增强时政意识，让课堂因丰富新鲜的素材而精彩。最后，课堂教学因学生的精彩而精彩。怀着对学生的爱，从学生实际出发设计问题，让学生跟着自己的指挥棒去思考、评价、练写，让学生做到"忙而有秩序"，从而学有所得。

三年来，在学校领导、全校教师的大力支持和帮助下，我在教育教学中取得了一点点成绩，所担任的政治学科考试成绩一直居于上游水平。在教有余力时，要求自己每学期至少写一篇论文，或者辅导学生撰写时政小论文等，并多次获奖。

成绩只能说明过去，距离教育改革实现的距离还很远。在今后的工作中，我要继续默默地奉献，用博大的胸怀拥抱所有的孩子，纵然岁月消逝了我的青春，但我依然无悔！因为我无愧于自己的学生，无愧于自己的人生。

教书育人是我人生道路的选择，做一名"四精型"教师，是我教学道路的追求。既然命运让我做了老师，生命于我们只有一次，那就尽力做最好的自己吧！

他人眼中的我

一、学生眼中的我

作为科任老师，何老师会根据课程知识结构的特点，突出重点，层次分明。理论和实际相结合，通过例题使知识更加条理化，让我们学生能够更好地理解并掌握所学的知识点。并且课堂效率较高，授课内容详细清晰，我们学生大部分都能跟着老师的思路进行学习。在课下，何老师也会十分耐心地解答我们学生提出的疑问。最让我暖心的是，我们提交的自主作业上都会有何老师认真批改的痕迹和写给我们的评语，评语内容或是提醒，或是启发，或是鼓励，这让我们在自主作业的完成上有了更大的热情与动力。

[东莞市东莞实验中学高二（4）班　陈滢盈]

二、同事眼中的我

何还雨老师是我们科组新入职不久的年轻教师，入职以来她总是那样亲切、和善，对工作她勤勤恳恳、精益求精。具体来说，我对还雨的印象如下：

第一，她是一位学习型教师。

教师的从教之日，正是重新学习之时。还雨每上一节新课前，都会去旁听学习备课组优秀教师的课堂，之后会根据班级学生的实际情况用心设计每一节课。结束新课后总会在课件后面写下自己的反思，以不断督促自己进步。工作之余，还会看到她每天挤一点时间阅读专业类的书籍，不断给自己充电，努力丰富自己的文学内涵。

第二，她是一位富有爱心的教师。

爱学生，就务必善于走进学生的情感世界，把学生当作朋友，去感受他们的喜怒哀乐。在办公室经常看到还雨找一些不同层次的学生谈心，努力进入每个学生的内心世界，了解他们真正需要的是什么。另外，还观察到还雨比较注重家校合作，疫情下多次召开线上家长会，和家长共同探讨教育孩子的方法，或上门家访或主动打电话给家长，使家长的教育更具理性。

第三，她是一位理念新颖的教师。

目前，新一轮的基础教育改革已经全面推开，要求教师在认真学习新课程理念的基础上，结合政治学科核心素养要求，用心探索有效的教学方法。在每次还雨的公开课上，都会发现她注重把政治知识与学生的生活相结合，为学生创设一个富有生活气息的学习情境，同时注重学生的探究发现，引导学生在学习中学会合作交流，激发他们的学习潜力。学生的知识来源不只是老师，更多的是来自对书本的理解和与同伴的交流，促使学生在学习中学会学习。

（东莞市东莞实验中学　闵思齐）

三、专家眼中的我

何还雨老师教学态度极其认真，勤奋好学，能够不断更新自己的教育教学理念。教学踏实肯干，工作积极、细心、踏实，同时善于思考，能够举一反三，具有较好的教学潜质，教学设计多次在市里获奖，展示出了其深厚的专业基础和良好的专业知识水平。

（东莞市东莞实验中学正高级教师　王建新）

乐学求实、注重情趣、简约高效、耐心责任

东莞市东华松山湖高级中学　王丽丽

我的教学风格

一、个人简介

王丽丽，东华松山湖高级中学政治科组组长。注重从学生视角改进教学，通过课例研究、教学反思等不断提升教学效率，为浙江大学、北京大学等高校输送了优质人才。参加过东莞市徐丰名师工作室，获得过东莞现场教学大赛一等奖；指导多名青年教师成长为各级骨干教师。至今独立编写或参编初、高中教辅资料、教材等十余册。多次承担东莞市期末统考试题命制与审校。东莞市教学能手。

二、我的教学风格解读

1. 乐学求实

有扎实知识，这是习近平总书记提出的"四有"教师的要求之一，也是知识育人的导向。我常和学生说，读书学习就是在为自己"补钙"。我和学生一起养成了课上、课下利用点滴时间读书学习的习惯。我们约定无论是寒暑假还是闲暇时间总要有几本好书陪伴自己。政治课前3分钟《开讲啦》，大家天南海北说得头头是道。陶行知先生说："出世便是破蒙，进棺材才算毕业。"始终处于学习状态，不断提高自我、乐学求实，使我得到了实实在在的滋养。

2. 注重情趣

良好的情趣，是一种生活态度。在知识的海洋里遨游，增长自己的见识，

其乐无穷；在音乐的天堂里驰骋，聆听大师的心声，调节自己的情绪，妙趣横生；在书法的大地上挥毫，体会文化的深奥，磨炼自己的意志，写出人生的飘逸、遒劲……良好情趣带来的种种潜移默化的功能是任何空洞的说教都无法代替的。

3. 简约高效

简约不同于简单，它是摒弃一切不需要的奢华与浮夸，从而使课堂变得简洁、深刻，最终达到优质和高效。我的课堂充分体现学生的主体性，创设良好的教学情境和氛围，使师生都能在最佳状态下交流，从而提高教学效果。把有利于教学目标达成的各种资源都用来服务教学与学生，使学生"动"起来，从而使政治教学"实"起来、"活"起来。

4. 耐心责任

责任，即耐心。耐心和持久永远胜过激烈和狂热。有学生请教时，我会不厌其烦地去解决问题，尽最大努力帮助学生，让他（她）感受到我的耐心和关爱。耐心是教师对教育平等的尊重，我告诉学生每个人都有自己的天赋，就像建一座桥梁，虽然石头的形状不同，但每个石头都有自己的价值，甚至有的石头自己就是一个码头！无论学生成绩怎样、性格如何，在对学生的评价中我从未有过极端或完全否定，我深知：责任是教师之神圣本职。

我的成长历程

行则将至　做则必成

怀揣坚定梦想，躬耕三尺讲台，迎晨光入校，伴书声琅琅，披星月离园，携笑语阵阵。时间如白驹过隙，回首过去，我已在教育行业耕耘了十几个年头。为师之道，亦是为人之道。奴、徒、工、匠、师、家、圣，自己又是哪一个呢？

一、坚定理想

小学三年级时，我就是那个手拿粉笔、脚踩长条板凳帮老师在木头黑板上抄写习题的小老师了。现在看来，我和教师这个职业还真是有缘！初三那年，我的班主任老师是一位40岁左右的女教师，姓尹。尹老师和丈夫都是乡镇教师，家里有公公婆婆，她还有个和我们差不多大的儿子，一家五口人就靠他们两人的工资过活。尹老师上课很风趣，讲授方式简洁明了，解答疑难时脸上总是洋溢着笑容。无论我们心情多么不在线，只要上她的课都会被她感染。一次，我去办公室送作业，"那三个女孩儿可真乖巧啊"，"她们有了你的救助在大山里也能读书了"……原来尹老师还在用那微薄的收入救助失学女童！我对她又增添了一份崇拜和感激！从此，我就暗下决心要成为一名老师，成为一名像尹老师一样的好老师。我要教给学生知识和做人的道理，鼓励学生努力上进，成为对社会有用的人。今天，我仍要感谢我的恩师，是她让我坚定了做一名教师的理想。

二、初为人师

大学毕业后，我在一个山区小镇教书。来到这里才知道，这里高中教师结构性缺编是普遍现象。这里一直是民办、代课老师包打天下，我们这些"科班"师范毕业生，一来就成了学校的"香饽饽"，在教学中随时作为"救火队员"顶上去。在工作的前两年我先后担任了语文、历史、地理、政治、英语等学科的教学任务。

不是每一次努力都有收获，但是每一次收获都必须付出努力。也许和我的认真负责有关，学生考试成绩还算优异，在工作的第二个年头的教师节，我就成为十多名年轻教师中唯一一个被镇上授予"优秀教师"称号的人。虽然只是一个小小的荣誉，却给我带来了十足的鼓舞和肯定。初为人师，虽然遇到很多困难，但更多的还是收获。在我们激烈地讨论着实用可行又能为学生所喜爱的教学设计时，在这些令我哭笑不得的高中孩子们课下围着我说心里话时，在校领导和同人给予我温暖备至的关怀和指导时……我都有了巨大的收获。初为人师，与我而言是幸福的起点。

三、幸遇东莞

我是幸运的！在78位明星唱响"北京欢迎你，有梦想谁都了不起"的这一年，我加入了东莞政治教研团队。从偏远小镇到沿海开放城市，从大雪纷飞的北国到绿意盎然的岭南，我就像刘姥姥进了大观园——大开眼界。这里会聚了大江南北博学多才的同人，带着求知的渴望，我贪婪地汲取着来自不同方面的营养，快速成长。每一次努力奋发的背后大多会有加倍的奖赏。我加入了省级课题的研究，把所学所想应用到了教学实践中，不断提升教学效率。多次参加教学教研比赛，获得过奖项，发表过论文，编著过教材教辅。指导学生获奖，也指导青年教师成长。我发现，我爱上教师这份职业了。

四、善美前行

能力与天赋决定一个人所能达到的上限，所处的平台决定一个人起步的下限。我从心底里感谢东华教育集团这个善美的平台，假如说我自身还有一点点能力的话，是东华这个广阔的平台给予了我发挥能力的空间。何其有幸！

"路虽弥，不行不至；事虽小，不做不成。""道阻且长，行则将至。"特级教师于漪曾说："做一辈子教师，一辈子学做教师。"我和那些优秀、杰出、有独特教育理念的教师、专家之间还有很大的差距。教无定法，贵在眼中有光、心中有爱、言中有善、行中有美。行则将至，做则必成，我愿时刻与我的学生休戚与共、善美同行。

我的教学实录

坚持新发展理念

课堂导入：

请问大家：我国新时代的主要矛盾是什么？为什么会有这样的矛盾？怎样解决？

师：要想让我们的生活更美好，需要社会提供更多、更优质的产品和服务，要让人民的幸福感更强，离不开经济的高质量发展，推动经济高质量发展，要坚持新发展理念，建设现代化经济体系。这节课我们就一起来学习《坚持新发展理念》。

环节一：自主预习（完成课前任务，课上5分钟核对）

生：课前完成自主预习，课堂梳理逻辑结构，核对自己预习案的答案。

师：没有被我的经典三连问难倒，好样的（竖起大拇指）！概括很全面，回答也准确，此处应有热烈的掌声！（学生欢笑并鼓掌）

（板书）第三课第一框　坚持新发展理念

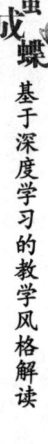

一、以人民为中心的发展思想

（一）内涵

师：总结以人民为中心的发展思想（内涵、要求、意义），以及和新发展理念的关系。

生：对照课前完成的预习案，梳理知识点，校对预习案的答案。在课本上进行标注以便于识记。

环节二：探究学习（师生共同探究、学习、推理和总结）

（板书）（二）原因

（三）要求

师：请大家看图回答：这幅图是我们东莞的哪个镇街？（接着出示第二幅图）这又是哪里？

生：松山湖。

师：没错，这正是我们美丽的松山湖20年今昔对比照片，大家看到了松山湖20年的蜕变！请为松山湖的发展而自豪吧！（学生欢笑并骄傲着）

请观看《松山湖宣传片》，结合视频，谈谈松山湖是如何贯彻落实新发展理念的？

[**问题情境**]市科技局介绍，今年东莞市将力争科技对经济的贡献率达54%以上，全社会研发投入强度达2.4%以上，全市发明专利申请量和授权量均增长10%以上。在珠三角国家自主创新示范区松山湖将通过高企培育、创新生态打造、高层次人才聚集、科技成果转化等，不断实现新技术、新产品、新业态、新模式的新突破。打造"1+2+N"的创新格局，成为东莞进一步推进创新驱动发展的"突破口"。

最新统计显示，目前松山湖共有国家高新技术企业107家，发展潜力大、后劲足的中小型科技企业350家，新型研发机构24家。在此基础上，松山湖将通过高企培育、创新生态打造、高层次人才聚集、科技成果转化等，不断实现新技术、新产品、新业态、新模式的新突破。

师：请思考回答以下问题：

（1）"以人民为中心的发展思想"和"贯彻新发展理念"的关系是什么？

（2）新发展理念的内涵是什么？地位怎样？要解决的问题和可以采取的措施又是什么？

生1：不论是市科技局还是松山湖，不同方向、不同领域的新发展理念都紧紧围绕"以人民为中心的发展思想"，每一项都体现了"为了人民、依靠人民、发展成果由人民共享"。

生2：市科技局坚持贯彻新发展理念，在珠三角国家自主创新示范区松山湖将通过高企培育、创新生态打造、高层次人才聚集、科技成果转化等，不断实现新技术、新产品、新业态、新模式的新突破，这正是创新发展理念的具体体现。

生3：第二个问题大家看导学案考点2，便知分晓！（抱拳鞠躬，示意大家鼓掌）

师：三位都很认真，我先不做评价，请大家阅读教材33页最后一段，告诉我第一目"以人民为中心的发展思想"和第二目"贯彻新发展理念"的关系是怎样的？

生1："以人民为中心的发展思想"是"贯彻新发展理念"的基本原则。

生2："贯彻新发展理念"是为了实现"以人民为中心的发展思想"。

师：好！两位高瞻远瞩、思路开阔，为我们理清了二者之间的关系。那就是"以人民为中心的发展思想"是"贯彻新发展理念"的基本原则，"贯彻新发展理念"是实现"以人民为中心的发展思想"的路径。理念是行动的先导，发展实践由发展理念来引领，新时代需要新发展理念。请君标记好，不要我提问你晕倒。（学生笑并做笔记）

师：刚刚有高人（望向刚才回答问题的学生）指点我们，说第二个问题大家看导学案考点2便知分晓！

生：学生梳理导学案，对照课件找出答案并做笔记。

（板书）二、贯彻新发展理念

  （一）内涵

  （二）原因

[**问题情境**] 考点2：贯彻新发展理念。

师：我们通常讲的原因范围较大，地位、性质和意义都可以包含在内。一般包括以下三种：重要性、必要性和可能性。那么，请问本课坚持新发展理念的原因包括哪些内容呢？

生1：课本34页，理念是行动的先导，发展实践由发展理念来引领。新时代需要新发展理念。

生2：从新发展理念的地位和内在联系可以看出，我们要贯彻坚持新发展理念。

　　师：两位同学都分析得很好，可见预习比较认真，点赞！第二位同学提出了新发展理念的地位和内在联系，以及坚持新发展理念的必要性。第一个同学答的是时代要求，那么，结合当今具体国情，大家思考是否还有其他原因呢？

　　生：（迅速抢答）还有解决新时代的主要矛盾！老师一提到当今国情我就知道了。（得意扬扬）

　　师：真是我的亲学生啊！嫡系弟子。（学生笑）

　　（板书）（三）措施

　　[学生活动]自主探究五大发展理念的关系及其要求。

　　[教师小结]关系：创新、协调、绿色、开放、共享的发展理念，相互贯通、相互促进，是具有内在联系的集合体，要统一贯彻，不能顾此失彼，也不能相互替代。要增强贯彻落实的全面性、系统性，不断开拓发展新境界。要求：要把新发展理念贯穿发展的全过程和各领域，构建新发展格局，切实转变发展方式，推动质量变革、效率变革、动力变革，实现更高质量、更有效率、更加公平、更可持续、更为安全地发展。

　　师：如果学习只有模仿，那么我们就不会有科学，也不会有技术。创新是一个民族进步的灵魂，是一个国家兴旺发达的不竭动力。下面请看一则公众号的消息，运用本课所学知识完成合作探究。

　　[议学任务]小组合作探究思考以下问题，请中心发言人做好准备：

　　任务一：幸福都是奋斗出来的，而创新则是开启幸福生活的钥匙。请你谈谈创新的意义。请策划组探讨如何用创新理念为松山湖开启幸福生活。

　　任务二：请宣传组就新名字"创新松山湖"，设计三条宣传标语，展示松山湖的创新面貌。

　　生1：提高经济实力、国际竞争力；转变经济发展方式；调整经济结构（产业结构、进出口结构、消费结构等）；催生新业态、新产品和新服务，优化消费方式，提高生活水平；提高劳动者素质；加大科研投入；吸引科技人才；提高劳动者素质，加强技能培训；技术引进，内化；完善企业激励方式。

　　生2：提高自主创新能力，打造市场竞争优势；提高劳动生产率，降低生产成本；提高产品质量；促进企业转型升级；提高经济效益与生态效益。

　　师：策划组从国家、企业和个人角度概括了创新的意义和措施，内容多

样、热词丰富，定是下了真功夫啊！宣传组进口创新、匠心独运，文学功底了得！（点评，表扬，加分，补充概括）

师生共同小结本节课内容。

我的教学追求

心善行美以爱树人，陪伴启智促进成长

苏联教育家、苏联教育学的创建者之一安东·马卡连柯说过，培养人，就是培养他对前途的希望。对前途充满希望，我的理解就是要有一种不断学习、不断克服困难、勇往直前的毅力，在爱与善意、尊重与信任的陪伴中的实现蜕变和成长。

一、心善行美以爱树人

"心止于善，行止于美"是教育者不可或缺的美德。善良是教育中最宝贵的资源，真正的教育者不仅要传授真理，还要传授对待真理的态度，激发学生从善良事物中受到鼓舞和钦佩的情感，对于邪恶事物不可容忍的态度。教育的全部过程就在于如何爱护学生，努力在学生身上培养出好的品质，让学生在生活和学习中不断增强上进心，并能够时刻自勉。每个学生都有自身的优势，都是可爱的，也都是值得爱的。苏霍姆林斯基说过，没有爱，就没有教育。一切美好皆源于善意，心善则行美，善美亦树人。以善美之心树人，我们的学生很可能就是一座价值连城的宝藏。

二、陪伴启智促进成长

每个人身上都有太阳，主要是如何让它发光（苏格拉底语）。

有人陪伴的哭泣，不叫悲伤；有人分担的忧愁，不是痛苦。正如美好的思想要有美好的品德陪伴一样，心存善良的陪伴，是一种精神的力量。教师善意的言语、关切的陪伴会像绵绵春雨般润物无声，会像柔柔的春风般温暖学生的心灵。

好的教育从来不是灌输知识，而是激发兴趣、启迪智慧。我们教师不仅是知识的传播者，还是智慧的启迪者。那些积极而持久的变化必须从内心做

起。夸美纽斯说教师应该用一切可能的方式，把孩子们求知与求学的欲望激发出来。只有能够激发学生去进行自我教育的教育，才是真正的教育。"教育不是注满一桶水，而是点燃一把火。"受过真正教育的人应该是怀着希望对世界有所改变的人。有时候我们老师的一个创意、一句话，甚至一个赞许的眼神都会影响学生的思维和成长。愿我们每一位教育者都能勇于创新、乐于启智、以爱育人。

他人眼中的我

一、学生眼中的我

我眼中的你——心善行美的王丽丽老师

离开东华的校园已经将近两年了，但是我许多次都在夜阑时分，情不自禁地回想起在东华校园的美好时光，回味那一段即使课业繁重但心中却无比充实的时光，而丽丽老师，无疑是这段时光中对我影响最大的老师。

三尺杏坛，刻下了数不尽的殷切期待；一盏灯光，掩映着她眼角流露的疲倦。我是在备战高考那一年成为丽丽老师的学生的，至今仍然让我记忆犹新的一幕是，在开学第一天早上我走进教室时，虽然到教室的学生还寥寥无几，但是王老师却早已在和来到教室的同学们交流沟通了，同时还安排好了我们班的开学事宜。虽然丽丽老师并不是我们的班主任，但是她从这件事中流露的责任心，让我对接下来的学习与生活有了更多的信心和期待。

韩愈曾在《师说》中写道："授之书而习其句读者，非吾所谓传其道解其惑者也。"备战高考，学习理解考纲里的考点知识固然重要，但是在王老师的教学中，这绝不是最重要的内容，培养我们良好的学习习惯才是她教学的侧重点。"骐骥一跃，不能十步；驽马十驾，功在不舍"，丽丽老师很注重我们日常积累的学习习惯，她要求我们要有"三本"：积累本、默写本、错题本。她会督促我们每日背诵相关知识点并在课堂上检查，同时她还要求我们做好自己的错题集，教导我们学习不能盲目地扩大知识面，要善于从以往的知识、错误之中汲取经验，做到"温故而知新"等。在丽丽老师的教导下，我在那个艰苦的备考阶段不知不觉地养成了许多良好的学习习惯,而当我步入时间更为自由、学习更为自主的大学后,这些好习惯便显得格外重要。

裹着初秋的微风,丽丽老师为我们讲授了第一节课;带着夏日的阳光,她在最后一节课上为我们鼓舞加油。在备考的日子里,丽丽老师不仅仅是良师,更是益友。她会细心体贴地关注我们班级里每一个学生的学习和生活状况,为我们缓解压力、为我们鼓舞信心。作为毕业班的老师,有时候自身也有很大的压力,但是丽丽老师每次与我们相处时,总是会露出温暖的笑容,她不会因为班级的上课、考试状况不理想而放弃自身的教学目标和教学态度,总是从一而终地为我们提供她彻夜准备的教学内容,陪伴着我们在成长学习的路上留下一个又一个坚实的脚印。

"绿野堂开占物华,路人指道令公家。令公桃李满天下,何用堂前更种花。"心善行美的王丽丽老师,我衷心感谢您一路的教诲和陪伴!

(浙江大学20届管理学院会计2002班 陈凌峰)

二、同事眼中的我

我们的好队长——丽姐

第一次见到丽姐,是去年我们到松山湖校区参加教研活动。丽姐很和蔼,个子高高的,人很漂亮也很平和,待人既周到又热情。今年我再来松山湖校区,丽姐是我的队长(科组组长),我们四个都拜了丽姐为教学师父,对丽姐的了解就更多了。开学初的一个下午,丽姐得知我在操场散步,她微笑着走了过来。她一边陪我走路一边问我刚到这边有什么困难,工作和生活上需要哪些帮助。还给我介绍附近有哪些好玩的地方,告诉我周末可以带小孩去逛逛。第一次和丽姐聊天就让我这个初来乍到的"新人"心里暖暖的!

丽姐是严谨的。无论是政治组的教研工作,还是课前的备课、课后的总结和作业批改,丽姐都是一丝不苟地完成任务。每次课前她都会认真地写好教案,精心地设计每一个教学环节,浏览大量的案例和资料,只为找到一个学生比较感兴趣的、适合学生的。同时,丽姐又是耐心的。每一次有教学中的问题找到丽姐,她都会认真地解答,并毫无保留地分享自己的教学经验和专业的教育思想给我们。在兢兢业业的丽姐身上,我学到了很多宝贵的专业知识。

丽姐是幽默的。每次我说想去听丽姐的课，丽姐都会一口答应，于是乎，我有幸听了很多次丽姐的课。丽姐的课最大的一个特点就是笑声不断。课堂上的她与她治学严谨的风格截然不同，她幽默、诙谐，能够用很轻快的语气、简洁的话语讲解每一个知识点，真正做到了简洁高效。丽姐的学生都很喜欢她，更喜欢听她讲课。她的课堂氛围很好，学生在轻松愉悦的状态下听课学习，自然效果很好。

丽姐是我们的榜样。上学期的选修课，丽姐早早地就做好了准备，设计海报，任务分工，并承担了主要部分的任务，她指导我们做好课件，我们每次上课丽姐都亲自跟进。学期末的颁奖会上，许多学生在谈感受时说："没想到哲学选修课会这么有趣，尤其是丽丽老师的课让人受益颇多！"丽姐做事干练仔细、负责耐心，既注重细节又追求完美，是我们学习的好榜样！

总之，有丽姐在，我们就能感受到生活的美好和工作的舒心。无论在哪儿，丽姐都是一位好队长，不断地引领着我们前进。

（东莞市东华松山湖高级中学　叶建军）

三、专家眼中的我

王丽丽老师是一位外表恬静、内心强大的老师。近二十年的教学生涯中，她有十多年贡献于魅力东莞教育事业。她经验丰富却仍虚心学习，积极参加各项专业培训，不断提升自身能力和专业素养；教学成绩显著深受广大师生好评；她还积极帮助年轻教师，指导了很多优秀的年轻教师成长，认真参加各项教育教学研究，并取得了较好成绩。

（东莞市实验中学正高级教师　王建新）

亲和力强、紧跟时政、笃行反思

江门市培英高级中学　任少丽

我的教学风格

一、个人简介

任少丽，毕业于华南师范大学思想政治教育专业，现任学校"全国青少年模拟政协提案活动"社团负责人。曾获江门市直教育系统优秀共产党员称号；学校德育先进个人、班级管理优秀奖；学校优秀民族教育工作者称号。教育科研方面，曾获江门市优质课一等奖；市高中同课异构比赛三等奖；市直思政优质课例二、三等奖；市思政课精品课例二等奖；市高考模拟试题命题二等奖；高三教学成绩二等奖、高三先进备课组团体奖；学校班主任能力大赛理论竞赛二等奖；广东教育学会论文二等奖、恩平教育学会论文二等奖；学校淬炼师德师能论文三等奖等。

二、我的教学风格解读

1. 亲和力强

学生喜欢课后来讲台和我扎堆聊天，谈时政、谈新闻、谈法律……老师与学生课后的交流，主要是在情感和思想上的沟通。比如，我们的议题讲到民法典时，他们会跑来和我谈论关于婚姻的各种现象、担心和想法，在这简简单单、热热闹闹的课间10分钟闲聊中，引导学生明辨是非、摆正三观，树立正确的世界观、人生观和价值观，这是一种平等的心灵的交流，也是蕴含着智慧和情感的沟通。

2. 紧跟时政

我们学校是寄宿制高中，学生在校期间不能用手机，对资讯的接触比较少。因此，我坚持每天都给学生在电子班牌上发送当天新闻。激发学生关注时政新闻的兴趣，培养他们的政治认同、科学精神和公共参与意识以及法治意识，促使他们成为马克思主义辩证唯物主义和历史唯物主义的践行者。

如果哪天发得晚了，学生还会主动来催："老师，你今天的作业呢？"有时看到《人民日报》或者新华社的文章，我也会顺手复制粘贴一起发上去。比如三八妇女节的时评、孟晚舟女士顺利归国的时评、太空出差三人组"神舟"十三号顺利返回地面的时评……让学生在日积月累的新闻中涵养家国情怀。

3. 笃行反思

叶澜教授曾指出："一个教师写一辈子教案不可能成为名师，如果一个教师写三年教学反思，就有可能成为名师。"反思的核心是关于自己教学行为的审视、澄清、质疑与批判。

我一直都坚持反思，哪里上得好，哪里上得不好，都整理在云笔记中。这种感觉就好像哲学的否定之否定规律，肯定方面和否定方面在矛盾中运动，促成事物实现从量变到质变的飞跃。

我的成长历程

在刺激中成长

一、初中，刺激性格转变

我初一的时候，家里课外书不多，思政课教材中蕴含了很多为人处世的道理。放假没事，我就逐字逐句地阅读初中思政课的教材。书上有一句话，说同学们要成为一个有主见的人，不要人云亦云。这大概是我和思政课的第一次触电，刺激了我的性格转变和成长。

我的父母亲性格相对优柔寡断，容易受他人左右。因为教材上的几句话，让当时认真读书、追求进步的我，得到了一次与原生家庭的性格不重叠的机会，我开始学着"有自己的主见"，这要感谢思政教材，帮助我抬起了踏出原生家庭门槛的一步！

二、大学，刺激积累功底

在华南师范大学读本科的时候，我很喜欢泡图书馆。有一天，我读到《中学政治教学参考》上对一位老师的采访，她说，她坚持每天阅读报纸，看到一些对于上课有帮助的资讯，就会剪下来，贴在本子上。剪报的习惯，对于提高她的课堂吸引力，有着莫大的益处。

这篇故事刺激了我，让正在读大三的我醍醐灌顶。回想过去，看过那么多书，仍然历历在目的，就只有这个故事。俗话说，授人以鱼不如授人以渔，我想感谢这位思政教师授予了我上课的"渔"技。

但时代变了，信息化工具可以更加快速地复制和搜索。我不再是用本子，而是改用云笔记来复制粘贴我的"电子剪报"。

三、工作，刺激教学反思

刚开始参加教学工作，课上学生感到无聊无趣的神情刺激了我，让我的心情有一种跌落谷底的感觉。我真是不希望自己"以其昏昏，使人昭昭"。唯有写日记。写着写着，就开始有反思的味道了。思所得，思所失，思所疑，思所难，上课的痛点、难处点滴记录在笔头。渐渐地，越写越有劲头，越写越能总结出良策。反思多了，我又搞了一个"汇总版"反思，汇总出关键措施和做法，只保留干货。

在反思中，我意识到上好课必须要有充分翔实的文字、图画等资料素材。为此，我申请了一个课题，带着几个同是华师的师弟师妹，编写了一本校本教材《哲学的豆豆》，总字数将近10万字。

四、听课，刺激琢磨诱导

我曾经听过一位特级老师的课，她对材料的深挖和逐层提问的高超手法刺激了我。受这位老师的影响，我会特别注意在备课时有目的性地去设计我的"问题链"来诱导学生推理。所谓问题链，就是授课老师根据教学需要设计的一组有中心、有序列、相对独立但又互为关联的问题。

我的教学实录

科学立法

课堂导入：

师：同学们，你是不是有很多初中同学读职中？

师：今天我们来探讨一部新出台的法律，今年5月1日正式实施的《职业教育法》，我们看个视频。看视频的时候，请思考这个问题：我们国家的《职业教育法》到底修改了什么？

看完视频，学生七嘴八舌地讨论起来。

生：职业教育质量不高，要办高质量的职业教育；要让职业教育和普通教育的地位平等。

师：非常好，你觉得这次的修订科学吗？让我们了解一下什么叫科学立法？（课件展示）

（板书）一、科学立法的内涵

师：同学们，既然科学立法就是要尊重和体现社会发展的客观规律，那么请问，社会发展的客观规律是什么呢？对！生产关系要适应生产力的发展，上层建筑要适应经济基础的发展。非常好！那法律在这里属于什么呢？

生：上层建筑。

师：那么，作为上层建筑，需要适应经济基础的发展，我国当前的经济基础产生了重大变化，过去是高速发展，现在要高质量发展了。要转型升级，发展人工智能！既然如此，我们来看一段材料。

环节一：探究《职业教育法》的科学性

[问题情境]《职业教育法》的出台背景和立法过程：

材料一：《职业教育法》出台26年了，一些规定已不能适应改革发展需要。习总书记指出，职业教育是国民教育体系和人力资源开发的重要组成部分，是广大青年打开通往成功成才大门的重要途径，必须高度重视、加快发展。新职教法推动职业教育与普通教育融通，职业教育的专科、本科融通，打通"断头路"、构建"立交桥"；破除产教融合"合而不深""校热企冷"的瓶颈。新职教法聚焦了热点、难点问题，回应了民众关切的切身利益问题，响应了时代的迫切需求，将促进培养更多高素质技术技能人才、大国工匠。

材料二：2018年广东省、上海市人大分别通过地方职业教育条例修订案，进行了卓有成效的探索。多名人大代表对此提出议案。2021年6月7日，新职教法草案进入全国人大常委会一审。12月20日，进入人大常委会二审。二审后，草案随即公开征求社会公众意见。2022年4月18日，进入人大常委会三审。4月20日人大常委会表决通过。5月1日习近平主席签署主席令公布新法。过去部分法律条文对适用主体的规定不明确，导致执法主体互相推诿，新法对不同主体的权责利的规定更清晰，克服了过去的立法技术瑕疵。

[议学任务] 你认为《职业教育法》是否科学？为什么？

[学生活动]

师：请问，哪里可以看出立法的科学性？

生1：新职教法总结了政策举措和实践成果，聚焦了热点、难点问题，回应了民众关切的切身利益问题，响应了时代对人才的迫切需求。这些都推动了时代进步。

师：非常好！顺应时代发展要求、推动国家发展进步，就是科学立法的科学性的体现。

（板书）二、科学立法的原则

生2：改变了职业教育被人认为"低人一等"的状况，让职业教育和普通教育在地位上平等。

师：很好，为什么要这样做？这个法律要解决什么问题？

生3：因为我国是人民民主专政的国家，对民众职业教育的立法方面很关注，这涉及了职校生的切身利益。这部法律有利于打通"断头路"、构建"立交桥"；破除产教融合"合而不深""校热企冷"的瓶颈。

师：由此看来，这部法律是一部良法。议题材料中还提到了广东省和上海市人大，这里暗示了我国的立法机制体制是怎么样的？请看98页相关链接——我国有立法权的国家机关。

师：对了，材料里提到了立法技术这个词，可不可以告诉我，什么是立法技术？

生4：大概就是立法更有可操作性，不同主体的权责利也更清晰。

师：非常棒。立法技术，从狭义来看，就是表达规范性法律文件的内容的知识、经验、规则、方法和技巧等。比如，像新职业教育法那样，将适用主体明确下来，到底谁负责惩处、谁适用这条法律条文，清楚明确不含糊。除了

· 187 ·

上述发现，还有没有其他地方体现了立法的科学性？好像有一条漏网之鱼哦。

生5：我发现了，立法程序！

师：非常棒！掌声应该送给你。新职业教育法立法程序也体现了立法的科学性，先是代表提出议案，然后一审、二审、三审、公开征求意见、表决通过、主席令公布。

环节二：沉浸式模拟立法听证会

师：我们已经掌握了科学立法的原则。那么，在这些原则指导下，我们该怎样去科学立法呢？今天，我们就现场模拟一下立法的其中一个环节：立法听证会。

[问题情境]《立法法》有关规定：

《立法法》第三十六条（之二）：法律案有关问题存在重大意见分歧或者涉及利益关系重大调整，需要进行听证的，应当召开听证会，听取有关基层和群体代表、部门、人民团体、专家、全国人民代表大会代表和社会有关方面的意见。听证情况应当向常务委员会报告。

[议学任务] 同学们观摩模拟立法听证会，并提出自己的看法。

[学生活动] 模拟立法听证会：

主持人：欢迎来到我们的《职业教育法》模拟立法听证会现场！根据《立法法》的要求，我们召开了本次听证会，听证会的主要目的是发扬民主，听取社会各界的意见。欢迎广大网友在线提出宝贵的意见。为了让会议顺利进行，请各位陈述人遵守以下会议要求和纪律：第一，听证会代表均应在听证会上对草案提出意见和建议，并可以就相关问题向决策陈述人提出问题；第二，发言应简明扼要。

下面请允许我介绍本次立法听证会的陈述人……

主持人：下面开始第一项议程，部门陈述人发言，有请陈部长做简要说明。

陈部长：……

主持人：感谢您的发言。下面进行第二项议程，公众陈述人发言。有请家长代表彭女士。

家长代表：我觉得旧版职教法对学生实习期间的劳动报酬和安全权益都没有明确的规定！孩子实习工资低甚至有的没有工资，一旦出了安全事故，校企两边踢皮球不负责，希望这次修法能够对学生的合法劳动权利给予保护！

学校代表：现实中存在部分企业借机向学校"漫天要价"，以及向学生索要实习费的情况，使教育变得商业化，这违背了我们教育的本质，也不利于校企合作模式落实。

企业代表：企业也很无奈。校企合作过程中企业的义务多、权利少，风险大、收益少，迫切需要法律填补上这个漏洞。

专家代表：从专业角度来讲，旧职教法存在立法技术上的瑕疵。首先，对"职业教育""职业培训"等概念没有明确界定；其次，部分法条的执法部门主体并不明确，这样会使执法主体互相推诿、互不负责；再者，许多内容的阐述偏向于原则性规定，不具备良好的可行性。我建议，对于政府、企业和学校的权、责、利要有一个清晰明确的规定。

人大代表：第一，企业开展职业教育的情况应当纳入企业社会责任报告；第二，接纳学生实习的单位不得侵害学生休息休假的权利，保障学生劳动安全、卫生保护、参加相关保险等权利，依法承担相应的法律责任；第三，政府可以给踏踏实实办产教融合实训基地的企业进行评定和挂牌，挂上一个"产教融合型企业"的牌子，使其可以享受相关的财税减免政策。尤其是要鼓励有一定规模的民营企业和央企参与其中，起到带头作用。

主持人：感谢各位代表的发言。下面进行第三项议程：自由辩论。

本次辩题是——正方：校企合作的关键在于企业。反方：校企合作的关键在于学校。

下面有请正方代表先开始。

家长代表：家长的学费是交给学校的，出了事我也只会找学校。因此，我认为学校的核心使命和职责是教育学生，而企业的核心使命和职责是生产产品，因此，我认为校企合作的关键在学校。

学校代表：我不太同意您的观点。相关的技术和机械在不断更新迭代，不能单靠学校的理论学习。职业教育必须要与企业深度融合。企业是学校培养人才输送的终端，学校出来的职业人才，终究是要到企业中去。但是在当前的合作困局中校热企冷，因此，破局的关键，是在企业！

企业代表：我很能理解学校方的需求，但是也请学校方能够理解我们企业的难处。首先，对于您刚刚所说的人才回到企业内部的问题，我认为这具有极大的不确定性，人才既可能流向积极参与校企合作的企业，也可能流向拒绝参与校企合作的企业。这对于付出了极大财力、人力和物力的企业来说，存在不公平。其次，学生的理论素养教育等都由学校来承担。企业能够提供的只是学生的实操体验，企业的角色只是一种辅助和补充。再次，我认为，即使学生来到了企业，学校仍然应该是管理的主体，学校不应将学生全踢给企业。最后，企业带、帮、传职校生是需要成本的，要安排学生吃住；而学生在生产操作中一旦发生事故，企业还要承担医疗费或抚恤金等费用。在这里的成本付出和风险代价并不对称。企业的首要考虑是生存，而不是教育人才。因此，我认为校企合作的关键在学校。

主持人：时间到！辩论环节到此结束。

感谢各位的发言，这次听证会我们收获了很多来自不同方面的意见，接下来有关部门会认真研究和整理各方意见，拟一份立法听证会报告。下面我宣布，本次立法听证会到此结束。

[教师活动] 师：非常感谢各位同学的精彩发言和表现。下面我们现场投票来决定辩论中哪一方胜出？支持正方的举手。OK。那么，支持反方的举手。……好的，请放下来，今天的辩论正方（校企合作的关键在于企业）获胜。（掌声）

师：刚才，代表们反复争辩的焦点是什么？

生：权责不清。

师：很棒。

生：要合理设定权利与义务、权力与责任。

师：刚才同学们是在模拟立法的过程，我们来看看已经颁布的新职业教育法是怎么规定的。

[教师小结] PPT展示新职业教育法对政府的权力、责任和企业的权利、义务的细致规定。

（板书）三、科学立法的要求

师：同学们觉得刚才的听证会的亮点是什么？

生1：自由辩论、各抒己见，这种民主的方法很好。我还觉得主持人开场的时候说同步现场直播，这种方法很好，把民主的范围扩大了。还会出一份听证会报告，感觉有反馈。

师：谢谢你！那么同学们，除了我们刚才说的要合理设定权利与义务、权力与责任之外，还需要立法者怎么做？

生 2：要发扬民主。立法听证会本身就是一种民主的形式。

师：很好，那么民主立法除了刚才的立法听证会，还有其他的形式吗？

生 3：还有健全法律法规规章草案公开征求意见和公众意见采纳情况反馈机制。

（教师课件展示）

师：为什么要召开这次听证会？是否有什么根据？

生 4：《宪法》和《立法法》。

师：这就对了，所以，科学立法还要怎么做？

生：依法立法。

师：非常棒！我们来看科学立法的三点要求。（随即课件展示）

[课堂尾声] 教师展示 PPT，归纳本节课核心知识框架。

我的教学追求

成为一个研究型、创新型的专业教师

我一直在思考，如何成为一个研究型、创新型的专业教师。创造性，会让我感受到自己工作的魅力和幸福感。在教学设计和教学实践的创新努力中，我学习和摸索信息化检索手段以获取教学资源，我主动地积极与专家、名师和教学能手深入交流，深度挖掘学生的学习痛点及难点……创造性实施课程内容，在交流中学习，在实践中反思，我得到了专业成长。

对于现阶段的我来说，比较紧迫的是要提高议题的创新设计能力。第一，教学中的议题情境往往依据时政新闻热点改编而来，要挖掘时政热点中的具有思辨性的问题进行设问，引领课堂教学进程，实现议题式教学。因此我要求自己对时政素材的收集和积累要常态化，将素材归纳排列，为备课提供思路和灵感来源；第二，是提高自身围绕主线设计、整合、延伸议题材料的能力。光有一个主题关键词是不够的，要让学生真正议得起来，需要对主题深化、拓展、延伸、整合、提炼、形成，根据重难点来有侧重点地考虑和设计议题材料所承载的内容，构建具有和隐藏知识意义的学科议题情境，将情境暗中契合学科知识和核心素养。基于问题情境的内涵，将社会现实条件下问题情境的复杂性揭示出来，引导学生直面多变的社会现实，感受理论与实践的充分融合，促进素养的内生与外化。

其实，对研究型、创新型的专业教师的追求背后，是追求自己的价值能够在学生身上得到最大化的体现。"我们唯有踔厉奋发、笃行不息，方能不负历史、不负时代、不负人民！"世界正处于百年未有之大变局，全球治理面临着复杂形势，国际秩序处在关键路口。我国正处于实现"两个一百年"奋斗目标的历史交汇期，改革稳定发展任务艰巨而繁重，我清楚地知道自己这份职业所肩负的职责和意义。

习近平总书记说，"要给学生心灵埋下真善美的种子，引导学生扣好人生第一粒扣子，让广大学生在'拔节孕穗期'茁壮成长。"我也在努力探索如何更好地引导学生扣好人生第一粒扣子，把理论讲透彻，把思想讲鲜活，立心铸魂，与时俱进，不断创新，任重道远！

他人眼中的我

一、学生眼中的我

我心中的政治老师

我们第一次见面，丽姐身上穿着一件火红的大衣，带领我们踏上了红红火火、轰轰烈烈的学习之路。

丽姐是细心的。面对一群生活在学校里不了解外面信息的学生，你贴心地为我们把新闻简报发布在班牌上，并在上课前运用我们所学过的知识为我们讲解。

丽姐是用心的。你教我们剖析材料，让我们的思维像水闸放水一样，"哗"地一下，解题的火光有了。

丽姐是耐心的。每次下课后讲台总会挤满了问问题的同学，像座小山似的，快把你淹没了，而你都会细细地讲解。

丽姐是和我们交心的。你热情洋溢，总能和我们打成一片。我们也乐意和你分享自己的烦恼，分享最近的时事和自己的观点。

政治本来是我的"心腹大患"，而你却让我爱上这门学科。你给予了我生动的课堂、丰富的知识以及对人生的正确看法，感谢你引领我在学习政治的路上前行！

[江门市培英高级中学高一（22）班　陈沁瑜]

二、同事眼中的我

我认识的丽姐

刚刚认识少丽姐姐的时候，给我的初步印象是一个很活泼开朗的姐姐，顶着一头短发，有两颗小虎牙，笑起来特甜，遇到什么值得高兴的事情立马能够笑得很开心，这种开心是有感染力的，有她在氛围都会变得轻松愉快。她不仅积极乐观，还非常乐于助人，在相识的一年多时间里，她经常给予我工作上的建议，并且在生活中也经常引导我，她的这些品质更加坚定了我喜欢这个姐姐！

她和我年龄相仿，我们的话题总是特别多，每次吐槽完之后都能找到深深的共鸣，但是吐槽归吐槽，每次吐槽完，总能看见她像换了个人似的又积极投身到工作中。我们总是约着一起去听课，有个人一起奋斗的感觉真好。

她是一个善于反思自己的人，她总是抛出很多能够引发我思考的问题，带着我一起成长。

认识丽姐，真是我的小确幸！

（江门市培英高级中学教师　陈莹莹）

三、专家眼中的我

任少丽老师是一位积极热情、主动好学的老师。在理论上，她对前沿理论的学习和探索热情较高；在实践中，她潜心反复琢磨教学技能，认真撰写教学反思，经常参与听课交流和观摩比赛，形成了自己的教学风格，受到了学生的喜爱。

（江门市教育局教研员　张东萍）

贴近生活、民主平等、紧跟时政、开拓创新

东莞市第一中学　钟丽颖

我的教学风格

一、个人简介

钟丽颖，就职于东莞市第一中学，浙江大学硕士研究生在读。多次获得校优秀班主任及校优秀教师。曾获东莞市首届品质课堂教学能力大赛"潜力组"二等奖；多篇教学论文及教学设计获省级三等奖，市级一、二等奖；主持或参与多项省、市级课题；指导学生政治小论文获得市级二等奖；连续五年开展《时政热点》《与法同行》等学科特色校本课程与线上慕课，并获得首届莞易学云学堂课程建设与应用大赛高中组二等奖；德育方面，曾获东莞市班主任专业能力大赛多个奖项及师德主题征文市级二等奖。

二、我的教学风格解读

1. 贴近生活

思想政治课的特点是理论性、概括性较强，需要一线教师调动丰富的生活经验和多元的教育资源来让思政课本"活起来"。杜威的实用主义教育学观点强调"教育即生活""学校即社会"，即教育要与当前的生活紧密相连。首先，我会每天留意新闻早晚报、相关官媒公众号内容，及时进行整理和记录，注重时效性和系统性；其次，善于捕捉日常生活与所教知识点的相通之处，引导学生发掘生活中的"知识具象"，使知识点生活化；最后，我还常与学生保持互动交流，以增进师生之间的感情。教学内容的生活化处理，不断丰富

学生的间接经验和直接经验。教育源于生活，生活应体现教育。

2. 民主平等

我主张"民主型教师"而不是"权威型教师"，在课堂中，师生关系应是平等、宽容、真诚的。我会用宽容的态度对待学生的缺点和不足，也会谦虚地接受学生的提问、质疑及反驳，师生在此过程中可以相互学习、共同成长，使课堂真正成为"求真"的阵地。我目前正尝试使用学历案，站在学生的角度来创设教学情境，以评价引领教学，挑选符合学生的认知水平的素材，关注学生在课堂中的情感体验。我会鼓励学习小组进行讨论分享、互动探究，使认知与情感价值观体验贯穿于政治课堂的始终。构建民主平等的政治课堂是推进素质教育的内在要求，将会有力地推动新课改的落实，提升教育教学的质量，使思想政治课充满生机活力。

3. 紧跟时政

用习近平新时代中国特色社会主义思想铸魂育人。我有着深深的家国情怀，这份爱国情感也需要真实有效地传递到学生心里，引导学生在党和人民的伟大实践中关注时代、关注社会，汲取营养，丰富思想。大到宪法修改、全国两会，小到地方新闻、亲身经验，寓价值观与社会责任感于知识传授中。思政课教师的课堂视野对于青少年学生的未来发展有一定程度的影响，所以既要注重学术严谨的知识视野，也要有国际视野，让学生更加明白"人类命运共同体"的意义，中国的发展离不开对当今世界大变局的了解与研究，同时思政教师也要重视历史视野，通过纵横对比的时间线整理将知识讲透、讲明白。

4. 开拓创新

思政课教师对于时代发展趋势、社会环境变化、教育改革方向、每日新闻时事等都要保持高度的重视和关注，教学风格更强调一个"新"字。新高考背景下，我在教学目标上不仅关注学生对于知识点的获取，更强调学生的自主探究合作能力及创新思维，培养学生的综合素养；在教学内容上，优化课程内容设计使其生活化，同时也注重跨学科间的内容整合，强调教学的联系与全面性；在教学形式上，积极引领学生开展大单元教学设计、议题式教学、项目式学习等；在教学评价上，我建立学生成长档案袋，以学历案的形式，发挥评价的增值性、发展性、诊断性功能，重视把量化评价与质性评价方法相结合。创新还在于对待学生的个性化培养，根据学生的实际情况因材施教，在作业上落实分层练习、多元考核、因势利导。

我的成长历程

模仿探索、创新课堂、紧跟热点、专业深造

时光荏苒，犹如白驹过隙，我已圆满地带完一届高三毕业生，那是一段共同成长、相互扶持、携手前行的美好时光，为此后的职业生涯添了一份坚定。踏入第二轮教学，在教学风格逐渐形成的过程中，我意识到教研路上遇到了瓶颈，求知求学的欲望变得强烈，开启了职业生涯的第二阶段。我愿把我的青春与热情奉献给教育生涯里遇到的每一位学子，并努力提高个人专业素养。

一、模仿探索——踩着前辈的脚印前行

每一位新手教师的教学第一步都应该是模仿，虚心听有经验的科组前辈的课后再及时调整自己的课堂教学设计。还记得我们学校在我入学之初就开展了"师徒结对"的青蓝工程，而当时我选择的学科及班主任师父是莫春梅老师和宋永成老师，至今仍非常感恩两位前辈在我教师成长路上给予我的无私帮助与指导。莫老师和宋老师从来都很欢迎我去听课。

莫老师在我每次公开课准备时都会密切关注教学设计进度，在充分尊重我个人想法的基础上给予一些建议和改善的意见，不厌其烦地陪着我一遍遍修改课件。莫老师常会听我的新课，课后会给出中肯的改善评价，并表达对我下次进步的期待。而宋老师的课堂总是充满着个人魅力，风格独特很难模仿，但他从不吝啬分享自己的教学资源和经验，还会向我询问是否有更好的意见能加以改进，这般师德师风对我影响深远。都说"师父领进门，修行在个人"，两位师父不仅愿让我踩着他们的脚印前行，甚至手把手领着我稳步迈入教学的门槛，正因如此，我才得以逐渐摸索到了自己的教学风格。

二、创新课堂——探索自己的教学风格

"初生牛犊不怕虎"，青年教师就是"无知者无畏"，不受传统的教学方式束缚，且东莞一中的每位科组前辈都会互相欣赏各自不同的教学特色，特别尊重年轻教师的想法，努力协助我把灵感化为实用的教学工具和教学活动设计。回顾所有的教学创新尝试，我努力做到因材施教，围绕本班学生独有的

经历与关注点进行教学设计。

如《新时代的劳动者》一课中，我先以一中校园里清晨饭堂里准备早餐的大叔和阿姨、清扫校道的清洁员工等图片展现校园里的身影，做好情感奠基；随后以我本人的教师招聘简历与经验吸引学生的关注，诱发学生思考，我设置了对招聘过程的自由提问环节与模拟面试环节，以增强教学情境的真实性与学生的沉浸感。

三、紧跟热点——关注教育的改革前沿

如果我们想成为真正的教学能手，就必须要提升自身的教师专业素养，特别是作为思想政治课教师，更是要时刻保持对国家教育政策和新高考改革方向、新教育理念革新的敏感与研究，要使我们的知识视野比教材更深、更广、更新，使我们的课堂教学与评价能够真正关注学生的全面发展和综合素养，能实时地、系统地、科学地收集整理教学素材，对教育心理学有一定研究，敢于大胆地创新教学。为此，我采取了以下几项措施：

一是报名每年最新的教育学热点课程，进行系统学习，借此了解相关的教育前沿话题。二是通过了解相关专家的研究方向、发表的论文与著作、举办的相关教育讲座等，研究其带领团队的成果，并积极运用其理念和方法创新自己的教学，纵向地把理论落实到课堂中。三是将各种自媒体平台上与教育有关的话题、文章整理成思维导图和学习笔记，特别是跟进学习强国、《人民日报》《光明日报》等平台的新消息，进行筛选并精读。

四、专业深造——提升科研的综合素养

在教学成绩逐渐稳定、站稳了讲台的前提下，我开始转向对教育科研的探索，希望自己能有更广阔的知识视野和教育科研的专业素养，以创新自己的课堂设计与评价，构建更稳固、更有深度的知识结构，转变自己的教学风格，所以我决定攻读在职研究生，继续提升自己的学历。

教师要有快速适应科技变革和时代变迁的综合能力，我要改变学生认为的只有"学生时代"才需要"学习"的想法，希望我的学生认识到学习是终生的事业，学海无涯，我要以身作则。我要让学生知道老师工作之余也一样需要很努力地应对考试，但同时我也可以利用考研时所积累的新知识尝试实践。我为自己敢于走出教学舒适圈，不断地挑战自己，并暂时取得了不错的

成绩而感到骄傲。而我也从学生群里收获了很多的鼓励和祝福。我不仅是为自己而努力，也是为做好学生的榜样而努力。

我的教学实录

权利行使　注意界限

[**资源与建议**] 本课时的学习重点是行使民事权利的界限、不动产相邻关系处理的规则和重要意义。学习难点是民事主体不得滥用民事权利，相邻关系是对不动产所有权的限制或延伸。可以通过教师提供的情境案例，通过分析、思考、比较、联系，形成完整认知。

学习任务一：参与网购话题民事权利界限的讨论

[**情境一**] 2019年9月14日，李先生在网上买了一箱儿童秋梨膏，发现在店铺购买的产品与之前购买的产品有差异，怀疑是假货。店铺客服敷衍解释，强调是正品，要求李先生做产品鉴定，并拒绝退货退款申请。李先生与公司客服沟通时发生冲突，言辞激烈并带有侮辱性词汇，继续在差评中追加照片、视频等，公开评论该店铺卖假货。该商贸公司以侵犯名誉权为由起诉李先生，要求被告删除差评、赔礼道歉并赔偿经济损失费9800元。

原告代理人说："不同批次产品会存在差异，如果你认为我们销售的是假货，你要提供相关的证明。"李先生认为他没有在个人的社交账号、公共媒体等其他渠道发布关于该公司的任何负面信息，仅是按照淘宝规则在交易平台上发布了差评，这不只是因为它的货品，还有他们的服务态度。

法院审判指出，经本案查明的事实可以看出，虽然目前没有充分的证据表明涉案产品存在质量问题，但在此种情况下，原告并未积极地给被告提供合理的解决方案。综合判定，被告添加差评并非为了故意贬损卖家的名誉，不存在主观过错，对原告不构成诽谤诋毁。被告表示，同意删除评论及相关附件，不同意赔礼道歉、赔偿损失。对此，法院一审判决驳回原告诉求。

问题1：网络购物平台设置评论区的目的是什么？差评的边界在哪里？

问题2：你如何看待李先生和商家的行为？由此可以得出什么结论？

学习任务二：判断在生活中民事权利界限的体现

[**活动一**] 对照《中华人民共和国著作权法》节选的法律条文，判断以下

五种情形是否侵犯著作权，应当注意哪些权利界限。

具体情形	是否侵权	原因分析
① 在作业中引用了他人文章中的一大段话		
② 从同学那里拷贝一份应用软件，安装到自己的电脑上		
③ 从网上找到一首流行歌曲，下载到自己的手机上		
④ 在咖啡厅营业的时候用广播音箱播放自己手机下载的流行音乐营造氛围		
⑤ 中学语文教科书中收录一篇当代作家的散文		

学习任务三：在生活中正确把握民事权利的界限

问题3：你如何理解相邻关系？主要存在哪几种类型？

[情境二] 2021年11月28日深夜，在深圳某小区的12楼，一对法国籍夫妇在租住的房子里惯常邀请众多朋友进行家庭派对，其间觥筹交错，欢声笑语不断，严重打扰了住在13楼洪某一家的睡眠。洪某向物业投诉，物业表示此前已反馈多次并表示无法解决，随后洪某选择了报警。不久，12楼邻居郑某气愤地冲到洪某家，大力拍打家门并踢碎了门玻璃，洪某一家受到惊吓并与其发生激烈的争吵，民警与物业人员迅速赶来进行调解。案件经历了曲折反复的过程，以法籍女租客郑某被行政拘留5天并搬离小区、房东从上海赶回深圳并登门表示抱歉、洪某决定自行承担破门换新的5000多元费用结束。

[活动二] 通过小组合作，探究以下问题并完成"窗口式笔记"：这起案件属于什么类型的民事纠纷？处理时应遵循什么规则？你对案件处理结果是否满意，若不满意，请提出你认为合理的解决方案。

[填写说明——1.事实：重要的事实和细节有哪些？2.问题：我能想到哪些问题？我关心哪些问题？（可以向知情人"老师"提问）3.感受和反馈：我对正在学习的东西有什么样的感受？4.联系：这与我的经历或我学到的其他东西有什么关系？]

事实	感受和反馈
1.	1.
2.	2.

问题	联系
1.	1.
2.	2.

整合笔记内容，小组合作商讨合理的解决方案并分享。

[活动三]观看律师的分析点评视频，结合本课所学的知识，根据完成学习任务的情况进行自评、组内互评并选择另外一个小组进行评价，完成学习情况综合评价表。

认知及表现评价维度	评分（1~10分）						组别
^	任务一		任务二		任务三		^
^	自评	互评	自评	互评	自评	互评	^
积极参与讨论并勇于表达自己的观点							
善于倾听、尊重他人的观点							
能够正确认识民事权利的界限							
理解对权利设置界限的意义							
认同处理相邻关系的规则							
面对纠纷能提出合理的解决方案							
能自觉树立依法承担责任的观念							

我的教学追求

先生之大在于信仰之"坚"、专业之"实"、生命之"唤"

青年教师是教师队伍的主力军、新血液，是教学改革前沿的首要践行者，我深知自己肩负着重大的责任。作为一名新时代的90后青年教师，我坚定自己的理想信念，立志当一名"大先生"，传道授业解惑，谨记自己的教育初心，愿以青春之我，唤醒青春之心灵，呵护青春之生命，培养青春之少年，守护青春之校园，推动教育之大业！

一、先生之大在于信仰之"坚"

作为一名高中思想政治课教师，时刻坚定对马克思主义的信仰和对中国特色社会主义事业发展的信念，对培养担当民族复兴大任的时代新人充满激情，对实现中华民族伟大复兴的中国梦充满信心。时刻谨记"培养什么人、怎样培养人、为谁培养人"的叮嘱，理直气壮地讲好党和人民的故事，落实"四史"教育；以身作则地弘扬爱国主义精神，坚定爱国主义的立场；重视德法共育，在学科教学中融入公民道德教育和法治教育，在法治教育中分析我国德治与法治的建设历程；在管理中抓好学生的行为规范、政治意识、处事原则和价值信念。师德如山，仰之弥高。桃李不言，下自成蹊。

二、先生之大在于专业之"实"

我们应做到基于教材、盘活教材，使教学符合学生的认识水平和身心发展规律，贴近学生的实际生活经验，坚持在思想政治课中落实理论性和实践性相统一、价值性和知识性相统一，让学生发生"真正的学习"。再者，我们还要多钻研教育学、政治学、法学等经典著作，具备广泛的社会认知、学科史知识、跨学科素养等。旧时的先生以其学识之博与修为之深令学生为之折服，但在新时代人人都拥有网络"百科全书"的前提下，教育对于青年教师的专业化素养和人格品德提出了更高的要求。阅读经典悟教育之道，广泛涉猎扩教育之域，关注前沿促教育之新，强化专业扎教育之根，此乃当代师德的表现之一。

三、先生之大在于生命之"唤"

在全面推进素质教育、提升学生的生命质量、关注学生的心理健康背景下，学生的生命价值教育迫在眉睫，而思政课是很重要的德育阵地，要培养学生正确的人生观、价值观、世界观，使其能够作出正确的价值判断和价值选择，用辩证的观点看待问题。不管是课堂教学、班级管理还是学校活动，我都会尊重学生间的表现差异，鼓励和珍惜每一次学生在活动或比赛中的主动尝试。哪怕只是回答课堂上的提问，我都会肯定他们的努力表现，赞赏他们的无畏勇气，布置温馨的课室环境，建立起定期对话或书信交流机制，让显性的生命文化与隐性的生命精神相交融，营造具有浓郁的生命气息的班级氛围。与家长协同关注孩子的情绪变化和近期变故，始终以理解、包容、共情的心理来对待学生。

他人眼中的我

一、学生眼中的我

毕业后一封名为"无题"的邮件

钟丽颖老师：

您好！

事实上我从来没有给人写过感谢信。也许正是因为我感性的缺乏，我突然浮现的"感谢"的念头就好像有了非同一般的意义，尽管这只是您会收到的无数个"感谢"中平凡的一员。

记得寒假的时候，我们在微信上进行了两次长时间的闲聊，不知道您在屏幕背后是什么样的心情，我觉得您应该是既尴尬又为难。因为我深知自己很幼稚、轻佻，而您善良且敬业的，为了尊重、照顾我所谓的脆弱心灵，不得不硬着头皮接我的烂话，还要在我们的思想异面的情况下使话题相交。但也许是您锲而不舍地来碰我这堵铁壁，我觉得我真的被触动了，这恐怕就是传说中量变产生质变吧。

我正在努力尝试着成为一个积极的人，因为您的善良和真诚。从前我觉得没有血缘的关系是十分脆弱的，像我们高中毕业一样，纵使曾经朝夕相处，一旦我们离别后，真的从此天涯海角。但是现在我又感受到人的关系又是如此的深刻，因为一些感动和影响会像幻影一样，在未来的无数个夜晚或独处的时刻联翩而至。我会永远记得您，因为我的成分已经改变了，那一点变化来源于您。

希望您在看到这些话能感受到教育工作者独有的收获的喜悦，对于我，这不是收获，而是播种。"我们不能指望从生活中得到我们明明知道得不到的东西。生命只是一个播种的季节，收获是不在这里的。"我不指望能有一个很光明的世界、很光明的未来，能成为一个很光明的人，但是我播种下了我光明的期待。

[东莞市第一中学2020届（3）班　刘 致]

二、同事眼中的我

一位爱学习的青年教师

钟丽颖老师是一位有学习力、有思考力、有行动力的青年教师。在专业成长的道路上，她坚持以书为友、以优秀同行为伴，主动学习先进的教育教学理念和有益的教学经验，并将其运用到日常教学实践中。作为一名思政课青年教师，钟老师始终坚持立德树人的根本任务，以培育学生素养为导向，精心创设真实的教学情境，引导学生开展自主探究与合作。在新课程改革深入推进的今天，她顺应时代发展的潮流，积极尝试议题式教学、学历案教学等高效教学方法，用心打造高品质的思政课堂，不断提升育人效果。

（东莞市第一中学政治科组长　刘　坚）

三、专家眼中的我

后生可畏

钟丽颖老师在 2018 年加入我的市名师工作室。作为一名青年教师，她的学习态度非常积极主动，在教育教学及教研方面都很认真踏实，有着严谨的学习作风和良好的学习习惯。该学员专业基础扎实，渴望在教育专业上成长，珍惜每一次公开课展示自己的机会。

她是个热爱阅读的老师，每年能保证阅读 50～60 本书籍，并能坚持下来，实在难得。近几年更是主动钻研专业书籍，研究教育前沿热点和教育改革方向，大胆地运用新的教育理论进行教学创新，大方地与其他老师分享自己的创新成果，并虚心接受批评和建议。

她精力十足、劲头满满，在成长路上不断突破和挑战自己；有梦想、有目标，对于自己的职业生涯有比较明确的规划。这几年她积极参加市里的微课、论文、教学设计、德育征文等比赛，屡获佳绩；她虽然教龄不长，但已经参与一项市级课题并结题，目前也正在主持和参与两项省、市级的课题，后生可畏。

（东莞市东莞实验中学正高级教师　王建新）

自主化、互动化、生活化

肇庆市高要区第二中学　肖元英

我的教学风格

一、个人简介

肖元英，政治中学高级教师，肇庆市高要区第二中学教研处专干、高考备考领导小组成员，现同时担任肇庆市政府督学、肇庆市中学政治学科委员会委员、肇庆市中小学名教师工作室主持人。曾获湖南省涟源市高中政治优质课竞赛一等奖、全国说课比赛一等奖、广东省教学设计二等奖，专题研究成果入选北京师范大学教育学部基础教育优质教学课例并由北京师范大学图书馆收藏，担任广东省高中思想政治学科校本教研与学科组长发展中心组组员，被评为"广东省中小学名教师工作室入室学员优秀学员"。多次做市级以上高考备考讲座；多次担任区、市优质课竞赛评委；发表了多篇论文；主持、参与了多项区、市、省级课题。

二、我的教学风格解读

1. 自主化

当今时代知识更新的速度不断加快，学习没有完成时，只有进行时，这就要求我们要终身学习。所以我会在教学中，让学生明白我的一个教学理念——"学是为了自学，教是为了不教"。我在课堂教学中不仅讲授知识和技能，还特别注重培养学生自主学习的意识和能力，充分发挥学生的主动性和主体作用；把上课的时间和空间较多地还给学生，让学生多思考、多展示、多讨论，努力让学生实现学习的自主化。

2. 互动化

教学中我把自己定位为"学生学习的帮助者"，所以非常重视与学生的互动。通过互动让学生勇于发表观点、提出问题，积极参与到教学中来。"子曰：不愤不启，不悱不发。""愤"就是遇到一件自己不知道的事，心情非常激愤，非要知道不可的急切的心情。"悱"就是通过老师的开导，感觉已经把问题搞明白了，但如果讲给别人听，还是讲不出来，发现还有很多想不通的地方，就是似懂非懂的感觉。所以我的课堂不是教师的一言堂，而是有较多的学生展示、师生对话。在互动化的课堂中，在开放民主的氛围中引导学生达到"愤""悱"的学习状态，从而实现高效课堂。

3. 生活化

我上课注重让学生感受到政治与我们的生活息息相关，政治就在我们的身边。在讲解知识时，我会用具体的事例，尽量用发生在学生身边的事情或是学生能从媒体上知道的事情来说明观点，这样既能让学生对所举的事例有充分的认识，还能增强学生对知识的理解，从而提高学生的学习兴趣。我不仅用学生知晓的事情创设问题情境，还尽可能地创造条件让学生参与社会实践活动，让他们在生活化的情境中学习，拉近学生与政治的距离，在生活化的课堂中提高学生的实践能力。

我的成长历程

踏实走好每一步

时光荏苒，岁月如歌。转眼从事政治教学工作已有 26 载，蓦然回首，成长的脚步深深浅浅，却都给我留下了永恒的快乐……

一、实习——紧张的顶点，良好的开端

1995 年的秋天，我班有 16 个同学到双峰县第八中学高一年级实习。一天，大学带队老师李德阳让我代表实习队上一堂汇报课。不知道李老师为什么让我去上汇报课，因为班长等一堆优秀的同学也在我们实习队。心里虽然嘀咕，但还是马上着手备课，毕竟只有两天的时间准备。我把上课要说的每

一句话都写到了备课本上（现在想来为什么在上课前没有先模拟一下，现在不是常有磨课一说吗）。到了上汇报课时，我第一次也是唯一一次体会到了极度紧张是何种感觉。站在讲台上看到教室里除了学生外，还有八中和大学的领导、老师和我的15位同学，当时虽然我的脑中一片空白，但我的嘴巴却在讲课。更神奇的是，课讲到约一半的时候，脑中空空如也的我突然发现原来备好的课不对（备好的课虽然没有去上过，但是我看了好几遍），于是我当场改了原来的备课方案。讲这段时，我边讲边提心吊胆，好在终于自圆其说了，然后又回到原来备的课上。下课后我一个人去学校后山的操场上走了一圈，才平静下来。

实习汇报课是我教学生涯良好的开端，让我在今后几十年的教学中充满自信，哪怕是在娄底地区高中政治优质课竞赛中，面对几百位老师讲课，也没有紧张。

二、分配——失望的极点，新手教师

1996年大学毕业时在涟源市的一个礼堂里宣布毕业生的分配去向，当听到我被分配到白马中学的时候，我整个人瞬间就蒙了，紧接着我就听不见声音了，会议什么时候结束的我也不知道。看到大家都起身走我才明白散会了，散会后过了好一阵我才能听到声音。一直以来我都被告知是分配到斗笠山镇的啊！我不知道白马中学在哪个方向，只知道白马镇是涟源市一个很偏远的地方。很久以后才知道当年外县来涟源的都被分配到了边远地区。不喜欢表达的我从未向任何人提起过上述失聪情形（失望的极点），但那种感觉我从未忘记，任何时候回忆起来都是那么的清晰。

到了白马中学后，虽然条件艰苦，但我过得却很快乐。

讲到条件艰苦，从我的房间可见一斑。学校分了一个面积约10平方米的房间给我。一天晚上当我快要睡着的时候，听到窸窸窣窣的声音，我拉亮灯看到五六只硕大的老鼠沿着灯泡线爬了出去。有一次睡到半夜，隐约觉得脸上有什么东西，本能地用手一抓，顺势一扔，只听到砰的一声，到这时我有点清醒了，想想刚才应该是只老鼠！有一回我把挂在墙上的双肩包拿来用时，发现里面有一窝已经死了的小老鼠。老鼠可怕，雨天更可怕。一下雨，我那不大的房间有十几处地方漏雨，仅床的位置就有好几处地方漏雨。这间房我住了两年。

虽然条件相当艰苦，但当时没有把这些当回事，日子过得简单而快乐。工作极其认真，例如每一节的备课都会像实习汇报课那样把每个字都写到备课本上，改作业时每个选择题都会认真批改、每个填空题和问答题的错别字都会帮学生改过来。除了工作外，白天打乒乓球、打篮球，和同事们一起坐在食堂屋顶上啃甘蔗，周末晚上风雨无阻地走去镇里的舞厅跳舞。作为新手教师的我过得很快乐，真的感觉到"年轻的朋友在一起，比什么都快乐"。

三、调动——崭新的起点，胜任型教师

1999年我被调到涟源市第二中学任教，在接下来的七年中我一如既往地认真备课、精心上课、极细致地批改作业……我从熟练新手教师成长为胜任型教师。其间荣获涟源市高中政治优质课竞赛一等奖、娄底地区高中政治优质课竞赛二等奖，多篇论文获市、地区一等奖，被评定为中学政治一级教师。在教学的过程中，我越来越觉得自己的知识捉襟见肘，真是"书到用时方恨少"。于是我萌生了进一步深造的想法，同时付诸行动。

四、读研——奋进的起点，业务精干型教师

2006年收到湖南师范大学公费研究生的录取通知书时，我犹豫了，因为我已经是一个8岁孩子的母亲了。虽然"公费"不要学费、每个月还有生活费，但毕竟是没有了收入。正举棋不定时，朋友介绍我去长沙的一所高考复读学校去看看。马上动身，一去就确定下来了，读研的三年时间里我都在那所高考复读学校兼职。由于时间原因，与学校说了我基本不改作业，但会认真备课、上课。我上课很受学生欢迎，从教一个班到教两个班，再到教三个班，帮助很多同学考上了理想大学，自己也成长为业务精干型教师。读研三年最令我自豪的是虽然兼职较多，但我研究生的课程一节都没有落下过，并积极参与各项活动，在湖南师范大学2006—2007年度研究生综合评奖中获"精神文明奖"，在湖南师范大学2007—2008年度研究生综合评奖中获"学习单项奖"，毕业论文获2009年"优秀毕业论文"。

五、肇庆——新的起点，专家型教师

2009年研究生毕业来到肇庆市高要区第二中学，先后担任班主任、备课组组长、科组组长、年级组长、教研处专干，在各层次政治、教学工作中

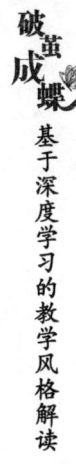

服从安排、积极主动、勇挑重担、尽职尽责、勇于创新，出色地完成了教学和管理工作。敬业爱生、好学上进使我每年都能取得优异的教学业绩，例如2018年高考，高要区文科前十名中我任教的有8人；任教的两个班学生全部都上了本科，其中夏文龙是高要区文科第一名。

我热爱教学，在教育教学的点滴中积累，不断提升教育教学能力。今后我会继续不断学习、积累，踏实走好每一步，在感悟中收获，努力成为拥有教育情怀和育人智慧的专家型教师。

我的教学实录

人民代表大会制度——我国的根本政治制度

环节一：导入新课

[**教师活动**] 图片展示不同国家领导人的不同称谓。认识他们吗？

[**学生活动**] 思考：为什么同为国家领导人，称谓却不同？

[**课堂导入**] 因为政体不一样。国体决定政体。我国人民民主专政的社会主义国家性质决定了我国实行人民代表大会制度的政权组织形式。

环节二：自学梳理

[**教师活动**] 引导学生梳理教材，点评学生的展示并引导学生进行补充完善。

[**学生活动**] 看教材梳理基本知识点后展示。

环节三：议题探究

议题1：我国的政权组织形式是什么？为什么？

活动一：观看视频《人民代表大会制度》和图片"我国的政权组织形式"

[**教师活动**] 播放视频后展示图片，点评学生的回答，引导学生纠正、补充。

[**学生活动**] 结合视频和图片分析人民代表大会制度的内涵，小组讨论后回答。

[**教师小结**] 人民代表大会制度是我国的政权组织形式。原则：民主集中制；组成：由人民定期选出自己的代表组成各级人民代表大会；作用：行使国家权力；组织：人民代表大会产生其他国家机关；目的：实现人民民主专

政的历史任务；实质：政权组织形式。

活动二：理解人民代表大会制度的含义

[**教师活动**]展示情境材料，点评学生的回答，引导学生纠正、补充后总结。

◆2018年3月20日，国家主席习近平签署第三号主席令："《中华人民共和国监察法》已由中华人民共和国第十三届全国人民代表大会第一次会议于2018年3月20日通过，现予公布，自公布之日起施行。"

◆2018年6月，全国人大常委会执法检查组在江苏开展大气污染防治法执法检查。

◆2018年12月18日，国务院总理签署国务院令，公布修订后的《中华人民共和国个人所得税法实施条例》。

◆2020年5月28日，十三届全国人大三次会议表决通过了《全国人民代表大会关于建立健全香港特别行政区维护国家安全的法律制度和执行机制的决定》。2020年6月30日，十三届全国人大常委会第二十次会议通过了《中华人民共和国香港特别行政区维护国家安全法》。

结合材料，回答以下问题：我国的国家权力是如何运行的？人民代表大会制度的功能和地位是如何体现的？

[**学生活动**]阅读材料，学生讨论后回答。

[**教师小结**]我国人民民主专政的国体决定了我国实行人民代表大会制度这一政体。中国共产党是我国社会主义事业的领导核心，代表着最广大人民的根本利益。

议题2：人民代表大会制度的优势。

活动三：比较三权分立制与民主集中制

[**教师活动**]展示情境材料"三权分立制与民主集中制"，引导学生思考人大制度的优越性。

材料一：美国国会通过的法案往往被总统否决。仅在富兰克林·德拉诺·罗斯福任总统时就达580次之多，美国总统提出建立海军部的议案得到国会同意用了10年，建立内政部用了39年，建立司法部用了40年，建立劳工部用了45年。

材料二：我国第十三届全国人民代表大会常务委员会第二十六次会议听取和审议了《国务院关于修改完善香港特别行政区选举制度和有关建议的报

告》。会议同意国务院这个报告提出的关于修改完善香港特别行政区选举制度的建议。从国家主席习近平提出必须始终坚持"爱国者治港",到国务院提出修改完善香港特别行政区选举制度的报告,再到十三届全国人大四次会议高票表决通过。完善香港选举制度,我们仅用了1个多月的时间。

结合材料,分析我国的人大制度有何优越性。

[学生活动]对比两则材料分析人大制度的优越性,学生讨论回答。

[教师小结]对比可见西方立法机关、行政机关、司法机关之间经常扯皮,互相牵制,致使许多重要国事无法及时决断;我国人大制度保证了国家机关协调高效运转。总结人大制度的优越性。

环节四:总结提升

[教师活动]引导学生总结提升。

[学生活动]用几个问题对本堂课进行总结。

[教师小结]从是什么、为什么、怎么样三个角度理解人民代表大会制度的概念。

[实践作业]以小组为单位,以"列举实例说说你对人民代表大会制度的理解"为主题,进行PPT演示、短视频创作、人物访谈等。

我的教学追求

快乐　自信　进步

从教26年来,我在不同的阶段有不同的教学追求,简单来说,前一阶段,我追求把课讲得精彩,使学生考试成绩好;后一阶段,我追求学生能快乐学习、自信学习,为学生终身发展和不断进步打下基础。

一、快乐

罗兰说"快乐是一种美德",我深以为然,认为学习不可以剥夺学生的快乐。带领孩子们快乐地学习,体会学习的成功,感受学习的喜悦是我的教学宗旨。有的学生感到"学习是痛苦的、令人厌倦的",究其原因,主要是学习成绩差而受到各方面的压力较大。学习不是完成任务、不是赶作业、不是压迫。我注意引导学生看到成绩暂时的好与差是多方面因素影响的结果,引导学生"悦纳自我"。在此基础上，我从多方面下功夫，根据教学实际采用多样的教学方法，让学生喜欢上政治课，享受学习的乐趣。结合教学内容带领学生感受生活的美好，留心生活中的美好瞬间，以我对生活的热爱感染学生；引导学生抛开其他，单纯地在知识的海洋里无忧无虑地遨游，感受点滴成功带来的喜悦。

二、自信

李玫瑾教授曾说：自信是一个人的成功之本，可见自信对一个人的发展多么重要。然而我在多年的教学中发现，有一部分学生在长时间经受家长和部分教师的批评、责骂后，变得畏畏缩缩、胆小懦弱，完全丧失了学习的自信心。他们学得垂头丧气、牢骚满腹。这样当然是学不好的，教学成功的前提是学生自信、积极地学习。我在教学中留意发现每个学生的闪光点，并扩大这个闪光点，努力让学生体验到学习的成功感。尤其是成绩等方面暂时落后的学生，我更不会吝啬表扬。我认同好学生是表扬出来的，无休止的责骂只会使学生讨厌学习、自暴自弃。我会想方设法创造学生受表扬的机会，给他们展示的舞台，让学生体悟到"天生我材必有用"，这样学生才会慢慢抬起头来自信地学习。"自信"是学习成功的前提保证，自信的学习之路会越走越宽。教学中我追求每个学生都能自信，而不是只有成绩好的学生才自信。

三、进步

学生的进步是我最大的心愿。我认为培养自学能力是学好一切知识的基础，是学生不断进步的源泉。自学能力能让大脑变得聪明起来，能汲取丰富的、有营养的知识，能帮助学生树立正确的世界观、人生观、价值观，能熏陶学生的思想情操，能给人带来欢乐……自学能力像一把万能钥匙，只要学生能自学，他的学习成绩就一定会不断进步。在教学中我特别注重培养学生自主学习的意识和能力，不让学校成为他们教育的终点，追求为学生终身发展和不断进步打下基础。

他人眼中的我

一、学生眼中的我

得遇良师，何其所幸

时光飞逝，岁月如梭。我高中最难忘的是那一场高考以及关于这一场"人生大考"的人和事。肖老师影响了我的高考，影响了我整个高中。

我很幸运，高中自读文科以来就当上了政治科代表，能够有更多的机会接触肖老师。如果你要问我肖老师是一个怎样的人，我会用"魅力四射"来形容她。无论是在课堂上还是生活中都能感受到她的魅力，在课堂上会被她丰富的学识和精彩的讲课所吸引，生活中会被她那自律的生活方式和自由乐观的生活态度所折服。高中的时候，我一直以肖老师为榜样，希望能够成为像她那样的人。

在学习上，肖老师是一个既严厉又随和的老师，她对我们的要求很高，要求我们能真正掌握知识而不是死记硬背。在课堂上，肖老师会用许多好办法让我们更好地吸收知识，会教我们用思维导图等方法理清知识逻辑，避免死记硬背；会让我们每节课都展示并讲解一道高考题，从高二就开始慢慢适应真题思维并且很好地锻炼了我们的表达能力；会通过插入典故、时政热点、生活小事等让我们更好地理解并拓展知识。我在高中时很喜欢上政治课，成绩也还不错，在政治课上学到的方法也促进了我其他科目的学习；也是因为过去扎实的基础，大学里我在面对相关的思政科目以及考研政治时很有信心。

在生活上，肖老师是我们的知心朋友和可敬的长辈。记得她说过："一个人的生活状态和年龄无关，关键是你的心要永远年轻。"她积极向上、乐观自由的生活态度一直感染着我。高三那年我们压力特别大，肖老师会经常跟我们谈心，当我们遇到烦恼时她也会耐心地开导我们。我印象最深的是高考考第一科语文时比较紧张，自我感觉发挥不好，中午休息的时候我特别沮丧，无法平复心情。我不敢打扰身边的同学，也不敢跟爸爸妈妈说，我第一个想起的是肖老师，我给她发了短信并说了我的情况，她给我回复了一大段暖心的话。最让人感动的是，在我午觉醒来去考场的路上看到了肖老师在宿舍楼下等我，她没有提我说过的沮丧的话，只说了一句"加油，我相信你可以的"，然后给了我一个拥抱。真的十分感谢肖老师，是她的关心和爱让我可以及时调整好心态，否则我的高考可能就是另外一种结局。

肖老师永远会用她最饱满的热情站上讲台，也永远会用她最真挚的感情对待学生。得遇良师，何其所幸。有人说，爱才是教育，没有爱的教育失去了其本质。我很感激能够遇到肖老师，给予了我真正意义上的教育，并且留下了一段充满爱和力量的回忆。

（肇庆市高要区第二中学2018级高三实验班　林心怡）

二、同事眼中的我

风景不独好，远近总相宜

肖元英老师2009年来到我校时，我只知道她是某名牌大学毕业的硕士研究生，这在当时我校的政治学科教师中是很厉害的。

第一次见识肖老师教学的厉害，是在2012届新高三伊始。由于学校政策的原因，高二升高三时我接力了她带的3个班：1个重点班和2个B层班，数据显示在高二二期的肇庆市期末统考中，这3个班的政治学科平均分都超过学校同类班级10分左右，其中肇庆市政治科前五名有3人，2个B层班（我校当时第4层次班）的平均分都超过了广东肇庆中学（肇庆市最好的中学）的平均分，这在我校历史上是绝无仅有的。学生每每说起她都是由衷的叹服和感激，叹服她的专业水平之高，感谢她让大家养成了良好的学习习惯、夯实了学科基础。

再次领教她专业的厉害，是因为某次临时确定的公开课。由于多种原因，公开课的课题和时间在前一天才确定。一般来说，我们老师要上一节具有一定规模、高质量的公开课至少要提前3天准备，但肖老师在完成白天工作、晚上又有值班的情况下，第二天上午依然给大家展示了一节精彩且高质量的公开课。还记得有一次，参加全市高三政治教师的培训活动，我和她同住，晚饭后我们一起散步，回酒店又聊了好久，临睡前她说第二天有一个讲座，要做一个课件。当我中途醒来喝水时，已经是凌晨2点多了，只见她悠闲地伸了一个懒腰，一副从容淡定的模样。当时我真是对她服气了，只想到一个词"举重若轻"。

曾多次听肖老师的课，每次我都有新的收获。她教学风格丰富多样，驾驭课堂灵活自如，或娓娓道来，或循循善诱，或妙语连连，或环环相扣，整节课似行云流水，一气呵成。总的来说，她的课容量大、站位高，有活力、有张力，学生有很强的收获感和成就感。今年有幸和她同备课组同办公室，我多次见到她在办公桌前备课、写教案、查阅资料，一坐就是几个小时不挪窝儿，很是投入与专注，于是又一次真真切切地明白了"台上一分钟，台下十年功"的道理，哪有什么举重若轻、哪有什么信手拈来，有的只是厚积薄发。

有好几次，在上班路上，看到前面一个女神般的背影，感觉是肖老师又有点不敢确定，我突然感慨：这些年来，当我与一些同事安于现状、囿于一隅时，不知不觉间，她已经走向了更远的前方：学科组组长—课题主持人—市学科委员—市名师工作室主持人—市政府督学—公益志愿者……看到她依然坚定从容地前行，我相信，每一个角色，不管远近，肖老师都能呈现出相宜的风景，就像她已经证明过的一样：对于学生，她宽严有度；对于同事，她亲和友善；对于事业，她孜孜以求；对于生活，她充满热爱；对于公益，她热心奉献……

（肇庆市高要区第二中学　王俊芳）

三、专家眼中的我

肖元英老师热爱生活，善于学习，工作能力强，积极参加各项培训，不断提升自身能力和专业素养，在高中思想政治课教学中已经形成了自己独树一帜的教学风格，深受广大师生好评；潜心教学教研，热心帮助青年教师成长，取得了很好的业绩和成果。肖老师不忘初心、不负韶华，活得精彩而美丽，未来亦可期。

（肇庆市教师发展中心　梁巧玲）

幽默风趣、条理清晰、活跃开放

东莞市第八高级中学　王青莲

我的教学风格

一、个人简介

王青莲，湖南株洲人，中共党员。高中政治高级教师，获评"东莞市第八高级中学最美教师"。参加工作 18 年来，先后担任惠州市龙门中学政治教师、政治科组组长、班主任、团委书记，东莞市第八高级中学政治教师、政治科组组长、班主任。本人一直认真对待自己的本职工作，取得了较好的教学成绩，特别是高考成绩，曾获龙门县教学质量突出奖、八中高考突出贡献奖。主持市级课题两项，教学设计两次获省一等奖，多篇论文获市级奖励，一篇论文在国家核心刊物《思想政治教学》上发表，指导的多个学生政治小论文获市一等奖，并获市优秀指导教师奖，指导学生的演讲获市一等奖。

二、我的教学风格解读

1. 幽默风趣，生动形象

政治的内容决定了政治课堂往往让学生感觉枯燥无趣，再加上选课的现实情况使得部分同学在政治课堂上并不能那么集中注意力去积极思考、专心听课。如果教师一味地提醒甚至批评学生，最终就会导致师生关系紧张。后来我就动了一点小心思，有意识地去积累一些幽默诙谐的语言并用于自己的政治课堂，发现教学效果很好，学生也爱上了我的政治课。

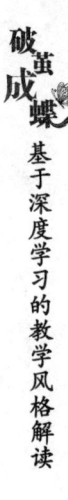

2. 关注情感、端正价值

每节政治课我都是带着满腔热情去上的，入职快 20 年了，学生变了、情境材料变了、世界变了，但这一点从未改变，每次讲到动情之处，往往情绪高涨、慷慨激昂、滔滔不绝、扣人心弦，给人以震撼心灵的力量。因为我懂得身正为范的道理。只有这样我才能更好地引导学生形成正确的价值观，落实立德树人的使命。我经常举一些时事例子帮助学生理解当堂内容并加以深化，引导学生形成正确的价值观。

比如我在讲价值的选择这一知识时，引用了"重庆公交坠河事件"作为载体，并设置了下列几个问题：在 15 条鲜活的生命消逝的背后，是 15 个支离破碎的家庭，那么究竟是谁，该为这些破碎的心灵负责？如果时光可以倒流，为了让不幸远离自己，你认为车上的乘客该如何做？如果我们的民族只剩下看客会怎样？为了在国家、他人、家人的面前，你不仅仅只充当"看客的身份"，未来你将如何选择自己的人生路？学生可以深思、讨论、发表观点等，最后让他们真正理解为什么做出正确的价值判断与选择要站在最广大人民的立场上，进而使他们自觉遵守社会发展的客观规律。

3. 张弛有度，收放自如

一堂优秀的政治课堂当然离不开情境的创设、素材的引用、问题的设置、探究的开展等，但往往在这个过程中会出现下列情形，比如为了探究而探究，问题的设问指向不明确，结果导致探究的结果并不能为理解课堂知识做出应有的贡献，使得一堂课看起来热热闹闹却不能达到理解知识的目的，形式大过内容，徒有其表。因此我们看似开放的课堂必须做到张弛有度、收放自如，那么这个收放的标准就要以理解运用书本知识为目的去进行探究。

4. 结构清晰，思维严密

我的课堂非常注重条理清楚、层层剖析、环环相扣、结构严谨，我比较常用一些思维工具引导学生形成严密的思维习惯，以收获良好的课堂效果。逻辑力量吸引学生们的注意力，再加上我讲课生动形象、机智诙谐、妙语连珠、动人心弦，一个生动形象的比喻，犹如画龙点睛，给学生开启智慧之门。习题课上，我更是精挑细选一些经典的题目来练习，教学生如何审题，教给他们一些答题的技巧等。

我的成长历程

自信满满、迎难而上

一、锋芒——让我自信满满

2004年9月，刚刚大学毕业的我怀着激动的心情走上了教学岗位，当我第一次站上讲台，第一次面对台下几十双眼睛时，我的心里忐忑不安。那时我才意识到，大学课程理论学习跟实践存在着巨大差异，每次上课之前我都先去听科组内经验丰富的老师上课，之后找一间空教室进行试讲，从上课的内容到说话方式，都一遍一遍地打磨，因为我的性格外向，而且说话富有激情和感染力，所以很能调动课堂气氛，经过一段时间的摸索，我终于找到了适合自己的上课方式，我力争每一节课都能让同学们在很轻松的气氛中学习，将课程内容融入学生互动的情境中，效果非常良好，因此我的课堂，深受同学们的喜欢。开学两个月后，学校开展了全校优质课教学比赛，这次比赛老中青教师共有三十多人参加，经过科组内比赛评比，我以全票推荐获得了参加比赛的资格。我选讲的内容是《社会主义市场经济》，从教学设计到课件制作，从情境设计到素材选取，我一丝不苟地打磨完成，比赛那天全县所有的高中和市里的部分高中派老师到学校观摩，我富有创意的教学设计、充满激情的课堂教学、学生现场的激烈讨论和思维碰撞，赢得了所有听课老师的高度评价，最终课堂教学和教学设计都获得了第一名，这次活动让我收获了满满的自信。在接下来的教学中我充分展示出自己的专业知识和对时事的敏感度，打磨每次教学设计，并在课堂中穿插时事要闻，2006年6月，我参加了全省思想政治教学设计大赛，我的教学设计《传统文化在今天》获得了全省一等奖，并在东莞市高级中学举办的全省政治研讨会上进行展示。2006年9月，我因教学成绩优秀和教研能力突出，获得了学校首届教坛新秀的称号。作为一个新教师，虽然在课堂教学方面得到了学生的认可，但在高考备考方面却是一片空白，工作的第二年，我就认真研究教材和高考，开始做前五年的高考题和各个地方的模考题，通过做题，我熟悉了高考出题的方向和方式，之后的课堂不仅有趣，还很高效。参加工作的第三年，我作为一个新手，担

幽默风趣、条理清晰、活跃开放

· 217 ·

任高三班级的政治教学工作和班主任工作，第一次高考，所教两个班级的政治成绩分别排名全校第一名和第二名，接下来学校让我继续留守高三，并担任高三政治备课组组长和高三班主任。工作第五年时，我已经担任了三年高三班主任和高三政治教师，并担任了学校政治科组组长和学校团委书记。参加工作的第七年，我再次担任高三政治科备课组组长，这一年学校的高考政治成绩由入学时全市第十五名进步到高考成绩单排名全市第六名，进步幅度是当年所有高考科目中最大的，我也获评县高考成绩优秀奖，所带班级黎光辉同学被清华大学录取。

二、沉淀——让我迎难而上

2011年8月，我来到了东莞市第八高级中学，担任高三政治备课组组长和高三文综备课组组长，新的工作环境，使我意识到自己虽然在高考备考方面取得了一定的成绩，但教学理论方面还有许多的不足，还需学习先进的教学理论和方式，我将自己定义为新人，从"翻转课堂"到"智慧课堂"，"莞式慕课"到我校的"立人课堂"，每一个新的教学模式，我都认真学习和实践，将新的教学模式的优点融入我的课堂，逐渐提高自己的教学品质。

为了促进理论与实践的融合，我先后做了"高中政治教学培养学生获取信息能力的研究"和"高中政治议题式教学的实施研究"两个市级课题并且顺利结题，通过研究课题，从理论方面提高自己的教学水平；通过实践研究，提高学生的学习兴趣和成绩。

教育的对象是学生，要想提高教学效果就得研究学生，我多次阅读奥地利作家阿弗雷德·阿德勒的《自卑与超越》，用书中的实例和方法与学生沟通交流，及时解决学生存在的心理问题，其间我主动参加了心理学理论学习，通过考核取得了心理学B证。教育部将生涯教育作为学校教育的重要组成部分，我报名加入了学校第一批生涯教育团队，并参加生涯教育规划师的培训，通过学习和考核，我取得了生涯规划师资格。

今天的学生从网络上得到的信息比过往的任何一届学生都多，过往的经验不再适合今天的学生。教育是面向未来的，在现代教育技术飞速发展的今天，我需要不断学习，将自己当作新人。

我的教学实录

全面依法治国的总目标和原则

导入新课：

播放视频《东莞市疫情防控法治宣传片》。

[教师活动] 播放视频《东莞市疫情防控法治宣传片》，引导学生从现实中、从我们身边的事情中感悟我国治国理政的基本方式，从微观的角度理解依法治国的重要性，从而带领学生进入本节课内容。

[学生活动] 观看《东莞市疫情防控法治宣传片》视频，思考议题，初步感受中国特色社会主义法治建设。

环节一：探究与分享《法制与法治的区别》。

[教师活动] 展示探究材料：《法制与法治的区别》。

[情境探究] 结合材料信息，说说"法制"与"法治"的区别。

[教师总结] 法治与法制的区别：法治是法律统治的简称，是相对于"人治"而言的，强调一个国家处于依法治理的一种状态，重在治理。"法"是主体，由人来制定和实行法律，但不以人的意志为转移。法制是法律制度的简称，属于制度的范畴，强调一个国家的法及其法律制度。

[学生活动] 学生阅读材料思考理解。

环节二：为什么要全面推进依法治国？

[教师活动] 展示材料"东莞警方通报近期部分涉疫情违法犯罪案例"：

1. 马某于2022年3月15日被确诊为新冠肺炎阳性病例，当流调工作人员对其行程轨迹、接触人员等情况进行了解时，马某刻意隐瞒其于3月12日晚在某烧烤店与他人聚集的事实。

2. 2022年3月15日，刘某、易某二人在桥头镇某宾馆由刘某用软件将两人的"阴性"核酸检测结果修改为"阳性"，并发给其朋友，造成不良影响。

3. 2022年3月17日，李某在没有按要求佩戴口罩的情况下，不听从防疫工作人员的劝阻，强行通过厚街镇某防疫卡点，并与防疫工作人员发生争吵。

[提出问题] 在疫情期间，故意隐瞒旅居史、不隔离、散播谣言……会产

生什么影响？结合上述材料说说法治在疫情防控中的作用。

[学生活动] 小组合作讨论展示观点。

环节三：全面推进依法治国的总目标是什么？

[教师活动] 播放 PPT 展示全面依法治国的总目标，进行讲解及引导。推进全面依法治国的总目标：

1. 建设中国特色社会主义法治体系（在中国共产党领导下，坚持中国特色社会主义制度，贯彻习近平法治思想，形成完备的法律规范体系、高效的法治实施体系、严密的法治监督体系、有力的法治保障体系，形成完善的党内法规体系）。

2. 建设社会主义法治国家（坚持依法治国、依法执政、依法行政共同推进，坚持法治国家、法治政府、法治社会一体建设，实现科学立法、严格执法、公正司法、全民守法，促进国家治理体系和治理能力现代化）。

[学生活动] 思考问题，倾听并理解知识。

环节四：全面推进依法治国的要求。

[教师活动] 展示材料"全面依法治国在我国政治生活中对不同主体的要求"，提出问题：根据材料信息总结全面推进依法治国的要求。

[学生活动] 阅读材料与书本，思考并回答问题。小组派代表总结全面推进依法治国的要求。

环节五：如何理解全面推进依法治国的原则？

[教师活动] 展示材料：

1. 在东莞疫情停课期间有人说我们的"疫情防控法治同行"是捡了芝麻丢了西瓜的行为，人家欧美国家都躺平了！你如何看待这个观点？

2 疫情期间，大部分人都是自觉按照我们的抗疫要求去做的，但我们身边总有一些人的一些行为让我们不齿，比如？

提出设问：请根据探究得出的启示谈谈全面推进依法治国要坚持什么原则。

[学生活动]

（1）小组合作讨论问题（在东莞疫情停课期间有人说我们的"疫情防控法治同行"是捡了芝麻丢了西瓜的行为，人家欧美国家都躺平了！你如何看待这种观点？）并派代表表达得出的观点。

（2）交流思考回答：疫情期间，大部分人都是自觉按照我们的抗疫要求去做的，但我们身边总有一些人的一些行为让我们不齿。

［教师小结］（略）

我的教学追求

教育在于立人立志立行

一、把课外生活引入政治课堂

本人一直坚持立足讲台，从事高中政治教学工作，主张政治教学要生活化，把理论和实际相结合，把政治课堂和生活相结合。著名教育家杨瑞清说过："要让孩子真正成为学习的主人，就必须要让他在学什么、怎么学上有选择的权力，这种选择可以在老师的引导下进行。"在我们日常的教学中，教师往往就教材内容讲解教材知识，也就是课堂上所讲的内容摆脱不了教材的束缚，不能与学生的学习生活相结合，学生仅仅是去解读理论知识，最后的效果基本是学生"不识庐山真面目，只缘身在此山中"，不仅不能让学生很好地理解和掌握知识，也不能提高学生获取材料有效信息的能力。因此让学生主动走出教材，到课外去收集整理材料，搜集身边的材料，借助身边熟悉的材料来解读抽象难懂的知识，从而获取其中的有效信息尤为重要。为了提升学生课外获取信息的兴趣与积极主动性，在引入课外生活素材方面也必须给予学生自主选择的权力，教师的规定不能太严格。当然教师在这一过程中同时要起到引导的作用，这就要求教师在布置任务前先钻研教材，明确教学目标，预设好教学的流程和活动计划；钻研学情和地方特色。之后再引导学生根据自己的实际去选择获取身边的生活素材，为一堂精彩的政治课添砖加瓦。

例如：我们在讲文化生活的第四课第一框《传统文化的继承》的时候，我就布置学生搜集并介绍具有东莞地方特色的传统文化，由于课前学生收集、归纳信息比较到位，课堂上学生展示了东莞可园、客家山歌、东坑的卖身节、望牛墩乞巧节等，锻炼了学生利用身边有效素材的能力。

二、把培养学生的能力作为政治课堂的主线

以往传统的教学模式中，教师一味地给学生灌输书本知识，学生被动地

掌握，使得学生的课堂学习陷入了死记硬背、缺少理解的尴尬境地，这样很难培养学生分析问题、解决问题的能力；同时，老师单纯地呈现知识，也使学生很难主动地去获取相应的知识，从而失去学习的兴趣。在以学生的探究式学习为主的教学模式中，课堂知识的学习主要是由学生收集材料、分析加工处理材料、通过从材料中获取的信息理解掌握并运用知识为主导的，教师在这一过程中主要以引导为主。另外高考的考纲中明确规定的一个重点考查能力要求就是获取和解读信息的能力，即能够从题目的文字表述中获取回答问题的有关信息；能够快速、全面、准确地从图、表等形式中获取回答问题的有关信息；能够准确和完整地理解并整合所获取的有关信息。从近几年的高考出题趋势来看也明确体现了侧重考查学生能力的倾向，能力才是制约历届考生拿高分的瓶颈。从学生的未来发展来看，学校培养出来的能力往往对学生的未来发展有着决定性作用。比如学生的知识面问题、学生的表达能力、学生分析问题和解决问题的能力等都可能在学生未来的发展道路上起到至关重要的作用。

他人眼中的我

一、学生眼中的我

我心中的青莲老师

有很"特别的"往年时光，有点评一针见血的能力。高一上学期她的开学第一课实在太与众不同、太精彩了，她特别提到"我们的幸福生活是得益于背后有个强大的祖国，我们青少年要心中有国，并为祖国的强大而努力奋斗"。她还对那时发生的关于明星和追星事件提出了自己的见解，让我发现了这是一位想紧跟时代潮流步伐的老师，怀有一颗想要融入"00后"潮流的童心。

在私下我们一般叫她莲姐，政治课上的莲姐讲话铿锵有力，幽默风趣，她说最不喜欢的就是死气沉沉的课堂，"你——（拉长音、重音）听明白了没有"是她的口头禅。

还记得有一节政治课讲的是"中国梦",后来有位同学在我们班公众号投稿道:"让我印象深刻的是有一节政治课。当时授课内容是关于中国梦的,看完几个视频后,班上没有普遍的吵闹,而是一片寂静。似乎是在感叹中国发展速度之快,而政治老师站在讲台的正中间,向我们讲述中国现今的成就,这时,仿佛就是一部短电影,画面不断由近到远,声音由清晰到缥缈……新时代新青年正在被孕育着。"我亦有同感,那节课是我第一次在政治课上举手回答问题,回答问题的时候莲姐的眼神一直看着我,似乎在给我一些信心,回答完毕后她说"很好!不愧是我的政治课代表",让我对学政治又有了一些信心。她每抛出一个问题,对每一位同学发言后的评价都很中肯、真诚,会让发言的同学觉得非常有成就感,从而有了想继续学习的动力。

她是一位很负责任的老师,有一次班里有两位同学晚修都开始了还没到位,问前问后都不知道两位同学去哪了,她就开始担忧和紧张,在教学楼找前找后,最后两位同学都回到班上之后她才安下心来看晚修。看晚修的她是非常严肃的,不容得一点不应该发出的噪声,所以每次礼拜三的晚修都是最安静的。

政治课下的莲姐会带着她的二宝在学校"瞎逛逛",常常看见他们出现在学校小卖部、鱼池边,一起在操场打闹,逗得那个小家伙哈哈大笑……她也是一个很爱生活的人,时不时泡点菊花枸杞茶,桌上养盆小花草,衣着时尚大方,脸上总是挂着灿烂的笑容。

可能老师就是站在没有鲜花的舞台进行着没有掌声的独白,但紧握的粉笔总能让每种颜色盛开的职业吧。亦师亦友的老师在我觉得是最好的,希望我们的莲姐越来越好,哪怕由于现在还不太熟悉,还没成为我们所有同学的知心好友,但我相信她未来会成为的。

[东莞市第八高级中学高一(1)班 李 瑶]

二、同事眼中的我

我那热情务实的师父

"师者,所以传道受业解惑也。"怀揣着教育理想,我走上了三尺讲台。作为年轻教师,我们有理想、有闯劲,但也深知自己存在很多的不足。我们迫切希望能有一位有经验的领路人带领我们前进，而学校适时地为我们安排了青蓝工程的师徒结对，我和我师父王青莲老师的师徒缘分也正式始于此时。

还记得刚刚带班的我，面对5个班的教育教学工作，时常感到困惑，有时甚至束手无策，幸而有我的师父青莲姐，给了我无私的帮助和关怀，她总会把自己的经验和想法耐心、细致地教给我，有时还帮我留心班级，并对出现的问题帮我支着儿，让我更加得心应手。每当我不知所措时，师父都会和我说："相信自己，你没有问题。"就是这样朴实的话语，让我又重新鼓起勇气开始新的征程。

师父是一个严谨细致的人。在平时，师父事无巨细，事事落实，提醒到位，甚至该怎么做都会说得明明白白。比如，在我参加工作的第一年里，我的每一个教案师父都要过目，针对重难点她总是手把手地教我这个知识如何考查，如何讲才能让学生轻松应对这一知识的考查，情境材料的选择是否合适，探究中设置的问题是否指向书本知识等，她都会一一审核。我就紧跟师父的步伐，学习师父的细心，学习她的拼搏和付出。

师父是一个善于引导的人。作为青年教师，我们在工作中、生活中难免有做得不恰当的地方，师父从来没有挖苦、批评，还耐心地指导我们要怎么做、做到什么地步，让我们的行动有了方向，做事有了目标，效率得到了提升。她总是教育我教师这份工作很纯粹，要学会为而不争，不忘初心；要用自己一身的正能量去影响学生，要传递善良，真诚关爱。她是真正在用自己的行动引导学生和青年教师。

师父是一个总是充满热情的人。她的课堂总是能轻松调动起学生的积极性和主动性，或讨论、或辩论、或演讲，学生总能在她的课堂上找到自己可以胜任的任务。听师父的课，学习师父对学生循循善诱的教课方式、对知识的细致讲解、对课堂的精准掌控，对我来说是大有裨益的。

三尺讲台，三寸舌，三寸笔，三千桃李；十年树木，十载风，十载雨，十万栋梁。我深知在教育教学上还有许多地方待完善、待学习。希望在师父青莲姐的带领下，继续努力奋斗，一路向前。

（东莞市第八高级中学　杨　帆）

三、专家眼中的我

王青莲老师是一位积极向上、工作努力的老师,在十几年的教学生涯中,能够不忘初心、积极进取,不断探索新的教学方式与方法,教学教研两不误,王老师的课堂活跃有趣又不失深度、幽默风趣又不失风度,深受学生的喜欢,教学成绩突出。作为科组组长,王老师在引领青年教师成长方面也是一丝不苟,给青年教师提供了无私的帮助,让科组青年教师的成长更加迅速。

(东莞市第八高级中学 鄢少华)

教育的温度让种子生根发芽
——我的五度教学理念

东莞市东华松山湖高级中学 杜 蕊

我的教学风格

一、个人简介

杜蕊，女，中共党员，五邑大学学科教学（思政）教育硕士毕业，现任职于东华松山湖高级中学，担任高一年级政治老师。2020年入职至今已经荣获优秀班主任、青年教师基本功大赛二等奖、东莞市品质课堂三等奖。教学中，认真钻研教育教学，致力于提高学生的政治核心素养。先后撰写《基于核心素养的高中思想政治课堂教学原则》等文章发布于省级刊物上。

二、我的教学风格解读

陶行知先生说过："新教师要具备'爱满天下'的大爱精神；要具备'捧着一颗心来，不带半根草去'的奉献精神；要具备'敢探未发明的新理，敢入未开化的边疆'的创造精神，要具备'千教万教教人求真，千学万学学做真人'的求真精神。每个学生都是一棵小小的幼苗，没有温度的教育，不仅会影响这棵小树苗的成长速度，也会影响这棵小树苗的成长质量。"

1. 埋一颗思想的种子，扎根土壤——政治的高度

埋一颗思想的种子，是埋在学生心里，也是埋在教师心里。立德树人这一根本任务的提出，其实就是要求教师要提升自身素养。而政治高度，则决定着教师未来能够走多远，对学生的教育又能达到什么样的水平。作为要给学生系好第一颗扣子的我来说，首先我坚定自己的理想信念，利用课余时间学习党的思想与方针，提高个人政治素养，同时也会将其贯穿于我的整个政治课堂，我的政治课堂不仅仅是单纯传授政治知识的课堂，还是提高学生政治思想高度的营地，通过对新闻的解读和讨论，引发学生的责任感与使命感。我用自己的爱与热心浇灌幼苗，让幼苗深深地扎根于土壤之中，为未来做好扎实的奠基，积极地创新，培养出新时代的人才，让花香飘满祖国。

2. 施一点爱心的肥料，静待发芽——教育的温度

每一个学生，都有一双探索世界的眼睛。他们像一只只蜗牛，因为不了解，所以小心翼翼地伸出触角，打量着未知的世界。而教师，则是引导学生走出蜗牛壳，见识广大世界的引导者。如果教师伸出的手用力过猛，则会将这些小蜗牛吓回到自己的壳里，不再睁眼看世界。但温柔地抚摸，却可以让"蜗牛"小小的"触角"适应这个世界，一点一点地成长。在和学生交流的时候我时常会告诉自己，要施一点爱心的肥料，这些肥料是由耐心、细心、真心一点点拼合而成。就像陶行知先生说的一样，爱满天下，这样才可以静待一只只小"蜗牛"发出稚嫩的"芽"，勇敢地探索前行，即便前行的路途中会有风雨，但雨过天晴后依然有绚丽的彩虹。

3. 酿一壶经年的雨水，适当浇灌——教学的梯度

我们都知道"揠苗助长"的故事，为了让地里的庄稼快快长高，农人把这些庄稼一一拔起。因为不能深深地扎根在土壤中，所以汲取不到水分，也抵挡不了风雨，这些庄稼反而生长得不好。学生也是这样，作为政治老师要根据学生不同时期的特点对自己的教学梯度进行调整，高一的学生刚刚升到高中，对高中政治充满好奇，这个时候我会先引导他们明白高中政治和初中的道法无论是知识的深度还是广度都是不同的，我会降低知识的难度，提升学生的学习兴趣。选课分班以后，加深课堂知识内容的深度，提高学生在政治学科的高精尖。同时我会引入时事政治评述活动，让学生学会活用；循序渐进，让学生在潜移默化中感受到政治的魅力，进而积极主动地投入学习，真正成为知识的主人。

4. 积一树盛开的繁花，绽放华光——自身的厚度

在学生思想觉醒的过程中，教师对学生的思想产生了巨大的影响，影响了学生思维发展的路径。基于这一点，教师在政治教学中，应该先提升自身

的素养，让自己成为一个有"厚度"的人，这样才会对学生形成好的影响，充分发挥榜样的作用。我深知自己作为孩子们的老师，自身的素养还是不够的。我经常会在课余时间不断地阅读、学习本专业的著作，也会去听其他老师的课来提升自己。除了学习专业知识外，我也会补充自己的教育知识，力求做到能够与学生平等交流，尊重学生，真正做到"君子之风"。我始终坚信提升知识素养与个人修养，是教师前进的方向，且是一种永恒的目标。

作为学生成长道路上的明灯，教师有责任也有义务在学生心中种下一颗温暖的种子，并用心呵护这颗种子，让其努力成长、枝繁叶茂，成为栋梁之材。

我的成长历程

我的追寻之路

三十而立的我却初登讲台不过三年。现在再回头去看过去曾走过的路，感慨万千，如果用一个词来形容我的前半生，"追寻"这个词最适合不过了。

一、追寻中，找到未来的方向

我出生在一个很有爱的家庭，作为独生子女的我从小到大受到了父母无尽的宠爱。对于教师这个职业最开始的启蒙是我的爸爸，他是我们当地村里的初中语文老师，记忆中爸爸有一个大大的书柜，里面全都是爸爸的宝贝，我曾在书柜里看到学生写给爸爸的贺卡还有各种信。那是我对教师这个职业最初的印象。

从小到大，爸妈一直传授给我的一个观点就是如果不知道自己要做什么，那么就去试一下每一种可能。在大学的时候我选择了尝试不同的兼职，想在尝试中找到适合自己的职业。我在烧烤店里做过小时工，我在女仆咖啡屋做过女仆服务生，我在街边贴过小广告，我在机构里面做过兼职教师……大学四年，我做过的兼职有十几种，这些兼职的经历让我清楚地意识到了学历是重要的敲门砖，不同的学历会让自己站在不同的起点。于是，大四毕业的时候我选择暂时放弃就业，尝试考研，经过两年艰辛努力，终于得偿所愿。

二、追寻中，尝试不同的可能

读研期间，对我来说又一个困惑就是选择高等教育还是基础教育。实习时，我选择了职业院校，实习半年感觉不是我想要的生活。毕业后我选择了留在高校做一名专职的思政教师。在高校的一年是很轻松的，不需要按时打卡上班，平时的备课也都是一个人独立完成。这一年我过着外人看起来很轻松的生活，生活越是轻松，我精神上就越是空虚。我尝试通过增加阅读来填补，也尝试写一些论文，或者是培养自己的兴趣爱好，做了很多，但依然觉得自己的精神世界很空虚。于是，我决定离开高等教育来到初等教育。2019年8月，我成功入职东华初级中学，成为一名初中政治老师。第二年，从东华初级中学调入东华松山湖高级中学，成为一名高中政治老师。

三、追寻中，坚定前进的道路

当我和自己的朋友说我成为一名高中政治老师的时候大家其实真的很惊讶，毕竟作为理科生的我居然成为一名文科教师。一开始，对于自己的专业知识是否能够胜任我一直都很惶恐，机缘巧合下有幸结识了王定国老师。王老师是一个和蔼可亲、博学多才的智者，每每遇到困惑的时候他都会通过循循诱导帮我走出困境。在王老师的帮助下我的教学技能渐渐成熟了起来。除了王定国老师，王建新老师也是我成长路上重要的引路人。还记得第一次见到新哥的时候，他热情爽朗地说："我见过你。"没想到就是这样简单的一句话拉开了我跟新哥之间缘分的序幕。新哥是一个做事极其认真负责的人，有一次，因为自己参加了市里组织的品质课堂大赛，比赛过后我给新哥留言，希望他能给我指点一二。新哥二话不说就在中午休息时间把电话打了过来，他从课堂设计到教学内容甚至连我PPT的背景颜色都给出了很中肯的建议。那一刻，我的内心被感动所充盈。一方面是很庆幸自己能遇到一个能够真心实意帮助自己成长的老师，另一方面很高兴自己在专业技能上又更上一层楼。

两年来，我不曾停止在教学上对自我的提升，只要有空就会去听老教师的课，向优秀学习；每周一套高考卷；阅读相关的期刊；积极参与各项论文、课题活动等。虽然已是而立之年，但在政治教学上我还是一个蹒跚学步的幼童。未来还有很多机遇和挑战正在等待着我，就像习近平总书记讲到的：道阻且长，行则将至；行而不辍，未来可期。

我的教学实录

借助思维导图，促进有效复习——必修2第一单元复习课

课堂导入：

今天上课之前，我们一起来玩个游戏。大家看屏幕上的词组，给大家1分钟的时间，看最多能记住多少个词组。

师：让我们有请记得最多的同学给我们分享一下为什么他能够记得又快又多。

生：我没有按照这个顺序记，而是把它们进行分类整理，比如按照时间顺序排列为原始社会、奴隶社会、封建主义社会、资本主义社会还有社会主义社会。这样给它们串联起来就会更容易记下来。

师：是的，我们在学习的过程中也要尝试把琐碎的知识串联起来，这样会更有助于我们吸收知识点。而思维导图就是能够很有效地帮助我们将这些知识点串联起来的好方法。今天，我们一起来学习借助思维导图，促进有效复习。课前我已经让同学们以小组合作的方式制作出了思维导图，那么接下来请各小组派代表上台跟我们一起分享一下。

环节一：构建思维导图固基础

生：我们构建的是第一课第一框的思维导图。我们以生产资料所有制为关键词进行思维导图的制作。另外，我们的非公有制经济成分包括个体经济、集体经济以及外资经济，它们与公有制经济一样具有重要的地位。最后我们组将公有制经济和非公有制经济的关系进行了总结。可以看出我们国家生产资料所有制坚持以公有制为主体，多种所有制共同发展是能够有效促进国家经济发展的。

生：我们组构建的是第一课第二框坚持两个毫不动摇的思维导图。我们是从坚持两个毫不动摇的内容划分出来的，一个是毫不动摇地巩固和发展公有制经济，一个是毫不动摇地鼓励、支持和引导非公有制经济发展。然后我们从坚持两个毫不动摇的做法进行分类。经过思维导图的制作，我们可以明显地区分坚持巩固和发展公有制经济与鼓励和引导非公有制经济的不同做法。

师：感谢各小组的代表，大家都能通过小组合作的方式把前两框的知识

点用思维导图的方式呈现出来。能够构建出思维导图只是我们的第一步，接下来我们要学习如何运用思维导图进行学习。

环节二：辨析易错知识破难题

师：我们通过思维导图可以快速地抓住课本中的重点、难点和容易搞混的知识点。那么接下来让我来检测一下大家对知识的掌握情况吧。下面的五句话，大家来判断一下对错，再将错的地方改正一下。

生1：我们国家的生产资料所有制以公有制为主体，国有经济占主导地位。

生2：国有经济的主体作用主要体现在控制力上，国有经济在国民经济中占支配地位，和它的比重是没有关系的。

生3：促进共同富裕是社会主义市场经济的根本目标。

生4：社会主义市场经济的内在要求是科学的宏观调控和科学的有效治理。

生5：市场调节的滞后性就是从价格形成、价格信号的传递到生产调整有一定的时间差。

师：很好，很多同学都能够很好地掌握这一部分的知识。接下来让我们来看一看大家是否能够将掌握的知识学以致用。

环节三：训练模拟真题提能力

[多媒体展示]

2020年初突发的疫情，使社区团购成为市场关注的"爆点"。团购平台充当居民和供应渠道的中间商，采取预售+自提的方式，进行无接触配送。商家将商品配送到小区的指定服务点，然后由社区居民到指定地点进行自提。面对巨大的市场潜力，我国各大互联网企业纷纷入局社区团购，不少企业家甚至亲自带队进行市场布局。对此，《人民日报》发文称：今年以来，美国接连在芯片上制裁中国科技企业，攻克关键技术领域的"卡脖子"难题，成为举国上下的关切。互联网巨头拥有雄厚的财力、大量的数据资源、领先的数字技术，人们期待巨头们不仅能在商业模式上进行创新，更能承担起推进科技创新的责任。2020年7月21日，习近平主席在企业家座谈会上发表重要讲话：要弘扬企业家精神，推动企业发挥更大作用，实现更大发展。

结合上述材料，运用经济学知识谈谈你对习近平所讲的这句话的理解。

师：3分钟时间小组讨论，利用之前我们构建的思维导图，快速找到本题的答题要点，并完成题目。组长要组织讨论，记录员进行记录。

师：我们来看一下，这个题目大家圈画出来的关键词有哪些。

生1：我们组认为材料中企业家亲自带队、进行商业模式创新、承担起推进科技创新的责任都能体现出他们的企业家精神，而且他们的精神中还有爱国和听从党的领导的元素。

师：是的，除此之外，大家再想想这个事件对企业家来说还有哪些启示。

生2：他们要承担起责任，在国家和人民需要的时候挺身而出。

师：是的，大家都说得很对。那么我们来看一下这个题目的答案。

[多媒体展示] ① 企业家是企业的领头人，其精神与素质对企业的发展起着引领作用，在带领企业追求经济效益的同时要承担一定的社会责任，使企业树立良好的信誉和形象。

② 企业家应当增强爱国情怀，把企业的发展发同国家繁荣、民族兴盛、人民期望紧密结合在一起。

③ 企业家要坚持创新发展理念，既要推动市场创新，又要着力推动科技创新，把企业打造成为强大的创新主体。

师：在我们身边有很多值得我们去学习的企业家。今天我们来认识一位企业家——孟晚舟。

环节四：提升政治素养塑品质

师：没有大国崛起，何来小民尊严啊。同学们，如果信念有颜色，那一定是中国红。经历了百年风雨的中国共产党带着我国人民站起来、富起来、强起来。我们走过了"雄关漫道真如铁"的昨天，经历着"人间正道是沧桑"的今天，而"长风破浪会有时"的明天正等待着你们。我相信，那时候的你们一定会成为有着爱国情怀又不失创新精神的优秀企业家！

我的教学追求

功底深厚　语言幽默

如果说你不认识罗翔老师，那么你一定听说过著名的法外狂徒张三。最开始被罗翔老师的课吸引的原因就是他授课内容幽默风趣，明明是非常枯燥的刑法内容，但是在他的口中却变成了一个又一个有趣的例子，让人在欢笑之余记住了刑法的很多法条法规。我曾经认真地斟酌过，为什么很多政治大咖能够将大家公认的枯燥无味的政治讲得既有趣又不失水准呢？慢慢地，我发现了，是因为他们有着深厚的政治功底，能够融会贯通，可以说，政治不仅仅是他们的知识，已经成为他们身体的一部分了。而我的毕生追求就是能够成为一个功底深厚、语言幽默的政治教师。

习近平总书记多次提到，思政教师是学生的领路人，我们要为学生扣好人生的第一颗扣子。这两年的教师生涯也让我感受到了作为思政教师的责任重大。平时在课堂上的时候，我会通过真实的案例来给学生进行法律知识的讲解，有时候也会讲一些在社会上有争议的案件和他们展开讨论，讨论之余我们也会思考其背后的原因，我会适当地在思想道德上给予他们一些引导。但是很多时候我能够明显地感受到自己的理论功底太过薄弱，有时候自己特别想要表达些许东西，但是话到了嘴边却不知道要怎么说，有时候精心设计的一节课，上过了以后发现仅仅是形式新颖，讲授的内容却很浅，对学生的政治素养培养并没有多大用处。

接下来我要做的就是加大自己的阅读量，不论是名家著作还是期刊，又或是学科前沿会议都要有所涉及，这样才能加厚自己的理论功底。另外，我还要拓宽自己的知识面，政治本身是一个综合性极强的学科，一个优秀的政治老师不应该仅仅涉及政治的知识，还应该对文学、历史、逻辑学以及博弈论等方面都有所涉及，让自己的知识真的融汇古今、贯通中外。除此之外，我还要多观摩一些优秀的艺术表演家的视频，学习他们是如何运用语言的魅力达到艺术效果的。

有时候我会想，一堂精彩绝伦的政治课除了精神上的享受，更是多重感官的艺术盛宴。希望能够在不久的将来，我的政治课不仅仅只是语言幽默、授课形式新颖，更多的是能够在不经意间提升课堂的含金量，真正培养学生的政治素养。

他人眼中的我

一、学生眼中的我

我的政治老师

杜老师总是戴着一副眼镜,镜片后的眼睛笑起来很好看,她特别喜欢笑,似乎没有任何的烦恼。我永远记得杜老师的第一节课的开场白:"为了防止世界被破坏,为了守护世界的和平,贯彻爱与真实,可爱又迷人的政治老师——杜蕊,闪亮登场!"只是因为这一句话,瞬间就带动起了全班热络的气氛,一时间掌声如潮。

在讲课时,杜老师充分地展现了她的幽默风趣,一个个搞笑段子中带着当天所讲课的内容,让我们不忍错过她讲的每一个片段。现在的我们,每天都盼着上她的课,等待着这位如邻家姐姐一般的老师,想象着她能够给我们带来什么样的新鲜与惊喜。

对于我来说,同样有青春期的叛逆。爸妈的唠叨,以及他们因忙于工作而忽略我的情绪,这个时候,我的杜老师,她总能在第一时间发现我情绪的变化,找我谈心,她像是一个朋友,和我讲她青春期时的叛逆,告诉我她是如何一步一步度过青春期的,她的经验总是与众不同,能够让我在第一时间感受到她对我的关心。我的杜老师,她的率真、她的热情、她的风趣、她的情怀,所有的这些,让我在整个初中学习生涯里,有了一种前所未有的感受。

特此,谢谢你,我的老师,我的牛姐。

(东莞市东华松山湖高级中学106班　李碧瑶)

二、同事眼中的我

敬业的杜老师

初识杜老师是在岗前培训会上,她的灵动有趣、热情开朗给我留下深刻的印象。当接触更深之后，我发现她除了有一个有趣的灵魂，真诚更是她最闪耀的标志。无论男女老少，她待人的真挚像是一束光，温暖着身边的人。

作为一名教师，育人是天职，教书是本职。杜老师在育人上孜孜不倦，在教学上也从不懈怠，精益求精。经常能看到她来到东城聆听各位前辈的课，与同行进行教学上的探讨。在她的课堂可以看到她在学习他人长处之余，也能够结合自己东北人爽朗爱笑的特点，打造了别具一格的课堂风格。杜老师的课堂氛围轻松愉悦，学生在她的影响下亲师而乐学。就像杜老师在一次演讲中说起的："对于我这只是一次普通的课，而对于我的孩子们，这是他们的人生。"

教育是一场修行，育己更育人，杜老师对教书育人展现的真诚负责，是我见过的对"教育是一个灵魂唤醒另一个灵魂"最形象生动的诠释。

（东莞市东华高级中学 肖晓花）

三、专家眼中的我

杜蕊老师勤学好问多思，在读研期间就勤勤恳恳地阅读了多部思政教育等多学科的著作，公开发表了多篇学术和教研论文。毕业后，她虚心学习，不断地突破自己，努力提升自身的专业素养和综合能力。在教育教学过程中，她不断丰富自身学识，努力提高自身能力和业务水平。她能够在中学政治课堂上采取新颖的教学手段，提高学生对政治的兴趣度。她就像一块"璞玉"，假以时日一定能够被打磨成光亮璀璨的艺术品。

（广东省江门市五邑大学马克思主义学院副教授 尚小华）

平等民主、幽默风趣、兼容并包、客观严谨

揭阳市揭东区梅岗中学　林海兰

我的教学风格

一、个人简介

林海兰，中学政治一级教师。她性格开朗稳重，本着"踏踏实实做人，认认真真做事"的原则，热情真诚，工作认真负责，善于沟通协调，有较强的组织能力和团队精神；上进心强，勤于钻研，能不断提高自身的能力和综合素质；吃苦耐劳，甘为人梯，开拓创新，具有高度的责任感和敬业精神。从教20多年来，虚心学习，认真探索教学方法，研究教育方式，因材施教，成绩突出，受到了领导的好评和师生的称赞；多次获得"优秀教师""优秀班主任"和"高考优秀监考员"等称号，系揭东区政治教研中心成员，论文《浅谈思想品德课在生活中的素质教育》《信息技术与政治（新课标）整合的实践》分别获市级一、三等奖。

二、我的教学风格解读

1. 对学生的吸引

我把关注社会热点、国内外大事与课堂教学紧密联系在一起，让学生感受到思想政治学科是有用的、有立足点的，不是只讲授纯粹的知识。要想吸引学生的注意力，就得与学生的感情同步，引起学生的共鸣。学生是有思想、有感情、有个性的，只有体察到学生的思想动态，才可能促进师生间的相互交往，深化情感交流。用学生的眼光看待他们的世界、用学生的心理体验他

们的情感，增进对学生的理解从而找准师生间的共鸣点，缩短师生间的心理距离，以获得良好的教育效果。关注学生在学习活动中所表现出来的情感反应与态度，让他们觉得自己就是舞台上的主角。

2. 对学生的包容

每一位学生都有独立的人格、自由的精神。我鼓励学生要有创新精神，不能全盘接受标准答案或是唯一的知识。在教学过程中，教师可能会不自觉地形成一种知识权威。所以要尽量弱化自己，打破这种模式，鼓励学生提出不同的见解，甚至允许学生提出疑问。尊重有个性的见解，鼓励学生展现自己的真实想法。这样，学生才会从知识的奴隶转化为知识的主人，创造力才能得以保护和发挥。乐听学生的心声，在了解学生错误的前提下，包容学生的错误，甚至可以利用学生的错误，特别是认知方面的错误为课堂教学服务。

3. 对学生的发展

德育应该被放在首位。我根据学科的教学特点，结合每一节课的具体内容，在课堂教学中渗透德育。从实际出发，营造良好氛围，真诚热情，尊重学生的人格、个性特点和心理状态，寻找彼此沟通的接触点；在传统做法的基础上进行创新，因势利导，让德育自然而然地进行。在学习《坚持人民民主专政》时，我结合疫情教育学生在保护自身的前提下，保护身边的亲友。虽然我国《宪法》规定公民有言论自由，但这是在合法的前提下进行的，否则会对社会造成一定的影响。这样，很自然地进行了德育的渗透，并加深了学生对知识点的理解，知识学习和德育渗透一举两得。

教学风格形成后是稳定的，但也要与时俱进，根据实际情况不断调整、不断完善。总之一句话，尽量民主一点、幽默一点、包容一点、客观一点，以更好地吸引学生。

我的成长历程

感恩遇见，梦想成真，踔厉奋进，桃李满园

一、我的教书情结

从小我就想当老师。上初中一年级时，英语老师使我这颗梦想的种子破

土而出。记得开学的第一节课，英语老师笑盈盈地走上讲台，美丽中透出一股书卷的清气和特有的精神力量。她性格活泼，上课很有趣，用简单而天真的语言教导我们，引导我们在游戏中体会英语的奇妙。我们都很喜欢上英语课。下课时，她就像大姐姐一样和我们聊天。她对我们的要求也很严格。在她的教导下，我们班的英语成绩全年级排名第一。当年我就想，我将来也要当像她一样的老师。

二、我的梦想成真

大学毕业后，我带着儿时的梦想走上讲台，圆我的教育梦。教师这一职业是天底下最神圣的职业，我觉得任重道远，希望能用我的人格影响学生的人格，用我的生命燃起爱的火焰。这火焰将爱传递、播撒，照亮学生的心，使教育事业充满希望，使整个世界充满光明。

三、我的支教历程

我在当地乡镇支教了六年。彬的纪律很差，每节课都会受到老师批评。有一天他和同学在校门口打架，刚好被我碰到。我把他带回办公室，帮他解开心结，还带他一起回家，顺便去家访。原来他是留守儿童，平时跟他爷爷奶奶住在一起。我觉得必须用心去感化他，平时有意无意地就叫他来帮我干一些活，或者跟他聊天，买点小零食奖励他，让他感觉我是一个大姐姐。慢慢地，他的课堂纪律变好了。高中毕业之后他就去深圳打拼，也算是小有成就。我亲身体验到了基层教育的艰辛与神圣，必须在严爱相济的前提下晓之以理、动之以情，用爱和真诚滋润学生的心田，使自己成为学生的好朋友和贴心人，让学生体验成功的喜悦。

四、我的教学生涯

教师是一份平凡的职业，心态决定教师的素质和工作业绩。要以良好的心态勇敢地面对挑战，适应时代发展的需要，与时俱进，不计较个人得失。具备良好的教育心态，即要有一颗感恩的心和奉献精神。因为感恩才有爱心，才会爱生活，爱所从事的工作；有了爱心，才能长智慧，才会努力，才会成长。回顾我的成长历程，我觉得自己所付出的一切都源于感恩，在感恩中静心学习和工作，用爱心回报社会。

教育过程不仅包括知识的传授，还有心灵的碰撞，是人类文明的传承。对学生的爱是发自内心的真诚的爱，并体现在每一个教学活动和教育细节中。爱学生不只是简单地让学生快乐，也不只是迎合学生的需求，而是基于对学生健康成长的责任，出于对学生身心发展的呵护，对学生细致入微的理解。关心是爱，鼓励是爱，严格要求也是爱，努力做到对每一个学生发自内心地爱，让他们在爱中健康地成长。在今后的工作中，我将立足实际，努力工作，扬长避短，"踏踏实实做人，认认真真做事"，不求最好，但求更好。

我的教学实录

人民代表大会——我国的国家权力机关

导入新课："两会"知多少？

（1）"两会"指的是哪两会？

（2）"两会"几年召开一次？几年为一届？

（3）今年召开的全国人大是第几届第几次会议？一般召开多长时间？

（4）全国人民代表大会召开期间，都会做哪些工作？

总议题： 人民如何行使国家权力？

议题一： 人民行使国家权力的机关

播放视频：《你了解两会吗？》

交流展示：学生交流并回答。

温故知新：我国《宪法》规定："中华人民共和国是工人阶级领导的、以工农联盟为基础的人民民主专政的社会主义国家。"人民民主专政的本质是人民当家作主，我国是人民当家作主的国家，一切权力属于人民。

教师提问：在我们这个人口众多、地域辽阔的大国，人民如何行使国家权力？人民行使国家权力的机关是什么？

学生讨论回答：人民代表大会。

新课讲授：

（板书）1.人民行使国家权力的机关

全国人民代表大会和地方各级人民代表大会

[问题情境] 我国的国家性质（即国体）决定了我国是人民民主专政的社

会主义国家，本质是人民当家作主，那么我国人民是不是直接行使国家权力、直接管理国家呢？

[学生活动]（略）

[教师小结]点评学生的回答，引导学生纠正、补充，形成较完整的答案。

在我国，人民通过民主选举选出自己的代表，组成各级人民代表大会。各级人民代表大会都对人民负责，受人民监督，代表人民统一行使国家权力，决定全国和各级地方的一切重大事务。人民代表大会代表人民的意志，根据人民的利益行使权力。

我国是人民当家作主的社会主义国家，一切权力属于人民。人民行使国家权力的机关是全国人民代表大会和地方各级人民代表大会。（注意：权力≠权利）

既然我国的一切权力属于人民，那么我国为什么不让人民直接行使国家权力？

请同学们说一说：

生：在人类政治文明史上，一些小型城邦曾实行过直接民主，即由全体公民直接管理或决定国家的公共事务。但在广土众民的大国，直接民主不易实行，通常要采取代议的方式，由公民选出特定的公职人员来管理或决定国家的公共事务，这被称作"间接民主"。

师：注意，人民并不是直接行使国家权力，也不是直接管理国家和社会事务。请同学们自主阅读课本第46～47页内容，说一说：

全国人民代表大会的性质、地位、职权、组成、常设机关分别是什么？

生：性质——全国人民代表大会是我国最高国家权力机关。

生：全国人民代表大会在我国国家机关组织体系中居于最高地位。国家行政机关、监察机关、审判机关、检察机关都由人民代表大会产生，对它负责，受它监督。

生：国家最高的立法权、决定权、任免权、监督权都由全国人民代表大会行使。作为我国最高国家权力机关，全国人民代表大会由省、自治区、直辖市、特别行政区和军队选出的代表组成。各少数民族都应当有适当名额的代表。

生：全国人民代表大会常设机关：全国人民代表大会常务委员会。

师：对，全国人民代表大会和全国人民代表大会常委会在我国国家机关中地位最高。国家元首、国务院总理、国家监察委、最高人民法院、最高人民检察院（一府一委两院）都是由全国人民代表大会和全国人民代表大会常务委员会产生的。

师：请看课本46页全国人民代表大会的主要职权，注意区分全国人民代表大会的职权。（必修三46页）

[**探究与分享1**] 播放视频《十三届全国人大五次会议议程》。

观看视频，阅读教材，结合十三届全国人大五次会议议程，说明全国人民代表大会的地位和职权。

[**学生活动**]（略）

[**教师小结**] 点评学生的回答，引导学生纠正、补充，形成较完整的答案。

（板书）2. 全国人民代表大会

（1）性质：我国最高国家权力机关。

（2）职权：国家最高的立法权、决定权、任免权、监督权。（必修三46页）

注意区分：最高监督权和最高决定权。

审查上年度的工作报告是在行使监督权，批准本年度的工作报告（将要执行）属行使决定权。

（板书）3. 地位：全国人民代表大会在我国机构体系中居于最高地位。

国家行政机关、监察机关、审判机关、检察机关都由人民代表大会产生，对它负责，受它监督。

（全国人大与其他国家机构的关系：全国人大产生一府一委两院，对它负责、受它监督）

（板书）4. 组成：由省、自治区、直辖市、军队和特别行政区选出的代表组成。各少数民族都应当有适当名额的代表。（不超过3000人）

思考：十三届全国人大五次会议闭会期间其职权由谁来行使？是否行使全国人大的全部职权？

[**学生活动**]（略）

[**教师小结**] 全国人民代表大会常务委员会简称"全国人大常委会"，是全国人民代表大会的常设机关，是最高国家权力机关的组成部分。

它由全国人民代表大会选举产生，对全国人民代表大会负责并报告工作，行使宪法规定的立法权、决定权、任免权、监督权，以及全国人民代表大会授予的其他职权。

为了更好地开展经常性工作，全国人大设立各专门委员会。在全国人民代表大会闭会期间，各专门委员会受全国人大常务委员会的领导。

（板书）5.常设机关：全国人民代表大会常务委员会。

①地位：最高权力机关的组成部分。

②产生：由全国人大选举产生。

③职权：立法权、决定权、任免权、监督权。

注意：全国人大常委会同样具有立法权、决定权、任免权和监督权，但是相对于全国人大来说，都是部分且不是最高。尤其是立法权问题，全国人大常委会不能修改《宪法》。

（板书）6.专门委员会：闭会期间，受全国人民代表大会常务委员会的领导。

相关链接：各专门委员会在全国人民代表大会和全国人民代表大会常务委员会领导下，研究、审议和拟定有关议案。全国人民代表大会和全国人民代表大会常务委员会认为必要的时候，可以组织关于特定问题的调查委员会，并且根据调查委员会的报告，作出相应的决议。

议题二：肩负人民重托的人大代表

（1）人大代表是怎么产生的？

（2）人大代表的地位如何？

（3）人大代表有哪些职权？

（4）人大代表要履行哪些义务？

[探究与分享2] 播放视频《两分钟告诉你什么是人大代表》。

观看视频，结合课本知识，思考人大代表的产生以及他们肩负着什么样的职责。

[学生活动]（略）

[教师小结]（板书）1.人大代表的产生

我国各级人民代表大会的代表，都由民主选举产生。

2.人大代表的地位

全国人民代表大会的代表是最高国家权力机关的组成人员，地方各级人民代表大会的代表是地方各级国家权力机关的组成人员。（组成人员≠工作人员）

3.人大代表的职权

提案权、审议权、表决权、质询权。

注意区分：决定权和表决权。

巧记巧辨口诀法：人大的权力——"任督定法"。

人大代表的权利："仪表堂堂询案而来"。

抓主体：人大 / 人大常委会 or 人大代表。

[举实例，深理解]

师：2022年3月5日，十三届全国人大五次会议上，广东人大代表团，揭阳市委书记王胜参加审议《政府工作报告》。

生：审议权。

师：十三届全国人大四次会议，表决通过十三届全国人大四次会议批准"十四五"规划和2035年远景目标的决定。

生：表决权。

师：广东代表团代表共提出30件议案、577条建议，重点关注了"十四五"规划的制定和实施、粤港澳大湾区建设等问题。

生：提案权。

师：人大代表从"问钱"到"问医""问房"，从"问食品安全"到"问环境治理"，并要求相关部门予以答复。

生：质询权。

[教师小结] 人大代表个人不能直接处理国家问题。人大代表可以参与行使国家权力，但个人对于国家和公共事务无权作出任何的决议、决定，不能代替人大行使职权。

[小试牛刀] 阅读材料：在新冠肺炎疫情面前，揭阳市各级人大代表积极响应、主动作为，深入基层了解实际情况，帮助没有物业的老旧小区建立疫情监控站；积极参与到社区摸排、宣传等防疫工作中。在各行各业中尽最大努力发挥自己所能、所长，用实际行动体现人大代表的责任担当。

人大代表如何更好履职？如何才能更好地发挥人大代表的作用？

[学生活动]（略）

[教学小结] 要健全代表联络机制，各级人大代表应与人民群众保持密切联系，采取多种方式经常听取人民的意见和要求，回答询问，帮助所在地方的人民政府推进工作。

人大代表作为人民利益的代言人，要遵守宪法和法律，努力为人民服务，并自觉接受人民的监督。

[教学总结]结合两会的召开,通过对本框内容的学习,知道各级人民代表大会的产生方式,了解人民代表大会的职权;懂得人民行使国家权力的机关是全国人民代表大会和地方各级人民代表大会。结合实际阐述人民如何通过全国人民代表大会和地方各级人民代表大会行使国家权力。深刻领会我国的国家权力属于人民,全国人民代表大会和地方各级人民代表大会通过行使职权保证了人民当家作主,也充分证明了中国特色社会主义制度的优越性。

我的教学追求

努力成为一名"研究型"教师

作为一名思想政治教师,应该做到与时俱进,紧跟时政的变化,不断更新观念、转变角色、加强学习、努力探索,掌握新的专业知识、技能,在实践中促进自我的发展,当一名"研究型"教师。教学工作是复杂多变的,教学过程充满了变数和挑战。特别是思想政治教师,更需要面对复杂多变的政治形势和教育形势,还有随之而来的频繁的教材改版。为了适应这种复杂的变化,我将做一个教育的研究者,由经验型教师向研究型教师过渡。

一、建立和谐的师生关系

每个学生身上都有闪光点,我会用发展的眼光看待学生,尊重、关心每一位学生,宽容对待每一位学生,善于把对学生的批评转化为期待,避免过多地、苛刻地评价学生的"对"与"错";用真情和真心去感化学生,提升自身。兴趣是最好的老师,只有学生喜欢你,喜欢听你的课,学习成绩才能赶上来。所以要建立起良好、和谐的师生关系,营造宽松、愉快的教学氛围。

二、发挥学生的主动性和创造力

在教学中,我尽量创造性地使用教材,帮助学生检查和反思自我、设计恰当的学习活动和行之有效的学习方式、发现他们所学东西的个人意义和社会价值。加强师生间动态的信息交流,通过信息交流实现师生的互动,相互沟通、相互影响、相互补充,从而达成共识、达到共享和共进。要加强师生的对话、交流，力争完成从教学中的"主角"向"配角"的转变，从传统的知识传授者转向学生发展的促进者。

三、敢于设疑、反思和创新

在对待自我上，倡导学生积极主动地参与教学过程，敢于提出问题，学会分析问题和解决问题的方法，改变学生死记硬背和被动接受知识的学习方式。在教学过程中，大胆设疑，尽可能将知识以问题的形式呈现给学生，让学生在我的指导下以解决问题的形式进行探究和学习。这就要多下功夫，吃透新教材，创造性地使用教材，把更多的精力放在问题的设置上。设疑要合理、科学，要根据学生的认知水平和心理特点，提出有一定深度且观点新颖的问题，将学生置于问题情境之中，引导学生进行探究和学习。

在以后的教学道路上，我将继续专注于提高自身的学科素养，研究教材、研究学生、研究教育政策、研究时政形势，为把自己打造成为一名"研究型"教师而努力。

他人眼中的我

一、学生眼中的我

美貌与实力兼具的政治老师

那天下午最后一节课，政治老师的出现让我一下子没有了倦意。林老师既漂亮又有亲和力。林老师讲课易懂，即使是难点，她也能讲得很透彻，让我们能很快掌握。她把每个知识点变成一个个例子讲给我们听。林老师的课很有趣，我从来不会觉得无聊。之前我不喜欢政治学科，直到上了林老师的课，我竟慢慢喜欢上了这门学科，觉得这些文字不再枯燥无味。上完新课，她还会给点时间做课后题。做课后题更有意思，就像是在用新知识这把"刀刃"去打败课后题这个"怪兽"，每做一道题都像是闯关冒险，趣味十足。林老师是一位充满活力、开朗乐观而有趣的老师。每次见面，她的脸上都是灿烂的笑容。她脾气也很好，认识她这么久了，从没见过她凶人。她总是温柔又友爱地对待我们，有时候还会陪我们一起大笑，该严肃的时候也很严肃，收放自如。

[揭阳市揭东区梅岗中学高一（7）班　刘思盈]

二、同事眼中的我

充满人格魅力的海兰

都说美丽的面孔千篇一律，有趣的灵魂万里挑一，林老师的一颦一笑、举手投足间无不透露着与众不同，吸引着我向她越走越近。在我眼中她是一个"美丽与智慧并存"的才女。她有扎实的学识功底、勤勉的教学态度、科学的教学方法。她也是一个有理想情怀的老师，她对工作、生活有着敬畏与热爱，不断学习，增强自己对学生的吸引力，真正开启了自己的专业发展和成长。她还是一位科研型教师，具有强烈的科研意识和敏锐的洞察力，善于发现和深入思考生活与教育教学中存在的问题。正是因为精心施教、严谨治学，林老师在讲台上，演奏着孜孜不倦的诲人之歌。在一届届成才的学生身上，她看到了自己辛勤耕耘的价值所在。在教书育人的道路上，林老师就是这样无怨无悔地发光发热，为学生的成长铺就了一条阳光之路。在平凡中执着地追求，在平凡中孕育着伟大、林老师就是这样一个充满人格魅力的人。

（揭阳市揭东区梅岗中学　高　燕）

三、专家眼中的我

林海兰老师是一位科研型的老师。在教学工作中，她治学严谨、语言生动、条理清晰、因材施教。根据高中思想政治课特点，善于举例，结合时政热点，大胆重组教材教学内容，让学生理论联系实际，学习起来轻松活跃且印象深刻。声音甜美，和蔼可亲，引导学生启发思维，善于调动学生学习的积极性，营造活跃的课堂氛围。她还积极参加教研活动，反复研究教材，不断创新教学方法，形成了自己独特的教学风格，教学效果明显，成绩突出，深受广大师生的好评。

（揭阳市揭东区梅岗中学　吕树鸿）